KB040735

새 부리 가면을 쓴 의사와
이발소 의사

새 부리 가면을 쓴 의사와
이발소 의사

신화보다 재미있고 민담보다 놀라운
비과학적 의료史

쑤상하오 지음 | 김성일 옮김

시대의창

일러두기

* 이 책에 나오는 외래어는 국립국어원의 외래어표기법에 따라 표기하는 것을 원칙으로 하되, 중국 지명
  은 중국어 발음으로 표기했으며, 중국 인명은 20세기를 기준으로 한자 독음과 중국어 발음으로 구분하
  여 표기했다.

1935년 어느 겨울날이었다. 독일의 유명한 화학공업 회사 파르벤I.G Farbenindustrie의 바이엘Bayer 실험실(아스피린을 합성한 실험실)에 근무하는 게르하르트 도마크Gerhard Domagk는 딸 힐데가르드의 목숨을 살리려면 염증으로 부풀어오른 손을 절단해야 한다는 주치의의 말을 듣고 근심에 잠겼다.

힐데가르드는 며칠 전 넘어지며 손에 들고 있던 침에 찔려 상처를 입었다. 처음에는 대수롭지 않게 생각했는데 시간이 지나면서 상처에 염증이 생기더니, 며칠 뒤에는 고름이 나왔고 온몸에 열이 났다. 힐데가르드는 병원에 실려갔지만 병세는 호전되지 않았다. 염증이 마치 위로 뻗어 올라가는 넝쿨처럼 손바닥에서 팔꿈치로, 위팔로 퍼지고, 피부가 붉게 부어오르고 통증까지 생겼다.

세균 배양 결과 흔히 볼 수 있는 연쇄상구균이었다. 당시에는 항생제가 나오기 전이어서 오늘날에는 단순하게 보이는 질병도 치명적인 경우가 많았다.

주치의는 물론이고 세균학자인 도마크도 세균이 이미 혈액으로 침투해서 딸의 손을 절단해도 살 수 없다는 것을 잘 알고 있었다. 딸의 증세는 오늘날의 패혈증이었다.

딸의 감염은 도마크에게 주어진 가혹한 시련이 아니었을까? 그의 연구 주제가 무엇인지 안다면 이건 분명 하느님의 장난이라고 해도 지나치지 않을 것이다. 도마크는 바이엘의 실험실에서 동료인 클라러Josef Klarer와 함께 염료에서 항균 작용을 하는 물질과 세균 감염을 치료할 수 있는 약물을 찾고 있었다.

아마 독자 여러분은 도마크가 왜 수천 가지나 되는 염료에서 항균 성분을 찾고 있었는지 궁금할 것이다. 이를 설명하려면 당시 유행하던 연구 분야에서 이야기를 시작해야 한다.

19세기 말 프랑스의 과학자 파스퇴르Louis Pasteur가 미생물 연구의 대문을 활짝 연 후, 20세기에 이르러 이 분야의 학문은 크게 발전했다. 과학자들은 세균의 특성을 더 많이 이해하고자 배양한 세균을 염료로 염색했다. 이렇게 하면 세균의 구조도 똑똑히 볼 수 있고 세균 감염을 치료하는 방법도 찾을 수 있으리라 여겼기 때문이었다.

이런 풍조가 유행하는 상황에서 독일의 의사이자 세균학자인 로베르트 코흐Robert Koch는 분리한 세균을 아닐린aniline 물감으로 염색하는 데 성공했다. 그리고 뜻밖에 어떤 염색제들은 배양 용기에서 배양하고 있는 세균의 생장을 억제한다는 사실을 발견했다. 학자들은 까다롭고 심지어 '불치不治'로 여겼던 세균 감염을 해결할 수 있는 계기가 마련되었다고 흥분했으며, 많은 사람들이 이 연구에 뛰어들었다.

과학계에서는 감염을 치료할 수 있고 신체에 유해하지 않은 염료를 찾아내기 바랐으며, 한 몸에 기대를 받고 있는 이 물질을 '마법의 탄환magic bullet'이라 불렀다.

도마크가 바이엘 실험실에서 한 업무는 동료인 클라러와 이런 가능성을 가진 염료를 찾는 일이었는데, 도마크는 클라러가 합성한 프론토실 prontosil에서 희망을 찾게 되었다.

프론토실은 방직 소재(양모나 면실)에 색을 입히는 주황색 공업용 염색제로 배양 용기에 배양하는 세균의 생장을 완벽하게 억제하지는 못하지만 도마크는 동물실험에서 그 가능성을 발견했다.

연쇄상구균을 주사한 쥐들 가운데 프론토실을 먹인 쥐가 그렇지 않은 쥐보다 생존율이 크게 증가했다. 하지만 이런 놀랄 만한 발견을 인체에 적용하기에는 아직 일렀다. 사용량이나 사용 방법, 부작용, 인체에 대한 독성 등에 대해 아는 것이 전혀 없기 때문이었다.

딸의 죽음을 눈앞에 둔 도마크는 어쩔 수 없이 고통스러운 결정을 내렸다. 그는 주치의의 동의를 얻어 딸에게 여러 차례 프론토실을 투여했다. 문헌 기록에 따르면 사용량은 10그램이 넘었다(오늘날의 기준치의 몇 배). 그런데 신기한 일이 생겼다. 힐데가르드는 며칠 뒤에 팔을 지킬 수 있었을 뿐만 아니라 감염도 치유되었다. 물론 아무런 부작용도 없었다.

딸의 병이 치유된 데 고무되어 도마크는 1935년 말에 동물실험 자료를 정리해 정식으로 발표했다. 그가 '마법의 탄환'을 찾았다는 사실을 전 세계의 과학자들에게 선포한 것에 다름 아니었다. 물론 자신의 딸을 치료한 사실에 대해서는 입을 다물었다.

사람들은 프론토실에 대해 관망하는 태도를 가졌지만 얼마 뒤 영국의 의사 콜브룩Leonard Colebrook이 프론토실로 산욕열 치료에 성공하여 이 병으로 위협받는 산모들을 구해냈다. 더 유명한 것은 1936년 겨울 보스톤의 의사 토비George Loring Tobey Jr.의 사례다. 그는 프론토실로 연쇄상구균에 감염되어 인후염 및 합병증을 앓고 있는 당시 미국 대통령 루스벨트의 아들을 치료했다. 이 일은 신문에 대서특필되었고 《타임》지에 특별 보도되었다.

앞의 이야기를 읽은 독자들은 항생제의 발명 과정에 대해 일말의 두려움을 가질지도 모르겠다. 그리고 도마크의 행위가 무모하기 짝이 없으며, 장님이 코끼리를 더듬는 식이거나 달리 치료 방법이 없는데도 마지막 수단을 써보는 식이라고 생각할 것이다. 하지만 이와 비슷한 이야기는 의료 역사에서 수없이 찾아볼 수 있다. 예를 들어보자.

제1세대 간질 치료약인 브롬화칼륨Brom化 Kalium은 엉뚱하게 쓰인 약이다. 이 약은 처음에 수음 욕망을 낮추기 위해 사용되었다. 18, 9세기에는 수음이 만병의 근원이라는 뿌리 깊은 관념이 있었다. 의사들은 성욕을 낮추는 브롬화칼륨이 당연히 간질을 치료할 수 있을 것으로 여겼다. 그런데 정말 놀랍게도 장님 문고리 잡듯 의사들이 속수무책으로 여긴 질병을 일거에 낫게 한 것이다.

외과 수술 국소마취에 광범위하게 사용되는 리도카인lidocaine은 마약인 코카인을 개량한 약이다. 코카인은 각종 통증과 감기를 치료할 수 있는 약으로 19세기 말에 서방 세계에서 반드시 갖춰야 할 양약良藥이었다. 미국의 의사 펨버튼John Pemberton은 코카콜라의 전신인 프렌치 와인 코카Permberton's French Wine Coca(coca는 코카인이란 뜻)에 코카인을 넣었다. 그 후 의사인 콜러Carol Koller는 정신의학자 프로이트의 건의를 받아들여 이를 안과 수술 국소마취제로 쓰면서 코카인은 외과 수술 국소마취제가 되었다. 하지만 그 후에 대중들은 말할 것도 없고 프로이트와 현대 외과학의 아버지 할스타트William Halsted까지 이에 중독되어 헤어나지 못했으며, 마지막에는 과학자들이 무해한 리도카인으로 개량하게 되었다.

말문을 막히게 하는 이런 이야기들을 의료 발전사의 '어두운 힘'이라 부르고 싶다. 영화 〈스타워즈〉에 이런 대사가 있다.

"어둠의 힘은 강하다. 녀석은 빛이 이루지 못하는 일을 해낸다."

이런 힘으로 의료는 어떤 때는 절망적인 곤경을 극복하며 사람들을 흥분시키는 답을 찾아낸다.

안타깝게도 모든 이야기가 원만한 결말을 가지는 것은 아니다. 이 책 속의 많은 역사 이야기처럼 오늘날의 기준으로 살펴보면 이전의 의사와 과학자들은 어리석기 짝이 없으며, 심지어 인명을 경시해 사람들을 죽였다는 혐의를 받기도 한다. 이 책을 다 읽고 나면 그래도 과학이 발달한 오늘날에 사는 것을 다행으로 여기게 될 것이다.

하지만 사고思考의 오류에 빠지지는 말자. 과학은 시대와 함께 전진하는 것이니까 말이다. 300년 전의 의학적 성과를 오늘날 바라보면 거들떠볼 가치도 없는 것처럼, 아마 300년 후의 사람들이 현대 의학을 보면 이와 같지 않을까? 그러니까 이 책 속의 이야기들을 지나치게 엄격하게 논평하지 않았으면 좋겠다. 그저 식후의 화젯거리로 삼아 독서하는 즐거움을 누리시라. 일본의 근대 소설가 아쿠타가와 류노스케芥川龍之介가 말한 것처럼 "인생은 보들레르의 시 한 줄일 뿐이다". 나는 이렇게 말하고 싶다. "의학은 터무니없는 이야기 몇 토막일 뿐이다." 그렇지 않은가!?

쑤상하오

차례

제2부

**알려지지 않은
의료 역사의 진상**

제1부

병을 고치려다
도리어
병에 걸리는 시대

만병통치 처방, 미라

미라를 갈아 분말로 만든 후
약초, 술, 우유나 기름에 섞어 약재로 썼다

역사 기록에 따르면 은나라 시대의 갑골문이 다시 빛을 보게 된 것은 청나라 말기의 관리들 덕분이다. 물론 청대淸代의 금석학자 왕의영王懿榮의 공도 크다. 그 발견 과정에 대해서는 여러 설이 분분한데, 그중에 한약과 관련된 아주 재미있는 설이 하나 있다.

한약에는 원래 '용골龍骨'이라는 약제 처방이 있는데, 기침과 이질과 혈변을 치료하는 데 쓰인다. 용골은 사실 용의 뼈가 아닌 상고시대 동물의 뼈를 말하는데, 용골을 구하기가 어려우므로 새로 발견한 '갑골'로 대신한 것이다. 허난河南 성 안양安陽에는 심지어 대대로 이를 생업으로 삼은 사람도 있었다.

청나라 광서光緖 25년(1899년), 왕의영은 병에 걸려 약을 복용하다가 우연히 한약 안의 용골에서 옛날 문자를 발견했다. 그래서 용골 위의 문자가 속칭 '주문籀文'이라고 하는 '대전大篆'보다 더 오래된 문자라는 것을 확신하고 큰돈을 들여 샀다.

이 역사 기록을 읽은 독자들은 어쩌면 문화의 전승에 대해 다시 한 번 생각하게 될지도 모르겠다. 하지만 의사인 나는 '용골을 약으로 쓴 사실'에 대해 관심을 갖게 되었다. '화석'이라고 할 만한 이 물건이 질병을 치료하는 좋은 처방이 되다니, 정말로 옛사람들의 배짱에 찬탄을 금할 수가 없다. 이런 사실은 옛날에 신농씨神農氏를 모방한 의사와 환자가 적지 않았다는 것을 증명해준다.

이런 사실을 보면서 여러분은 아마 중의학中醫學의 세계가 넓고도 심오하다고 여기거나, 혹은 중의학의 처방이 지나치게 야만적이라고 생각할지도 모른다. 하지만 내가 보기에 용골은 새 발의 피에 지나지 않는다. 서양에서 중세 시대 이래로 18세기에 이르기까지 줄곧 유행한 만병통치 처방인 '미라'와 비교하면 자신도 모르게 머리끝에서 발끝까지 순식간에 소름이 돋을 것이다.

먼저 11세기 이슬람의 철학자이자 의사였던 아비센나Avicenna의 처방을 보자. 그는 미라가 농양, 골절, 반신불수(중풍), 심장과 폐 질환을 치료할 수 있으며, 해독제에 빠져서는 안 되는 필수적인 약이라고 생각했다. 통상 미라는 단독으로 사용하지 않고, 갈아 분말로 만든 다음 약초, 술, 우유나 기름에 섞어서 사용한다. 아비센나는 'mumia'라는 글자로 '약용 미라'라는 말을 대신했는데, 이 글자는 나중에 영어의 'mummy'로 변해, 오늘날 모두에게 익숙한 '미라'라는 단어의 기원이 되었다. 하지만 이 단어의 기원은 페르시아로 원래 밀랍을 가리키는 말이었는데 후에 'Mummy 산山'의 역청瀝靑을 가리키는 말로 바뀌었다. 이렇게 바뀐 덕분에 이 글자가 아라비아로 전해진 것이다.

그런데 왜 미라가 아라비아에서 약재 처방으로 쓰이게 되었을까? 역사학자 도슨Christopher Dawson이 정리한 자료를 보면, 이런 일은 대략 고대 그리스와 로마 시대부터 그 흔적이 있었다. 당시 사람들이 이집트 사람들이 미라를 방부 처리하는 데 오랫동안 역청을 중요한 성분으로 사용하는 것을 보고 역청의 효능에 대해 연구하게 되면서, 이를 질병 치료의 처방으로 시도하게 된 것이다.

고대 로마제국의 플리니우스Pliny the Elder는 그의 저서 《박물지Natural History》에 역청이 함유된 많은 처방에 대해 기록해놓았다. 역청은 백내장과 각종 안염 그리고 피부 감염과 통풍에 효과가 있다. 역청과 술을 혼합하면 기침과 천식의 특효약이 된다. 이질에도 예상 밖의 효능이 있다. 역청과 술을 배합하면 울혈을 다스릴 수 있고, 류머티즘과 요통을 치료할 수 있다. 역청과 밀가루를 배합하면 지혈제로 쓸 수 있고 상처를 빨리 아물게 할 수 있다.

이런 역청의 효능을 과장한 처방은 아라비아로 전래되었다. 역청에 대해 높이 평가해서인지 무지해서인지, 결국에는 역청으로 방부 처리한 미라까지 치료 효과가 큰 약품이 되고 말았다. 그 후 의서에 실리게 되고, 아라비아의 마지막 몇 세기를 이끌어갔다. 심지어는 유럽 대

류으로 역수입되어 '만병통치약'이 되었고, 마지막에는 공급 부족 현상이 일어나게 되었다고 도슨은 밝히고 있다.

전하는 말에 따르면 15세기에 나바라 왕국Navarre(현재의 에스파냐 북부)의 의사 가이 드 라퐁텐Guy de la Fontaine이 미라를 공급해주는 상인과 직접 교섭하기 위해 이집트 북부에 있는 제일의 무역항인 알렉산드리아를 방문했다. 그 여정에서 그는 깜짝 놀랄 만한 사실들을 알게 되었다. 그것은 바로 발굴된 미라가 유럽인의 의료 수요를 충족시키지 못하자 약삭빠른 현지 업자들이 뛰어난 수법으로 이름 없는 사체나 범죄자의 사체로 '옛 이집트 제' 미라를 위조한다는 사실이었다.

그런데 가이 드 라퐁텐이 발견한 이 사실은 별 파란을 일으키지 못했다. 당시 많은 명의들이 여전히 환자들의 돈을 노리고 신묘한 처방을 발전시켰는데, 예를 들면 미라 방향성 연고balsam of mummy, 미라 당밀treacle of mummy 같은 것들로, 오늘날의 사람들이 들으면 모골이 송연해지는 것들이었다.

갑골문과 미라를 하나로 엮어 글을 쓰는 나를 욕하지 않았으면 좋겠다. 사실 내가 생각해도 두 물건이 '약재로 쓰이는' 이치는 같으니까 말이다. '무지'에서 나왔건 아니면 '경외'에서 나왔건 간에 상고시대의 유물이 해괴하게도 병을 치료하는 처방으로 쓰인 것은 중국이나 다른 나라나 다 마찬가지였다. 역사책을 펴 보면 모두들 시행착오를 하는 과정이 결국 '수도동귀殊途同歸(길은 다르지만 이르는 목적지는 같거나, 방법은 달라도 결과는 같다는 말)'가 아닌가!

상사병 혹은 감정 조절 장애

상사병 환자의 운명은 오직 두 가지,
늑대인간으로 변하든지 아니면 죽든지

'상사相思(그리움)'라는 주제는 예로부터 시인 묵객들에게는 아무리 써도 없어지지 않고 마르지 않는 영감이다. 시선詩仙 이백李白은 〈장상사長相思〉라는 시에서 다음과 같이 심금을 울린다.

길 멀어 넋조차 날아가기 어려우니
첩첩산중 험한 길 꿈길에서도 갈 수 없어
오랜 그리움으로 애간장이 다 녹네.

송나라 때 사詞의 대가인 유영柳永은 다음과 같이 읊어 상사병으로 마음속 깊이 새겨지는 괴로움을 나타냈다.

허리띠가 갈수록 느슨해져도 후회하지 않으리.

그녀를 위해서라면 내 몸이 초췌해져도 좋네.

셰익스피어는 〈내가 죽거든〉이란 시에서 짝사랑하는 사람에게 다음과 같이 노골적으로 써 보내, 자신의 상사병을 교묘하게 '나는 괜찮다'는 최면 속에 숨겼다.

나는 차라리 그대의 향기로운 머리에서 잊히길 바라니까요.

나를 생각하면 그대는 슬픔에 잠길 테니.

'(하늘도 사랑하는 감정이 있다면 늙을 텐데) 하늘은 늙지 않고 사랑의 정은 끊기 어렵다'고 느끼게 하는 '그리움'과 관련된 위의 시구는 분명 마음속 깊은 곳에서 연애 감정을 끄집어내거나, '마음이 동하는' 느낌이 생기게 한다. 하지만 어쨌든 문학작품의 감상은 감상에 그칠 뿐, 대조하면서 분석할 수 있는 것이 아니다. 그렇지만 의학적인 각도에서 상사병을 검시해보면 그 다채롭고 멋진 정도가 절대로 문학에 못지않을 것이다.

서양의학에서 언제부터 상사병을 질병으로 간주했는지는 잘 모르겠지만 일찍이 고대 그리스와 로마 시대에는 상사병을 일종의 우울증으로 보았다. 더욱 불가사의한 것은, 놀랍게도 상사병과 '치질'이 아주 밀접한 관계가 있다고 본 것이다. 당시 대단한 추앙을 받았던 의사 갈레노스Galenos는 상사병을 치료하는 가장 좋은 방법은 환자의 치질 부위에서 피를 뽑아주는 것이라고 대놓고 말했다.

내가 일부러 관심을 끌려고 이런 말을 하는 것은 아니다. 갈레노스의 저서에 그가 치질로 진단한 병례病例가 나오는데, 그 과정이 사뭇 흥미롭다.

어느 날 갈레노스가 이우스티스lustis라는 사람의 집에 진료를 하러 갔다. 그 사람의 부인이 병으로 쇠약해져 골골거리기 때문이었다. 진찰을 해보니 부인은 기력이 많이 쇠하긴 했지만 열은 없었다. 그런데 행동거지가 매우 이상했다. 침대에만 누워서 이불을 머리까지 뒤집어쓰고 아무것도 하지 않으려 했다.

생각이 치밀했던 갈레노스는 진료 과정에서 특이한 현상을 관찰해냈다. 마침 옆에서 온 동네 사람들이 좋아하는 한 남자 무용수에 대해 이야기하고 있었는데, 침대에 누워 있던 부인이 이를 듣더니 온몸을 꿈지락대는 것이었다. 그뿐만이 아니라 부인의 얼굴에 이따금 홍조가 피어올랐다. 그때 갈레노스는 부인의 맥박을 재고 있었는데, 부인의 마음이 불안해 안절부절못하는 것을 느낄 수 있었다. 그래서 갈레노스는 마음속으로 부인이 치질 환자라는 것을 확신하게 되었다.

7세기에 이르러서는 피를 뽑는 것 말고도, 의사들은 이미 다른 방법을 사용해 상사병을 치료했다. 당시에는 반드시 이런 환자들의 뇌 부위는 '습윤'을 유지해야 한다고 여겨졌다. 그런 이유로, 특히 남성 환자들을 위해 의사는 두 가지 특효약(물론 환자가 가져올 수 있어야 한다는 전제하에)을 생각해냈다. 바로 남성 환자가 흠모하는 여성의 월경 피나, 그 여자의 똥을 태우고 남은 재를 가져다 냄새를 맡으면 상사병 증상이 완화된다는 것이었다.

10세기 때 페르시아의 명의 라제스Rhazes는 상사병 치료에 대해 다음과 같은 기록을 남겼다.

> 상사병이 시작된 환자는 눈빛이 공허해지고, 이어 혀에 화농이 생길 수 있다. 신체가 마르고 훼손되며, 병세가 깊어지면 말이 모호해지고 심지어 수포가 생기기도 한다. 결국 환자의 운명은 둘 중의 하나다. 늑대 인간이 되든지 아니면 죽든지.

하지만 라제스의 관찰은 그리 정밀한 것은 아니었다. 17세기 프랑스에서 가장 유명한 의사였던 자크 페랑Jacques Ferrand은 자신의 명저 《상사병에 대한 논문 Treatise on Lovesickness》에서 왜 남성이 쉽게 상사병에 걸리는지에 대해 다음과 같이 썼다.

> 욕망의 불이 가득한 사람은 피가 희어져 정액으로 들어간다. 그러고는 화농으로 인해 썩는다. 이 부패한 정액이 등이나 비밀 통로를 거쳐 유독 물질을 휘발시켜 뇌 안으로 들어가게 한다.

그래서 자크 페랑은 사랑 때문에 고통 받는 사람들을 구하려면 피를 뽑아 치료하되, 일 년에 적어도 서너 번은 피를 뽑으라고 권했다. 병세가 위중한 사람에 대해서는 '늑대 인간'이 되는 것을 막기 위해 반드시 지속적으로 손을 절개해 기력이 쇠약해져 더 이상 견딜 수 없을 때까지 정맥에서 피를 뽑을 것을 권했다. 심지어 긴급한 상황에서는 비극이 일어나지 않도록 시뻘겋게 단 쇠꼬챙이로 재빨리 환자의 이마를 지져야 한다고도 했다.

자크 페랑의 책은 세상 사람들을 깜짝 놀라게 했을 뿐만 아니라, 그 안에는 상당히 많은 노골적이고 시대의 흐름에 부합되지 않는 기록이 있었다. 그래서 결국 로마교황청의 종교재판소에 회부되어 금서가 되었으며 불더미 속으로 던져지고 말았다.

상사병과 관련된 의료 역사를 이야기했는데, 이런 의료 행위는 오늘날의 입장에서 보면 영락없는 몇 토막의 우스갯소리에 지나지 않는다. 현대의 정신의학에서도 상사병을 감정 조절 장애로 취급할 뿐이다. 생각의 여지를 좀 남겨두어 앞에서 언급한 남녀 간의 애정을 그린 시구를 즐기면서 잠시 문화와 예술을 사랑하는 '낭만적인 청년'이 되어보면 어떨까?

죽음을 부른 젖니

젖니가 자라면 어린아이의 음경에서
비정상적인 분비물이 나오는 후유증이 생긴다고?

큰아이가 대학에 입학해 집을 떠나 기숙사에 들어가게 되었다. 아이가 가기 전에 우리는 아이의 책상과 책장을 한바탕 정리했다. 말하자면 인생의 한 작은 부분에 대한 결산이라고나 할까? 정리하다 보니 작은 깡통 하나가 눈길을 끌었다. 열어 보니 아들의 젖니 몇 개가 들어 있었다. 우리 부부는 반가운 마음이 들었다. 그것은 아들이 성장한 흔적이자, 내가 일찍이 아이를 품에 안고 들려주던 동화가 담긴 물건이 아닌가! 어느새 아들과 나는 까맣게 잊고 있었던 것이다.

젖니들을 보니 요즘 아이들이 얼마나 행복한가, 하는 생각이 들었다. 잘 먹어 영양 상태가 좋을 뿐만 아니라, 부모들이 잘 보살펴주니 말이다. 그래서 젖니가 나거나 젖니를 갈 때, 내가 어릴 때 겪었던 그런 난리를 치르지 않아도 되니까 말이다. 우리가 어렸을 때는 이가 흔들리면 스스로 뽑았는데, 어른들은 이가 가지런히 날 수 있도록 이상한 풍속을 전수했다. 즉 윗니는 지붕 위로 던지고, 아랫니는 침대 밑에 던지는 것이다.

위에 적은 이야기를 보면서 아마 모두들 무슨 말인지 알겠다는 회심의 미소를 지을 듯하다. 하지만 시간을 19세기 초의 런던으로 되돌려보면, 당시 사람들은 지금과는 달리 젖니에 대해 무척 두려운 생각을 가지고 있었다.

당시에는 의학이 발달하지 않은 데다 영양 상태까지 좋지 않아 영아들이 살아남기가 매우 어려웠다. 하지만 그보다 더 끔찍한 사실은 당시의 의사들이 젖니의 발육에 대해 아는 것이 별로 없어서 종종 잘못된 처치를 했다는 것이다. 당연히 이로 인해 많은 영아들이 피해를 입었다.

일부 영아들은 젖니가 날 때 열이 나거나, 몸 상태가 나빠질 수 있다. 어떤 때는 계속 침을 흘려대 엄마 아빠가 어떻게 조치해야 할지 몰라 당황하는 경우도 생긴다. 영아들의 이런 상태에 대해 당시의 의사들은 전혀 아는 것이 없었다. 예를 들어, 현대 피부 의학의 창시자 제이콥 플랭크Jacob Plank는 젖니가 날 때 이를 잘못 처리하면 장애를 입게 된다고 생각했다. 또 다른 유명한 외과 의사 존 헌터John Hunter는 젖니가 자라면 그 후유증으로 어린아이의 음경에서 비정상적인 분비물이 나오게 되어 아이의 발육에 영향을 끼친다고 생각했다.

그래서 이런 문제를 해결하기 위해 의사들은 온갖 지혜를 짜내 여러 해결 방법을 생각해냈는데, 당시의 유명한 의학 잡지인 《랜싯The Lancet》에서는 의사들에게 날카로운 작은 칼로 젖니가 나오는 잇몸 부위를 째라고 권했을 정도였다. 심지어 어떤 의사는 이가 올라오는 잇몸 부위를 째는 것만으로는 방법이 될 수 없으니 반드시 뼈에 닿을 만큼 깊이 절개해야 효과가 있다고 주장하기도 했다. 그리고 스웨덴의 의사 로젠 폰 로젠스타인Rosén Von Rosenstein은 젖니가 나오는 잇몸 부위를 째는 것은 본질적인 치료 방법이 아니라고 여겼다. 그래서 그는 잇몸을 쨀 부위에 거머리를 붙여 피를 빨게 하는 방법을 생각해냈는데, 이렇게 해야 체액의 평형이 유지되어 합병증을 피할 수 있다고 주장했다.

그러다가 결국 끔찍한 사건이 일어나고 말았다. 젖니가 나오는 잇몸을 째는 절개술은 대부분 외과 의사가 시술했는데, 당시에는 살균에 대한 개념이 거의 없던 때였다. 수술용 칼들은 불결하기 짝이 없는 공구 가방에 보관되었고, 게다가 중복해서 사용했기 때문에 많은 영아들이 패혈증으로 사망하게 된 것이다.

1839년 런던에 등기된 통계자료에 의하면 젖니 시술로 사망한 영아는 5,016명이나 되었다. 정말 놀랄 만한 통계 수치가 아닌가! 더욱이 안타까운 것은 당시 의사나 정부기관이나 아무도 그 원인을 조사하지 않았다. 오히려 이러한 잘못된 사고방식은 계속 확대되어 더욱 많은 무고한 영아들이 외과 의사들에 의해 건강을 짓밟히고 말았다.

이야기를 여기까지 하다 보니 죄송한 마음을 금할 수 없다. 과거에 잘못을 저지른 그분들은 모두 나의 선배 외과 의사들이 아닌가! 만약 내가 그 시대에 태어났더라면 나 역시 또 한 명의 회자수劊子手(사형을 집행하는 망나니)가 되었을 것이다.

하지만 끔찍한 일은 여기에서 그치지 않았다. 잇몸을 째면 영아는 그 아픔을 참지 못해 자지러지게 우는데, 이렇게 짓밟힌 작은 생명을 위무하기 위해 많은 약이 발명되었다. 예를 들면, 당시에 상처에 바르는 유명한 우드워드의 '유아용 배앓이 약Woodward's Gripe Water'이 있었는데, 이 약물의 주성분은 알코올로, 바르고 나면 더 고통스러운 건 불문가지였다. 그리고 '엄마의 친구The Mother's Friend'와 '윈슬로 부인의 아이 달래는 시럽Mrs. Winslow's Soothing Syrup'이 있었는데, 모두 아편 성분을 함유하고 있었다. 아마도 이로 인해 어린 아편 중독자가 많이 생기지 않았을까? 하지만 더 심한 것은 수은을 약물에 타 영아에게 썼다는 사실이다. 이 탓에 적지 않은 어린아이들이 수은에 중독되었으며, 19세기에서 20세기에 유행한 핑크병pink disease(젖먹이의 손가락, 발가락 끝의 동통증-옮긴이주)이 나타나게 되었다. 유행병 학자들의 계산에 따르면 수은 중독으로 사망한 병례는 수은을 사용한 사람의 10~25퍼센트에 이른다.

언급할 만한 것은, 전기 발명의 혜택을 받은 후 약삭빠른 한 상인이 '버틀러의 전기 이갈이 목걸이Butler's Electro-Chemical Teething Necklace'라고 하는 것을 발명해냈다는 사실이다.

전기 이갈이 목걸이 광고

이것은 전기가 통하는 목걸이를 나비넥타이 비슷한 장식품으로 만든 것인데, 아래 광고 문안을 보면 완전히 독장수셈에 다름 아니라는 것을 알 수 있다. 광고 문안은 이렇다.

아기를 약물의 부작용으로부터 보호하기 위해.
젖니를 안정적으로 나오게 할 뿐만 아니라 발작도 치료할 수 있으며, 귀염둥이 아기에게 활력이 넘치게 해줌.

외과 의사가 회자수와 다를 바 없었던 시대에 태어나지 않아서 다행이다. 그리고 우리 두 아이가 아주 건강하게 자라서 다행이다. 더더욱 다행스러운 일은 그런 독장수셈 같은 광고의 유혹을 받지 않아 아이들에게 이상한 영양식이나 보양식을 먹이지 않고 살 수 있었다는 것이다. 그럴 수 있는 이유는 현대는 의식衣食 걱정이 없는 시대라서, 아이들이 음식을 가리지 않고 잘 먹기만 한다면 활기차게 공부하고 좋아하는 운동을 하면서 안전하게 자랄 수 있기 때문이 아니겠는가? 내 말이 옳다는 것을 주변의 사실들이 증명해주고 있다.

발기부전 광상곡

한창때의 위풍을 다시 떨치기 위해 100년 전의 남자들은
숫양이나 원숭이의 고환을 이식했다

비아그라Viagra(학명 Sildenafil)가 나온 덕분에 남성들의 발기부전勃起不全 치료에 신기원을 열게 되었다. 이 약물에 의존하면 다른 침입성侵入性 치료법을 쓰지 않고도 '고개 숙인' 남성에게 한창때의 위풍을 다시 떨치게 할 수 있다. 물론 이 약을 만든 화이자제약Pfizer, Inc.은 돈방석에 앉게 되었다.

비아그라는 원래 고혈압을 치료하는 알약이었다. 하지만 약효가 별로여서 모두 회수하기 시작했다. 그런데 나이가 지긋한 많은 남성들이 이를 따르지 않는 게 아닌가? 회사에서는 조사를 벌였고, 이들이 약을 복용한 후 남성의 기능이 '회춘'했다는 사실을 알게 되었다. 이 약은 그때부터 발기부전을 치료하는 좋은 처방으로 변질되었다. 그야말로 우연 치고는 기막힌 우연으로, 비아그라의 부작용을 이용한 것이니 원래의 용도와 비교하면 완전히 삼천포로 빠져버린 경우라고 할 수 있지 않을까?

앞에서 이야기한 사례가 불가사의한 일이라고 생각할지도 모르겠다. 하지만 남성의 '발기부전' 때문에 온 세상을 깜짝 놀라게 한 일들이 얼마나 많이 일어났는지에 대해 이야기보따리를 풀면 아마 모두들 입을 다물지 못할 것이다.

1918년, 미국의 의사 존 브링클리John Brinkley는 캔자스 주의 밀포드Milford에서 개업의로 일하고 있었다. 그는 당시 주로 조류독감에 걸려 사경을 헤매는 환자들을 돌보았는데, 청산유수와 같은 말솜씨를 가지고 있는 데다 일부 환자들이 그에게 치료를 받은 후 건강이 회복된 덕분에 명성을 얻으면서 자연 수입도 증가했다. 하지만 브링클리가 정말로 큰돈을 벌게 된 계기는 스티스워드Stittsworth라는 한 농부의 망상 덕분이었다.

이 농부는 성기능이 많이 떨어져 브링클리를 찾아왔다. 브링클리는 그에게 숫양의 고환을 이식하면 그런 문제를 해결할 수 있다고 농담 한마디를 던졌다. 그런데 뜻밖에도 농부가 브링클리에게 수술을 해달라고 간청하는 게 아닌가! 브링클리는 배짱 좋게 환자에게 150달러(오늘날의 화폐가치로 약 1,800달러)를 받고 숫양의 고환을 농부의 음낭에 이식했다.

몇 주가 지난 후, 농부가 병원에 찾아와 지난날의 위풍을 되찾았다고 자랑해댔다. 그 후 농부의 부인이 임신하고, 사내아이를 낳았다. 브링클리는 여기에 특수特需가 있다는 사실을 포착하고 '숫양 고환 이식술'을 이용해 고개 숙인 남자들을 치료하기 시작했다.

브링클리는 사업 머리가 있는 의사로, 광고효과를 잘 활용해 사람들의 주의를 끌 줄 알았다. 그는 수술비를 750달러까지 올리고, 수술을 일반 상품으로 간주해 신문에 대대적으로 광고했는데, 광고에는 이런 말도 썼다.

> 엘리트들이 이 수술을 받아야 효과가 나타납니다. 우둔한 사람들에게는 별 소용이 없습니다.

이 광고 문안은 수술을 받고도 효과를 보지 못한 사람들이 왜 가만히 입을 다물고 있었는지를 설명해준다.

당시 미국의학회American Medical Association, AMA는 브링클리의 수법을 예의 주시하며, 특별히 모리스 피쉬바인Morris Fishbein이라는 의사에게 조사하게 했다. 모리스 피쉬바인은 끊임없이 브링클리의 기만술을 폭로하는 글을 썼다. 하지만 의학 학술지에는 한계가 있었고, 대중매체를 장악하고 있는 브링클리는 여전히 상승세를 탔다.

브링클리에 대한 비방과 칭찬은 반반이었지만, 그의 생애의 가장 큰 전환점은 1929년 당시 《로스앤젤레스 타임스Los Angeles Times》의 사장 해리 챈들러Harry Chandler를 예방한 후였다. 당시 브링클리는《로스앤젤레스 타임스》의 한 편집자에게 고환 이식 수술을 해주었는데, 결과가 아주 만족스러웠다. 그러자 해리 챈들러는 브링클리를 '미국에서 가장 뛰어난 외과 의사'라고 치켜세웠다. 덕분에 그의 사업은 날로 번창했고, 환자를 일일이 다 돌볼 수 없을 정도로 바빠졌다. 그는 병원을 캘리포니아 주로 옮길 계획을 세웠다. 그런데 다행히도 캘리포니아 의학회의 의사들 중에는 판단력이 흐려지거나 이성을 잃은 사람이 없었던지, 브링클리의 개업 신청은 받아들여지지 않았다. 그는 얌전히 캔자스의 고향 집으로 돌아갈 수밖에 없었다.

하지만 브링클리의 무용담은 할리우드의 영화계에 영감을 주어, 산양의 고환을 인체에 이식하면서 일어나는 여러 이야기를 다룬 영화 〈산양의 내분비선Goat Gland〉(내분비선은 고환의 우아한 표현임)이 나오게 되었다.

아마도 대중매체의 거물을 예방한 후에 무슨 깨달음이 있었던지, 브링클리는 고향으로 돌아와 그동안 쌓아둔 재산으로 KFKB라는 라디오 방송국을 세웠다. 그리고 이를 이용해 엄청나게 광고를 해댄 것은 물론이다. 그는 또 방송에 '의료 문제 사서함'이란 프로그램을 신설해, 청취자들이 보낸 질문에 직접 대답해주었는데, 청취율이 엄청나게 뛰어올랐다. 뒷날 그는 촉각을 멕시코로 뻗쳐 고향에서 한 방법대로 방송국을 만들고, 제약 공장도 세웠다.

이런 과다 노출로 그의 지명도가 올라가기도 했지만 감추었던 진상도 드러나게 되었다. 방송 프로그램에서 잘못된 정보를 알려준 것은 차치하고라도, 그가 학위를 돈으로 샀다는 사실이 폭로되고 만 것이다. 게다가 모리스 피쉬바인이 화력을 집중해 지속적으로 공격하며 고환 이식술의 폐단을 지적했다. 결국 1930년 캔자스 주 의학회에서는 그의 영업허가증을 취소했다.

그런데 정말로 아연실색할 만한 사실은 그가 의료 전쟁에서 패배한 후에 캔자스 주의 주지사 선거에 입후보했다는 것이다. 다행히 선거에서 지고 말았으니 망정이지, 그렇지 않았다면 어떤 국면이 전개되었을지 알 수 없는 일이었다.

1938년은 브링클리가 기울기 시작한 해라고 볼 수 있다. 오랜 세월 그를 추적해온 모리스 피쉬바인은 이때부터 기선을 제압하게 되었다. 그는 '현대 의학의 돌팔이 의사들Modern Medical Charlatans'이라는 일련의 글들을 발표해 브링클린의 악행을 폭로했다. 게다가 수술 실패로 고통 받고 있는 많은 환자가 나서서 고발하고, 보상을 요구하는 소송을 제기했는데, 그 액수가 무려 300만 달러를 넘었다. 결국 브링클리는 파산했고, 병을 얻어 병마에 시달리다가 1942년에 세상을 떴다.

브링클리의 무용담은, 발기부전 치료는 영원한 큰 사업으로, 대중을 설득할 수만 있다면 끊임없이 돈이 들어오는 노다지라고 우리에게 말해준다. 정통성을 가진 의료 시장에서 보증하는 비아그라 말고도 수많은 민간 처방이 시장에 만연해 있다. 이러한 현상의 큰 원인은 환자들이 발기부전에 대한 인식이 부족하기 때문이다. 환자들은 이런 문제에 대해 입을 여는 것을 쑥스럽게 생각하고, 세상의 많은 돌팔이 의사는 이런 기회를 놓치지 않는 것이다.

하지만 산양의 고환을 남성의 체내에 이식한 그런 정신 나간 수술은 존 브링클리의 독창적인 견해가 아니다. 그가 당시 유럽의 유명한 의사 세르게이 보로노프 Sergei Voronoff에게 배웠다는 사실을 의료 역사를 아는 사람들은 다 알고 있다.

보로노프는 원래 러시아의 유태인 가정에서 태어났는데, 18세에 프랑스로 이민을 가서 의대에 들어가 공부했다. 그는 매우 운이 좋게도 당시 프랑스의 유명한 의사인 알렉시스 카렐 Alexis Carrel의 제자가 되었다. 알렉시스 카렐은 19세기 말 여러 가지 이식에 대한 연구로 명성을 얻은 의사였으니, 보로노프가 그에게 적지 않은 영감을 얻은 것은 자연스러운 일이었다.

1889년, 보로노프는 미친 듯이 연구에 몰두하기 시작했다. 자신에게 '발기가 되지 않는' 문제가 있었는지 여부는 알 수 없지만, 분명한 것은 그가 자신의 성 능력을 키우기 위해 개와 기니피그의 고환에서 추출한 물질을 자신의 몸에 주입했다는 사실이다. 물론 놀랄 만한 효과를 기대했겠지만, 안타깝게도 이 방법은 확실히 실패하고 말았다. 효과가 예기한 수준에 도달하지 못했던 것이다. 하지만 보로노프는 조금도 낙심하지 않았다. 그는 추출물의 효능이 부족해서 그렇게 되었으리라고 생각하고, 스승의 가르침을 되새기면서 동물의 기관을 인체에 이식하는 수술에 몰두했다.

실험을 처음 시작할 때는 소규모의 연구였다. 하지만 그가 미국의 석유 거물 자베즈 보스트윅Jabez Bostwick의 딸 에블린Evelyn과 결혼한 후인 1917년부터 상황이 달라졌다.

부인의 자금을 수혈 받은 보로노프는 드디어 자신의 이상을 실현할 수 있게 되었다. 그는 500여 마리의 동물을 수술했는데, 그 개념은 지극히 단순했다. 바로 젊은 산양과 면양의 고환을 늙은 양에게 이식해 회춘 기능이 발휘되는지를 증명하는 것이었다. 당시의 인체 실험은 오늘날처럼 엄격하지 않았기 때문에 보로노프는 연구 방향을 바꾸어 자신의 동물실험 결과를 인체에 응용할 생각을 갖게 되었다. 다만 그의 야심이 매우 커서 그랬는지, 발기부전 치료에만 그치지 않고 그야말로 '회춘'을 대대적인 홍보 슬로건으로 내세웠다.

1920년부터 보로노프는 원숭이의 고환을 사람의 몸에 직접 이식했으며, 1923년에는 런던의 세계외과의사회의International Congress of Surgeons에서 700여 명의 세계적인 외과 의사들 앞에서 수술 성과를 발표해 더할 수 없는 호평을 받았다.

보로노프는 1925년에《이식을 통한 회춘Rejuvenation by Grafting》이라는 책을 출판했는데, 이 책에서 그는 동물의 고환을 인체에 이식하면 미약 媚藥을 쓴 것과 같은 효과를 볼 수 있다고 말했다. 또 환자들이 더 이상 돋보기를 쓰지 않아도 되고, 이보다 더 대단한 것은 정신병자도 정상으로 돌아갈 수 있을 것이라고 입에 침도 바르지 않고 천연덕스럽게 주장했다.

세계 각국에서 그를 찾아오는 사람들이 갈수록 많아지자 그는 알제리에 분원을 열었다. 그리고 고환 공급원을 안정적으로 유지하기 위해 이탈리아에 원숭이 농장을 만들어 곡마단의 책임자 한 사람을 찾아 이를 관리하도록 일임했다.

1930년대는 그의 전성기였다. 보로노프는 홍보의 중요성을 잘 아는 사람인지라 파리에서 가장 비싼 호텔의 한 층을 임대해 사무실을 만들고 안내원, 집사, 운전사, 수행원 등을 두었다.

하지만 수술을 받는 사람들이 갈수록 많아지면서 부정적인 소식이나 소문이 끊이지 않게 되자 과학계와 의학계에서는 그의 성과에 대해 의문을 제기하기 시작했다. 그러나 외부의 시선에 아랑곳하지 않고 보로노프는 변함없는 생각으로 일을 계속했다. 특히 남성호르몬인 테스토스테론 testosterone 이 발견된 후에는 그는 자신의 수술이 아주 우월하며 정확하다고 철석같이 믿게 되었다. 당시 영국의 많은 축구 스타들도 그를 찾아와 치료를 받을 정도였다.

브링클리와 마찬가지로 보로노프의 연구도 1940년대 후반부터 점차로 매력을 잃어갔다. 브링클리처럼 신세를 망치는 지경에까지 이르지만 않았을 뿐, 들춰지길 원치 않는 웃음거리가 되어 의학사의 한 페이지 속에 방치된 채로 사람들의 기억 속에서 지워져갔다.

그 후 고환의 구조 연구와 면역학의 발전에 따라 차츰 보로노프의 연구에 대해 명예회복을 시켜주는 사람들이 나타났다. 1919년, 유명한 의학 잡지 《랜싯》은 보로노프의 실험 기록을 다시 공개하면서 의학 연구 기구가 출자해 이와 유사한 연구에 찬조하자고 건의했다. 또 몇몇 의학 학술지 역시 보로노프의 연구에는 결코 취할 만한 것이 하나도 없는 것은 아니라고 주장했다. 고환 속의 세르톨리 세포Sertoli cell는 면역 세포의 보호막이기 때문에 원숭이의 고환을 인체에 이식하면 인체의 면역 세포는 이를 거부하는 기능을 만들어낼 수 없다는 사실을 들어 보로노프의 수술 결과는 일부 진실한 면이 있으며, 조작했다거나 플라세보 효과는 아니라고 주장한 것이다. 미국노화방지학회The American Academy of Anti-Aging Medicine 는 2005년에 보로노프의 연구 보고서를 다시 검증하고, 그를 '대체 성호르몬'으로 노화 방지를 한 선구자로 인정했다.

성 능력을 증진시키고 청춘을 되찾아 젊음이 영원히 머물게 하기 위해 사람들은 온갖 방법을 다 동원하고 있다. 어쩌면 사람의 몸에 거북이의 유전인자를 이식해 노화 방지를 위한 치료를 하더라도 이를 이상하게 여기지 않게 되는 날이 올지 모른다.

이제 영국의 생리학자 자일스 브린들리Giles Brindley 이야기를 해보자. 그에 대해 알고 나면 아마 독자들은 그의 업적이 브링클리나 보로노프보다 더 뛰어나면 뛰어났지 결코 뒤지지 않는다고 생각하게 될 것이다.

브린들리는 정통 의학 교육을 받은 학자로 케임브리지 대학교 의대를 졸업한 후 런던 병원Royal London Hospital에서 근무했다. 그는 신경학 연구에 몰두했는데, 연구 팀을 이끌고 유명한 의학 학술지에 100여 편의 논문을 발표했다. 그뿐만이 아니었다. 그는 1960년대에 인공 시각 보형물을 설계해 실명한 환자들이 시력을 회복하는 데 도움을 주었다. 그리고 하지가 마비된 환자들에게 도움이 되기를 바라는 마음에서 신경세포를 자극하는 방법을 발전시켰다.

브린들리는 이런 연구로 저명한 신경 전문가 데이비드 마아David Marr의 가장 훌륭한 상담역이 될 수 있었다. 데이비드 마아의 연구 가운데 가장 유명한 것은 컴퓨터 시각computer vision에 관한 이론과 연구다.

브린들리는 신경학 분야의 독창적인 연구로 1986년, 페리어 강좌Ferrier Lecture의 초청 연사가 되었다. 페리어 강좌는 영국 왕립학회Royal Society에서 3년에 한 번씩 거행하는 학술 행사로, 1928년 데이비드 페리어David Ferrier의 기사 작위를 기념하기 위해 창립된 학회다. 데이비드 페리어는 뇌 전기 자극 연구에 정통해 세계적으로 유명해진 영국 학자로, 페리어 강좌에 초청된 학자들은 모두 경력이 특별한 사람들이었다. 브린들리가 페리어 강좌에서 발표한 주제는 '하지 마비 환자가 전기 자극을 받은 이후의 배뇨, 발기 그리고 정관의 반응'이었다.

다재다능했던 브린들리는 뛰어난 음악가이기도 했다. 특히 바순 연주에 정통했던 그는 1960년에 전기로 조절하는 바순 연주 기기인 '로지컬 바순 logical bassoon'을 발명하기도 했다.

지금까지 브린들리의 많은 위업을 서술했는데, 여러분은 아마 이 대학자가 '발기부전 치료사'에서도 한자리를 차지하고 있다는 사실은 상상도 못했을 것이다. 그는 일찍이 의학회 발표 자리에서 정상을 벗어난 놀랄 만한 퍼포먼스를 했는데, 이는 오늘날까지도 많은 사람들에게 흥미진진한 이야깃거리가 되고 있다.

브린들리가 의학회에서 도대체 무슨 놀랄 만한 퍼포먼스를 했는지를 알려면 먼저 캐나다의 대학자 로렌스 클로츠 Laurence Klotz가 2005년에 《영국 국제 비뇨 학술지 British Journal of Urology International》에 발표한 한 편의 회고록을 들여다봐야 할 것 같다.

브린들리는 원래 1980년대 전후에 자신의 연구 방향을 약간 벗어나 '발기부전' 영역으로 촉각을 뻗쳤다. 아마도 전기 자극의 효과가 그다지 오래 지속되지 않아서였으리라. 그가 생각한 것은 약물을 음경에 국소 주사해 남성의 발기 기능 장애를 치료하는 것이었다.

브린들리는 스스로를 실험 대상으로 삼아 자신의 음경에 10여 종의 약물을 주사했다. 그 결과 원래 혈관, 장과 위 그리고 담도 경련 치료에 사용하는 약물인 파파베린 papaverine(아편알칼로이드의 일종)이 음경 충혈 시간을 연장해 발기 기능 장애를 치료할 수 있다는 것을 발견했다.

자신의 연구를 세상 사람에게 알리기 위해 브린들리는 1983년 라스베이거스에서 개최된 '세계요로동력학회世界尿路動力學會'에서 자신의 경험을 예로 들어 설명했다. 그러고는 그 자리에서 자신을 실험 대상으로 삼아 회의에 참석한 학자들에게 자신이 발견한 놀랄 만한 결과를 알려주었다.

로렌스 클로츠의 회고록을 정리하면 대략 다음과 같다.

브린들리의 발표는 오후에 배정되어 있었다. 발표장으로 가는 길에 엘리베이터에서 그와 마주쳤는데, 옷차림이 행사에 걸맞지 않았다. 반드시 입어야 할 양복에 넥타이가 아닌, 청색의 헐렁한 외투를 입고 있었다. 슬라이드를 이용해 발표를 시작할 때까지만 해도 브린들리의 행동은 아주 정상적이었다. 그가 파파베린을 이용해 발기부전을 치료할 수 있다는 관점을 제기했을 때는 현장에 있던 나조차 아주 설득력이 있다고 생각할 정도였다. 잠시 후 발표를 마친 브린들리가 자신이 직접 실험 대상이 되어 모두를 설득시키겠다고 자신 있게 말했다. 그리고 말이 떨어지기가 무섭게 치골 윗부분까지 바지를 훌렁 벗어 내리더니, 자신의 음경으로 바지를 받쳐 위풍당당하게 발기되어 있는 상태를 증명해 보이는 것이었다.

원래 브린들리는 발표 30분 전에 자신의 음경에 파파베린을 주사해 자신의 주장이 거짓이 아님을 증명하려고 한 것이었다. 하지만 그걸로 만족하지 못한 그는 바지를 무릎까지 내리고 연단을 내려가 담력과 식견이 있는 청중들에게 자신의 음경을 직접 만져보라고 요구했다. 회의에 참석한 사람들은 남성만 있는 것이 아니었다. 앞줄에 앉아 있던 여성들은 얼굴이 파랗게 질려 어찌해야 할 바를 모르고 날카로운 비명만 질러댔다. 이 소리에 제정신이 돌아온 브린들리는 바지를 추켜올리고 허둥지둥 발표를 마쳤다.

6개월이 지난 후에 영국의 정신과 학술지는 그의 연구 논문을 받아들였고, 이로써 세계의 많은 사람들이 그의 연구 성과를 알게 되었다.

브린들리는 57세의 나이에 자신을 실험 대상으로 삼아 파파베린의 효능을 증명하며 발기부전을 치료하는 또 다른 방법을 제시했다. 하지만 이 방법은 결국 널리 쓰이지 못했는데, 이는 아마도 환자들이 국소 주사를 두려워했기 때문이었을 것이다. 더욱이 비아그라가 나온 다음에는 이 방법에 관심을 갖는 사람이 거의 없어졌다.

나는 지금도 파파베린을 사용한다. 바로 관상동맥 우회술을 시술할 때다. 좌하측 내흉 동맥을 떼어내 우회로의 재료로 쓰기 전에 이를 파파베린 용액에 담가둔다. 그러면 내흉 동맥이 팽창되어 크게 변하는데, 이것 역시 또 다른 '발기'라고 할 수 있지 않을까?

큰 화禍를 부르는 수음

악습인 수음을 근절하기 위해 요도에 꼬챙이를 삽입했다

나는 예전에 수음과 통밀 비스킷에 관한 이야기를 쓴 적이 있는데, 그 글에서 오늘날 건강식품으로 알고 있는 통밀 비스킷을 만들게 된 동기가 바로 남성들의 '수음'에 대한 욕구를 낮추기 위한 것이었다고 설명했었다. 아마 통밀 비스킷으로 요기를 하거나 식욕을 채우는 많은 분들, 특히 다이어트를 하는 여성들은 이 말에 깜짝 놀라며 내 관점에 동의하기 어려울 것이다. 아마 어떤 분들은 내가 자신들의 기호와 식욕을 떨어뜨렸다고 불평하는 데 그치지 않고, 내가 일부러 사람들의 관심을 끌기 위해 이런 말을 한다고 생각할지도 모른다. 심지어 일부러 황당한 말로 사람들에게 겁을 주는 게 아닌지 의심할 것이다. 그런데 사실은 의료사를 펼쳐놓고 보면, 17세기 이래 의사들의 입장에서 본 수음의 폐해는 오늘날의 에이즈보다 더하면 더했지 못하지 않았다. 믿지 못하겠으면 19세기의 의사 레딩Redding이 수음의 폐해에 대해 어떻게 서술했는지 읽어보자.

> 전염병, 전쟁, 천연두, 혹은 기타 유사한 질병을 막론하고 모두 수음이 인류에게 가져다주는 폐해와는 비교할 수가 없다.

통밀 비스킷을 먹든지 아니면 비교적 다른 온건한 수단을 쓰든지 간에, 음식으로 질병이나 욕구를 완화시키기란 시간이 너무 오래 걸리는 일이다. 누구라도 이런 방법으로는 빠른 시간 안에 수음이라는 이 간악한 마귀에 대항하기에 충분치 않다는 사실을 알 것이다. 그래서 많은 의사들이 다른 방식을 발명하거나 채택해 질병이나 욕구를 조절하고 수음을 예방하기도 했는데, 이는 조금도 특별하거나 진기한 일이 아니었다.

지금 이야기하려는 것은 바로 수음을 예방하기 위한 발명품들로, 아이디어가 모두 독창적이라고 할 수는 없지만 '감탄을 금할 수 없다'는 말로 칭찬해도 지나치지는 않을 것이다. 그 가운데 어떤 발명품들은 특허를 신청한 것도 있다.

1848년, 의사였던 무디Moodie는 중세의 정조대를 기초로 해 일종의 음경을 고정하는 기구를 설계했는데, 이는 수음을 예방하기 위한 목적으로 만든 것이었다. 그리고 또 스티븐슨Stephenson은 음경이 아래쪽

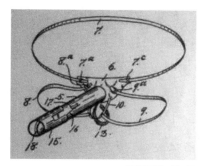

무디의 음경 고정 기구

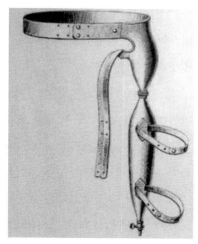

스티븐슨의 음경 멜빵

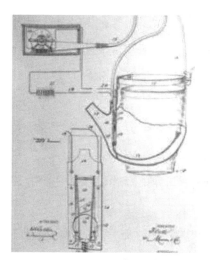

프랭크 오스의 수음 방지기

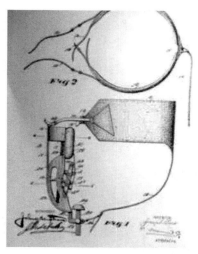

조셉 리의 수음 방지기

으로 향하는 자세를 유지할 수 있도록 음경 멜빵을 설계했다. 청소년이 멜빵을 착용함으로써 수음하기 어렵게 만들자는 의도였다. 물론 벗어버린다면 몰라도.

더 대단한 발명품은 정조대 방식의 기구에 또 다른 기능을 더한 것이었다. 1893년 미국 오리건의 프랭크 오스Frank Orth가 발명한 용품(미국 특허 및 상표청 특허번호 US000494436)은 착용하면 내장된 온도 감지기가 자동으로 작동해 온도가 상승하는 것을 감지하게 되면서―이는 대개 욕망이 고조되었다는 표시일 것이다―즉시 팬이 작동하여 뒤이어 일어날 수 있는 후회스러운 일을 막아준다.

또 1898년에 펜실베니아 주의 조셉 리Joseph Lee는 경보 기능이 있는 수음 방지기(미국 특허 및 상표청 특허번호 US000641979)를 발명했다. 이 기기는 밤에 잠을 자다가 예기치 않게 청소년기 아들의 음경이 발기하면 경보음을 내게 되는데, 이 소리를 듣고 부모가 깨어 자기 아이가 낯을 들 수 없는 짓거리를 하지 않고 있다는 사실을 확인하게 하는 것이었다.

위에서 말한 두 가지 발명품에 대해 관심이 있다면 이미 상품번호를 알려줬으니 미국 특허 및 상표국United States Patent and Trademark Office의 홈페이지에 들어가 원본 파일들을 찾아보고, 이 발명자들의 원래의 발상이 어떤 것이었는지 알아보기 바란다.

앞에서 이야기한 식품과 기구가 발명된 것은 모두 수음이라는 악마에게 저항하기 위한 것인데, 한마디로 말하자면 결국은 예방법일 뿐이다. 하지만 한걸음 더 나아가 이 악습을 근절하려면 외과 의사의 강력한 개입 없이는 안 될 것이다. 외과 의사들의 노력이 있어야 그들의 고뇌를 이해할 수 있게 되고, 그들이 얼마나 간절히 '장대를 세우면 즉시 그림자가 나타나는 것'처럼 빠른 효과를 바라는지 알게 될 것이다.

1883년, 의사인 티모시Timothy는 《보스턴 내과 및 외과 저널The Boston Medical and Surgical Journal》에 세 건의 병례 보고서를 자랑스럽게 발표했는데, 그중 하나에서 그는 환자의 정관을 묶는 방법으로 수음을 치료했다고 밝혔다. 더 지독한 사람은 아브라함 자코비Abraham Jacobi였다. 그는 19세기 말에 미국 내과 학회의 회장을 역임했는데, 음경에 상처를 내어 젊은이들이 수음이라는 대죄를 저지르지 않도록 주의를 환기해야 한다고 주장했다.

하지만 의학 잡지 《랜싯》에 실린 수음 치료에 관한 외과적 방법을 본다면 앞에서 이야기한 여러 가지 방법이 결코 잔인한 것이 아님을 깨닫게 될 것이다. 당시의 유럽 의학계는 랄르망Lallemand을 비롯한 많은 외과 의사들이 수음을 즐기는 젊은이들에게 침입성 치료를 시술해 나쁜 습관을 근절해야 한다고들 생각했다. 그리고 그 방법은 '꼬챙이'를 요도에 삽입하는 것으로, 이렇게 하면 뼛속까지 파고드는 고통과 뒤이어 오는 요도 부종으로 수음의 나쁜 점을 깨닫게 된다는 것이다.

환자들이 이런 치료를 받을 때는 고통으로 인해 비명을 질러대지만, 냉혹했던 랄르망은 이에 대해 다음과 같이 썼다.

꼬챙이를 빼내고 나면 환자는 무거운 짐을 내려놓은 듯 홀가분하고, 세상이 아름답다고 느낄 것이다. 그리고 그다음부터 환자는 더 이상 그 짓을 하지 못하게 될 것이다.

내가 정리한 이상의 내용을 본 남성 독자들은 분명 모골이 송연해질 것이다. 그리고 의사들이 별것 아닌 일에 지나친 방법을 사용한 것을 의아해하거나, 일부 변태적인 외과 의사들이 나이 어린 남자아이들에게 불필요한 고통을 안겨준 일을 도저히 이해하기 어려울 것이다. 하지만 이런 과정들은 의학의 발전을 위해 반드시 치러야 할 대가가 아니었을까?

수천 년 된 인류의 적, 치질

엄지손가락 둘을 제외한 여덟 손가락으로
환자의 항문을 벌려 치질을 치료했다

"어린 나이에 치질에 걸리면 큰 불행"이라는 말이 있다. 어린 나이에 치질에 걸렸다는 뜻의 '소년득치少年得痔'와 어린 나이에 뜻을 얻었다는 뜻의 '소년득지少年得志'는 중국어의 발음이 동일한 쌍관어雙關語다. 이처럼 쌍관어를 이용해 인체에 생긴 말 못할 사정을 해학적으로 표현하면, 같은 직업을 가진 사람끼리는 무슨 말인지 바로 알기 때문에 공감하며 회심의 미소를 짓게 된다. 어쨌든 간에 이 쌍관어가 가리키는 질병은 수천 년 동안 인류를 따라다니며 괴롭힌 녀석이다.

치질痔疾의 원인에 대해서는 정설이 없다. 다만 의학계에서는 주로 항문 내의 압력이 상승해 항문관 점막 내의 정맥이 확대되어 정맥류가 형성되기 때문인 것으로 알려져 있다. 이런 '문맥압항진증門脈壓亢進

痔'에는 많은 원인이 있는데, 변비나 임신 그리고 오랜 시간 바닥에 앉아 있는 것 등이 주된 원인으로 꼽힌다. 물론 개인의 체질에 따라 차이가 있겠지만 말이다.

현재 치질 치료법에 대해서는 점차 공통된 인식이 형성되고 있다. 예를 들어, 병세가 심하지 않으면 당연히 예방이 치료보다 중요하므로, 평소에 섬유질이 풍부한 음식을 섭취하고 물을 많이 마시며, 자주 운동을 하고, 장시간 움직이지 않고 앉아 있는 상황을 되도록 줄여야 한다. 병세가 좀 심각하면 적외선으로 지지거나 고무 밴드로 잡아매는 것을 고려해볼 수 있다. 하지만 증상이 심각하거나, 출혈이 있거나, 혹은 치핵이 항문 입구를 막고 있는 경우에는 반드시 외과적 절제 방법을 써야 한다.

치질을 화제에 올리는 이유는, 사실 의료 역사에 나오는 여러 가지 변화와 발전 상황을 읽다가 오늘날에도 사용하는 복고풍의 방법과 비슷한 방법이 나오는 것을 발견했기 때문이다. 독자 여러분은 읽으면서 한바탕 즐겁게 웃고, 차를 마시거나 한담을 나눌 때 화젯거리로 한 번 써먹기 바란다.

1968년 영국 의사 피터 로드Peter Lord는 치질이 항문 내의 압력이 상승해 발병한다는 사실에 착안해 새로운 치질 치료 방법을 제창했다. 바로 '로드식 항문 벌리기Lord's Anal Stretch' 치료법인데, 그 방법이 아주 간단하다. 시내버스에서 흔히 보는 광고 문구인 '치질, 수술하지 않고 치료'하는 바로 그 방법으로, 의사의 솜씨 좋은 손으로 고질병을 치료하는 것이다.

'로드식 항문 벌리기'의 구체적인 치료법은 의사가 두 손으로 환자의 항문을 천천히 벌리는 것이다. 이 방법은 반드시 마취한 상태에서 시행해야 하는데, 의사가 엄지손가락 둘을 제외한 여덟 손가락으로 환자의 '압력이 큰' 항문을 점차적으로 벌려 괄약근의 팽팽함을 늦춰준다. 즉 항문을 확장시킨 후 압력을 떨어뜨리는 방법으로 치질이 근치되기를 바라는 것이다.

이 치료법은 좀 잔인하긴 하지만 치질이 생기는 이치로 보자면, 항문을 확장시킨 효과가 있다면 좋은 방법이라고 할 수 있다. 그래서 이 방법은 의료계에서 한동안 유행했었다. 하지만 유감스럽게도 치료 후 장기적으로 추적한 바에 의하면 효과가 뚜렷하지 않거나, 환자가 대변을 가누지 못하게 되는 현상이 나타났다. 결국 '로드식 항문 벌리기' 방법은 흐지부지되고 말았고, 소리 소문 없이 사라졌다.

그렇다면 항문 확장 방법은 피터 로드의 독창적인 생각이었을까? 역사를 거슬러 올라가면 그보다 훨씬 전에 한 사람이 비슷한 방법을 생각해냈으며, 더 오랫동안 유행했다는 사실을 알 수 있다.

1892년 미국의 의사 영 프랑크Young Frank는 '직장 확장기rectal dilator'(한 세트의 가격은 2.5달러. 현재의 화폐가치로 약 31달러)를 발명했다. 당시는 마침 고무를 널리 사용한 시기여서 확장기를 모두 고무로 만들 수 있었다.

확장기는, 그가 광고 전단에도 찍어 홍보한 것처럼 원래 만성 변비

영 프랑크의 직장 확장기

를 해결하려고 발명한 것이었다. 광고가 나가자마자 이 기구는 대대적으로 유행하기 시작했다. 그러자 이 기구는 그 용도가 치질 치료, 숙면, 여드름 증상 완화, 심지어는 두드러기와 빈혈 치료 등으로 더욱 넓혀 홍보되었다. 그리고 사용 안내서에 구매자들이 많이 사용해주기를 바란다는 문구까지 추가되었다.

이 직장 확장기는 미국에서 40여 년 동안 판매되었다. 그런데 1938년에 미국식품의약국FDA이 의료 기재 통제 법안을 통과시키면서, 과장되거나 부실한 제품을 전면적으로 단속하기 시작했다. 2년 후 직장 확장기를 판매하던 상인이 체포되었으며, 그가 판매하던 제품이 '부정표시misbrand' 혐의로 기소되었다. 결국 법원에서 건강에 유해한 제품으로 판결하면서 이 제품은 의료 시장에서 소리 없이 종적을 감추고 말았다.

그런데 직장 확장기는 그 후 '섹스 토이(성인용품)'로 변신하게 되어, SMsadomasochism(가학피학성 변태성욕)을 즐기는 사람들에게 쾌락을 더해주는 성 도구로 이용되었다. 구글Google에 들어가서 검색어 'butt plug'

를 치면 당초 영 프랑크가 발명한 물건을 볼 수 있는데, 이 물건은 현재 성인용품점의 한 품목이 되었다.

버트 플러그

피터 로드가 '로드식 항문 벌리기' 치료법을 구상할 때 영 프랑크의 '직장 확장기'의 개념을 참고했는지는 잘 모르겠다. 하지만 내 생각으로는, 아마도 그런 개념을 얼마간은 치료 이론에 도입하지 않았을까 싶다.

"영원히 남을 명문장치고 베끼지 않은 것이 없다"라는 말이 있다. 아마 독자들도 치료법 역시 이 원칙을 벗어나지 않는다고 생각할 것이다. '로드식 항문 벌리기'나 '직장 확장기'뿐만 아니라 의료 발전사에서 많은 치료법이 선인들이 이룬 성과에 기반을 두고 개량한 것들이다. 물론 모두 다 성공한 것은 아니지만 말이다. '성공하면 제왕이 되고 실패하면 하찮은 도적으로 전락'하게 되는 예는 수두룩하지 않은가? 어쨌든 위에서 이야기한 두 의사의 발명품은 방대한 역사 자료 가운데 내 본의와는 관계없이 찾아진 '우연'일 뿐이다.

창자 없는 사람

유방을 절제해 유방암을 예방하는 것은 새 발의 피

최근 미국의 영화배우 안젤리나 졸리Angelina Jolie 는 일반 대중은 물론이고 의사들까지도 매우 용감하다고 생각할 만한 일을 해냈다. 일전에 그녀는 《뉴욕타임스》에 기고하여 유방암을 예방하기 위해 유방을 절제하는 수술을 받았으며, 이 모든 것은 어머니의 이른 죽음이 그녀의 마음에 가져다준 지워지지 않는 아픔에서 시작되었다고 밝혔다.

안젤리나 졸리의 어머니는 56세에 세상을 떠났는데, 이 때문에 그녀는 암에 대한 새로운 지식에 특별한 주의를 기울이게 되었다. 그리고 몇 가지 검사를 받고 나서 자신의 체내에 'BRCA1'이라는 유방암 유전자가 있다는 사실을 확인했다. 통계자료에 의하면 여성이 이런 유전자를 가지고 있으면 유방암과 난소암에 걸릴 확률이 크게 증가한다.

그녀를 진료한 의사는 안젤리나 졸리가 유방암에 걸릴 확률은 87퍼센트이고, 난소암에 걸릴 가능성은 50퍼센트라고 밝혔다. 이 의사의 추산을 근거로 안젤리나 졸리는 어려운 결정을 내린 것이다. 그녀는 사전에 유방암을 예방하기 위해 양쪽 유방을 절제했는데, 유방 조직 절제와 유방 재건을 포함한 모든 수술 과정에 9주가 걸렸다.

안젤리나 졸리의 이 '예방 치료' 이야기는 잠시 후에 다시 하기로 하고, 먼저 20세기 초 영국의 외과 명의 아바스노트 레인Arbuthnot Lane 의 이야기를 한 토막 해야겠다.

아바스노트 레인은 대단히 우수한 외과 의사로 정형외과, 소화과, 이비인후과 등의 각종 수술에 정통했다. 그는 외과 수술의 '무균 개념'을 제창했으며, 많은 기계를 설계하여 조직을 건드리지 않는no-touch 기술을 개발해 환자를 수술할 때 신체의 손상을 최소화했다.

아바스노트 레인은 외과 수술에 정통했지만, 반면에 오래된 옛 방법을 옹호하는 사람이었다. 그는 옛 이집트의 파피루스에 기록되어 있는 방법을 깊이 믿어, 창자와 위가 질병의 근원이기 때문에 반드시 정해진 시간에 설사를 유도해야 한다고 생각했다. 더구나 당시는 X광선이 발견된 지 얼마 되지 않는 때라, 그는 이런 사실을 더욱 굳게 믿었다. 대장은 X선 사진에 구불구불하고 분명하지 않은 모양으로 현상되는데, 이를 본 그는 대장이 노폐물을 숨기기 쉬운 장기라고 생각했다. 그래서 대장을 수채통으로 간주해 강력한 설사약을 써 정해진 시간에 깨끗이 해야 한다고 여겼다.

그는 이런 생각에 근거해 자기 식구에게는 물론이고 반려동물(원숭이)에게도 액체 파라핀을 투여했다. 액체 파라핀은 매우 강력한 설사약으로, 이것을 먹으면 많은 가스를 배출하게 되어 어떤 때는 자신도 모르는 사이에 바지에 똥을 지리기도 해서 사람을 곤혹스럽게 했다. 그의 아이 역시 이 때문에 또래 집단의 웃음거리가 되었다.

아바스노트 레인은 또 외부의 힘으로 복강 내의 구불구불한 창자를 교정할 수 있고 떠받쳐줄 수 있는 일종의 허리띠를 발명했는데, 우습게 생긴 외관 탓에 모두들 사용하기를 꺼렸다. 이 때문에 그의 아이는 또 친구들의 웃음거리가 되고 말았다.

하지만 위에서 언급한 몇 가지 일은 시작에 불과했다. 아바스노트 레인은 1908년 노벨 의학상 수상자 일리야 메치니코프Élie Metchnikoff의 저서를 읽고 나서 '장이 막히는 것이 병인'이라고 생각하게 되었다.

일리야 메치니코프는 생물학 연구의 전문가로, 백혈구의 '식세포작용食細胞作用'을 발견해 노벨 의학상을 탔다. 그는 또한 유산균이 몸에 좋다는 독창적인 견해를 내놓기도 했다. 그는 불가리아를 여행했을 때 100세의 장수 노인들이 사는 마을을 발견하고 이에 흥미를 느껴 연구를 시작했는데, 이 장수 노인들이 매일 요구르트를 마시는 까닭에 건강하게 장수하게 되었다는 결론을 얻게 되었다. 그 후로 그는 평생 동안 매일 요구르트를 마셨다.

일리야 메치니코프의 연구를 보고 영감을 받은 일본인 시로타 미노루代田稔가 장과 위의 산성의 환경에서도 견딜 수 있는 유산균을 배양

해냈는데, 이것이 바로 '야쿠르트'의 주요 성분이다.

하지만 아바스노트 레인이 중요하게 여긴 것은 일리야 메치니코프의 연구 성과가 아니었다. 그는 오히려 메치니코프의 장내 미생물에 대한 관찰에 큰 관심이 있었다. 메치니코프의 추산에 따르면 대장 내의 세균은 하루 안에 128조 개의 세균을 복제해낸다. 이 놀라운 숫자를 알게 된 것은 아바스노트 레인에게 지극히 귀중한 보물을 얻은 것과 같았다. 이는 마치 '장은 수채통'이며, '질병의 근원'이라는 그의 주장과 사전에 약속이나 한 것처럼 완전히 일치하지 않는가!

아바스노트 레인은 대담하게도 '대장 무용론'을 제기했다. 즉 더러운 것으로 가득하며, 세균을 저장하는 데 불과한 통로를 제거해야 한다고 주장한 것이다. 그는 '대장 절제술'을 제기하며, 환자들에게 뒷날 질병에 걸리지 않으려면 서둘러 인체 내 질병의 소굴인 대장을 모두 들어내야 한다면서 용기를 북돋웠다. 이때 1,000여 명이 그의 주장에 호응했다.

1912년, 아바스노트 레인은 유럽과 미국 의학계의 초청으로 뉴욕에 가서 모두에게 추앙받고 있을 뿐만 아니라 당시 최신의 독창적인 견해—의사란 질병을 치료하는 데 그치지 않고, 질병을 예방해야 한다—라고 할 만한 자신의 수술에 대해 강연했다. 모두들 그를 환영했으며, 심지어 어떤 의사는 "대장 전체를 수술할 때 하는 김에 하체 내의 다른 기관까지 검사해서 대청소를 해야 할지 말지를 확인할 필요가 있다"고 농담하기도 했다. 하지만 모든 사람이 그의 견해를 받아들

아바스노트 레인이 모델로 나온 식용 효모균 광고

인 것은 아니었다. 1926년에는 무슨 까닭인지 모르겠지만 그 자신도 더 이상 자신의 학설을 인정하지 않고, 오히려 '건강에 좋은 식이요법'과 '운동'으로 건강을 지키는 일에 전력을 쏟았다. 그리고 식용 효모균의 광고 모델로 활동했다.

안젤리나 졸리와 아버스노트 레인의 이야기는 '예방 치료'에 대한 상반되는 대표적인 사례다. 이전에는 정보가 발달하지 않고, 과학적인 실험도 그다지 정교하지 않았다. 그래서 '의사의 의지'가 환자의 치료에 대한 최종 의견을 좌우했다. 환자 대부분은 병에 대한 소견 같은 게 있을 수 없었으니까 말이다. 하지만 현대는 갈수록 과학적 실험이 정교해지고 자료도 완벽해져서, 오히려 '환자의 의지'가 치료 방향을 결정하는 상황이 되었다. 환자는 의사가 제공해준 수많은 자료 가운데 어떤 것이 자신에게 가장 좋은지 결정해야 한다. 그래서 환자는 고민에 빠질 수밖에 없게 되었고, 결정할 수 있는 배짱이 더욱 필요해졌다. 의사의 말을 따르면 되었던 옛날의 환자들처럼 그렇게 수월치 않은 게 오늘날의 환자들이다.

나도 안젤리나 졸리가 용감한 여성이라는 견해에 찬동한다. 그러나 그녀는 수술을 함으로써 87퍼센트에서 5퍼센트로 낮아졌지만, 여전히 유방암에 걸릴 가능성에 직면해야 하며, '난소와 나팔관 절제' 수술을 받아야 할지도 모른다. 게다가 실리콘이 장기간 인체에 들어 있어 생길 수 있는 부작용을 걱정해야 하는 것은 더 말할 나위도 없고.

향수병과 병사들

향수병은 그보다 더 큰 고통과 괴로움을 주어야 낫는다

왕유王維의 시 〈9월 9일 산동에 있는 형제들을 그리며九月九日憶山東兄弟〉 를 읽을 때마다 마음이 아려온다. "홀로 타향에서 나그네 되니, 명절 을 맞이할 때마다 가족들이 더욱 그리워"라는 구절을 보면 타이베이 에서 의대에 다니던 시절이 생각난다. 그때는 휴일이 되면 남부에 있 는 부모형제가 너무도 그리웠다.

　모두들 향수병을 앓아본 경험이 있을 것이다. 구직을 위해서나 학 교에 다니기 위해 고향을 떠나거나, 혹은 불가항력적인 이유로 정든 곳을 버려야 하는 상황이 되면 아쉽고 그리운 마음 때문에 우울해지 거나, 심하면 식음을 전폐하게 되기도 한다. 이런 상황이 되면 대부분 의 사람들은 감정의 일시적인 기복일 뿐이라고 생각하기 쉽다. 하지만 의학이 발전하는 과정에서 향수병은 일찍이 대대적으로 논의된 적이 있으며, 마치 대단한 주제라도 되는 양 연구되기도 했다.

가장 먼저 진지하게 향수병을 다룬 사람은 스위스의 의사 요하네스 호퍼Johannes Hofer로, 그는 처음으로 '노스텔지아nostalgia'라는 말을 사용해 향수병을 지칭했다. 그 말은 '고향'이라는 뜻의 그리스어 'nostos'와 '고통'이라는 뜻의 그리스어 'algos'가 결합된 것으로, '고향 때문에 생긴 심신의 괴로움'이라는 의미다.

호퍼는 프랑스의 스위스인 용병들에게 향수병 증세를 관찰해냈다. 고향을 떠나 머나먼 프랑스의 평원에서 전쟁을 대비하고 있는 군인들은 때로는 무기력해지거나, 마음 아파하고 몸에 열이 나기도 하며, 어떤 사람은 소화불량과 위통이 수반되기도 했다. 심지어 어떤 사람은 이로 인해 사망하기도 했다. 당시의 군의관들은 부근의 목장에서 나는 소 방울 소리가 스위스인 병사들의 감정을 자극해 그들의 뇌세포나 고막을 손상시켜 그런 거북한 증상이 생기게 된 것이라고 여겼다.

하지만 호퍼는 프랑스 군의관들의 견해에 동의하지 않았다. 그는 뇌에 몸과 통하는 원통형의 관이 있는데(아마 척수를 말한 것 같다. 당시에는 이에 대한 깊은 이해가 없었다), 이를 끈끈한 액체가 막고 있기 때문에 마음 아파하고 열이 나며, 혹은 장과 위에 거북한 증세가 나타난다고 생각했다. 그리고 만약 원통형의 관이 완전히 막히면 사망하게 된다고 생각했다.

호퍼는 또한 자신의 진료 경험을 예로 들었다. 1688년, 그는 바젤

Basel에서 두 건의 병례를 발표했다. 한 사람은 베른Bern에서 공부하고 있는 젊은이였는데, 그는 고향을 그리워하다가 병이 나고 말았다. 또 한 사람은 시골에서 대도시로 와 살고 있는 여자아이였는데, 이 아이는 향수병으로 인해 넘어져 혼미한 상태에 빠지고 말았다. 두 사람은 모두 호퍼의 정확한 진단과 치료를 받은 후 건강을 회복했다.

호퍼의 발표 이후에 18세기의 유럽 의사들은 향수병이란 반드시 정확하게 이해해야 할 뿐만 아니라, 치료가 필요한 질병이라는 사실을 직시하게 되었다. 그래서 여러 치료 방법이 잇달아 나왔는데, 그중 가장 흔히 사용한 방법은 피를 뽑아내는 것이었다. 대부분 칼을 사용했는데, 어떤 의사는 거머리를 이용해 더 좋은 효과를 보기도 했다.

1789년, 프랑스의 의사 주르당 르콩트Jourdan Leconte는 한걸음 더 나아가 향수병을 앓고 있는 환자들에게 더 큰 고통과 괴로움을 주어 향수병에서 멀어지게 해야 한다고 주장했다. 그가 이렇게 주장한 데는 한 친구에게 들은 이야기 때문이었다. 어느 러시아 부대의 지휘관이 자신의 부대에 향수병이 유행병처럼 도는 상황에 직면하게 되었다. 그는 고심 끝에 이 질병이 퍼지는 것을 막기 위해 향수병에 걸린 두 병사를 생매장해버렸다. 그 후로 그 부대는 잘 통제되었다.

이 밖에, 미국의 남북전쟁 때 외과 의사들의 업무 일지를 보면 향수병이란 말이 자주 보인다. 1861년, 어느 부대의 의사가 작성한 통계를 보면 5,213명이 향수병을 앓았는데, 그중 60명이나 사망한 것으로 되어 있다. 의사들은 또 아주 재미있는 현상을 기록했는데, 이에 의하면 통상적으로 시골뜨기들이 뺀질뺀질한 도시 깍쟁이보다 쉽게 향수병에 걸렸다.

1899년, 영국의 왕실 의사회Royal College of Physicians에서는 향수병을 정식 질병으로 기록했다. 하지만 당시에 이미 많은 의사들이 향수병을 '정신이 일시적으로 불안정한 증세'일 뿐이라고 생각했다. 영국 군부대에서 향수병을 앓던 군인들이 제대하면 정상을 회복했을 뿐만 아니라 어떤 후유증도 나타나지 않았기 때문이었다.

의학계에서는 점차 향수병을 더 이상 질병으로 취급하지 않게 되었는데도, 미국 군대의 군의관들은 제1차 세계대전과 제2차 세계대전 때 향수병을 앓았던 모든 장병들의, 특히 전선으로 출동해 작전을 하던 인원들의 향수병 자료를 성실하게 통계를 냈다.

도대체 향수병이란 무엇일까? 나는 일종의 '시대병'이라고 생각한다. 마치 몇 년 전에 유행한 과민성대장증후군이나 현재 유행하고 있는 위-식도 역류 질환처럼 말이다. 의사들이 무슨 말 한마디를 하면, 많은 사람들이 영향을 받아 줄줄이 찾아와 진료를 받는다. 마치 일등 당첨자를 배출한 복권 가게에 많은 사람이 복권을 사러 가는 것처럼 말이다. 말은 이렇게 했지만, 특정 집단의 사람들이 어떤 증상을 가지고 있다고 해서 이를 병으로 볼 수 있을까 하는 것이 내 생각이다. 특정 증후군으로 분류되어 병자 취급을 받는 사람들도 때로 자세히 보면 별 문제가 없어 보이니 말이다.

표 구하기 어려운 해부 쇼

인체를 해부하는 것이 일종의 패션쇼?

의사들은 토론회, 연례회의, 월례회의, 세미나 같은 여러 모임에 참가할 기회가 많다. 이런 모임들의 참가자들은 깔끔하게 양복을 차려입고 강당에 모여 발표자의 파워포인트 발표를 본 후 질의하고 함께 토론하며, 어떤 때는 연회에 참가해 흥겨운 시간을 보내기도 한다.

그런데 대개 이런 유형은 내과 의사들의 모임인 경우가 많다. 외과 의사들의 세미나는 좀 더 생동감이 있으며, '현장 시범live demonstration' 수술 과정이 있다. 강당 안에서 외과 전문가가 수술실 안의 집도의와 협동으로 모든 사람에게 중요한 수술 절차를 알기 쉽게 설명하며 시범을 보여주는 것이다.

이런 의학 세미나 형식이 생겨난 것은, 외과 수술은 설명을 듣는 것보다 직접 보는 것이 이해하기가 더 쉽기 때문이다. 평면적으로 침을 사방으로 튀겨가며 유창한 언변으로 설명을 잘하는 것보다는 카메라 한 대가 전 과정을 빠짐없이 찍는 것이 훨씬 효과가 좋다. 하지만 이런 발표 방식을 수행하려면 남 앞에 나설 수 있는 용기가 필요하고, 담력과 기술이 있어야 한다. 솔직히 말하면, 과시욕이 있는 외과 의사들이 이런 발표 형식을 좋아한다.

현재 외과 학회의 현장 시범은 많이 바뀌었다. 온라인 메시지를 이용해 세미나에 참석한 사람들과 수술실 집도의는 서로 계속해서 문자와 화상을 전송한다. 어떤 의사들은 현장 시범을 할 때 신경이 쓰일까 봐 미리 수술 과정을 녹화해 방영하는 방식으로 발표하기도 한다. 하지만 이들의 발표 내용이 훌륭하거나 더없이 뛰어나거나 하는 점은 중요하지 않다. 정말 중요한 것은 환자들의 안전 문제가 이전보다 많이 개선되었다는 점이다. 선진적인 마취 기술, 무균 개념은 물론이고, 심지어는 수술 전前 평가 등의 작업이 모두 세심하게 진행된다. 그래서 실시간 실황중계에 참여해 참관하는 것은 실제 수술을 직접 보는 것과 다르지 않다.

어쩌면 이런 질문이 나올지도 모르겠다. 이전의 외과 의사들은 어떻게 수술에 필요한 기술을 배우고 익혔을까? 답은 '지금과 별 차이가 없었다'이다. 외과 의사들이 과시하기 좋아하는 천성을 타고난 것은 옛날이나 오늘날이나 마찬가지다. 하지만 수술 과정을 참관하는 사람들이 외과 의사만 있었던 것은 아니었다. 수술 과정은 오히려 '외과 극장'의 한마당 쇼와 같았다. 환자의 안전이 오늘날과는 비교할 수 없을 정도로 위태로웠던 것은 물론이다. 지금부터 좀 황당무계한 이야기 한 토막을 들려주겠다. 물론 당시에는 당연한 일로 받아들여졌지만.

이야기의 주인공은 후루Hoo Loo다(정확한 이름자를 모르니까 우선 조롱박이란 뜻의 '후루葫蘆'라고 하자). 그는 19세기에 광둥廣東에 살고 있던 32세의 남성으로 하복부에서 서혜부(아랫배와 접한 넓적다리 주변)에 걸쳐 큰 종양이 생겼는데, 당시 중국에는 이런 병을 치료할 수 있는 의사가 없었다. 그는 광둥에 있는 영국인 의사 컬리지Thomas Colledge의 꾐에 넘어가 동인도회사와 계약을 했다. 계약 내용은 배를 타고 영국으로 가는 동안 배에서 일하다가, 런던에 도착해서 당시의 저명한 외과 의사인 에스턴 키Aston Key에게 치료를 받는다는 조건이었다.

1831년 4월, 6개월 동안의 항해 끝에 후루는 런던에 도착했고, 선박 회사의 소개로 당시 런던에서 가장 유명한 가이 병원Guy's Hospital에서 치료를 받게 되었다. 당시 신문과 잡지의 보도에 따르면, 후루의 몸에 난 종양은 직경이 약 120센티미터로, 상당히 희귀한 병례에 속했다. 병원에서는 더 많은 사람들이 수술 과정을 참관할 수 있도록 협소한 수술실에서 수술하지 않고, 넓은 해부 교실에서 수술을 진행하기로 결정했다. 수술하는 날에 680명이 표를 사서 입장했으며, 병원 밖은 표를 구하지 못한 사람들로 북적거렸다고 한다.

4월 9일, 먼저 에스턴이 해부 교실에서 15분에 걸쳐 강연을 했다.

이어 사람들이 후루를 데리고 들어와 수술대 위에 꽁꽁 묶은 다음, 수술 상황을 볼 수 없도록 얼굴에 수건을 덮었다. 당시에는 마취 기술이 없었기 때문에 후루는 사람들이 주는 위스키 몇 모금을 들이킨 다음 억지 춘양 격으로 수술대에 올랐다. 가련한 후루는 무사히 종양을 제거하고 목숨을 부지해 대를 이을 수 있기를 바랄 뿐이었다.

당시 에스턴의 조수는 에슐리 쿠퍼Astley Cooper 등 유명한 외과 의사들이었다. 막강한 진용이긴 했지만, 수술칼을 댄 다음부터 환자의 출혈이 그치지 않는 난처한 지경에 이르고 말았다. 더구나 위스키는 원래 아무런 마취 효과도 없었으므로, 칼을 댈 때마다 후루는 몸부림을 치며 비명을 질러댔다. 에스턴은 중간 중간에 잠시 수술칼을 멈추고 옆에 있는 간호사들에게 그를 위로하도록 하는 한편, 계속 위스키를 먹이게 했다. 출혈이 심해지자, 현장에서 지켜보던 열성적인 의대 학생들이 옷소매를 걷어 올리고 헌혈하여 대략 480밀리리터의 피를 후루에게 수혈했다.

하지만 수술 시간이 너무 길었기 때문에 후루는 숨결이 미약해지고 있었다. 낙담한 에스턴은 어쩔 수 없이 그의 목숨을 포기하고, 대충 상처를 봉합하는 것으로 수술을 마무리했다.

후루는 결국 죽고 말았다. 하지만 다음 날《타임스》는 에스턴을 비난하지 않았다. 오히려 수술 당일에 너무 많은 사람이 모여들어 실내가 무더워지는 바람에 환자가 탈수로 사망했다고 보도했다. 일주일 후에 한 의사가 유명한 의학 학술지에 에스턴의 야만 행위를 비판하는 글을 실었지만, 사회적으로 큰 파란을 일으키지는 못했다.

나는 후루 이야기를 보면서 느낀 바가 아주 많았다. 불과 100여 년 전, 의학이 아직 발달하지 않았을 때에는 사람의 목숨이 마치 파리 목숨과 같았다. 외과 의사가 칼을 잘못 놀려 환자를 죽음으로 모는 것이 그저 개미 한 마리가 죽는 것과 같았으며, 아무도 이를 추궁하지 않았다. 이제 과학이 고도로 발달했고 일반인들의 지식도 크게 넓어졌으며, 외과 기술도 많이 진보했다(물론 무슨 병이든지 다 완치하는 경지에까지 이르지 않았지만). 하지만 신중하고 성실한 외과 의사가 작은 실수라도 하게 되어 환자에게 뜻하지 않은 변고가 생기면, 재산을 다 내놓아도 배상하기에 턱없이 부족한 상황이 되었다. 이것이 중환자를 치료하는 의사가 갈수록 적어지고, 내과, 외과, 산부인과, 소아과, 응급의학과의 다섯 개 과가 텅텅 비게 된 필연적인 이유일 것이다.

진료 시기와 점성술

흑사병이 창궐한 것은 목성, 토성, 화성의 기묘한 배열 때문이었다고?

매일 아침 출근 전에 나는 TV를 켜고 뉴스를 본다. 새로운 하루를 맞이하기 전에, 내가 처한 환경에 내 나름대로 관심을 가지는 것이라고나 할까. 프로그램이 주마등처럼 돌아가는 TV에서는 특정한 시간대에 열두 별자리의 '오늘의 운세'가 나오기도 하고, 어떤 때는 자칭 '별자리 전문가'가 나와 해설하기도 한다.

'오늘의 운세'에는 보통 일, 애정, 재물에 대한 운세와 행운의 색깔 등이 상세히 분석되어 나온다. 나는 물론 이를 믿지 않는다. 열두 개밖에 안 되는 별자리에 어떻게 그 많은 사람이 마치 하나로 통일된 것처럼 적용된단 말인가! 하지만 솔직히 말하면, 자신의 와이셔츠 색깔과 그날의 행운의 색깔이 일치하지 않으면 약간이나마 마음속에 생기는 찜찜함을 떨쳐버릴 수 없는 것도 사실이다.

중국의 점卜이나 운명 철학과 마찬가지로 서양의 점성술 역시 유구한 역사가 있다. 역사학자들의 연구에 따르면 점성술의 기원은 멀리 바빌로니아까지 거슬러 올라간다. 점성술은 처음에는 왕과 국가의 운세를 점치는 데 쓰였는데, 뒷날 그리스 사람들이 점차 발전시키는 과정에서 일반 백성들도 포함되었고, 이로 인해 널리 환영 받는 현학玄學이 되었다. 점성술 이론은 한 사람의 출생 시의 해와 달, 별의 위치의 상관관계를 기초로 하며, 이것으로 일생의 운명이 결정되는 것이다.

점성술을 기초로 해 만들어진 천궁도天宮圖는 모든 사람의 성격과 일생의 운명을 예측하는 데 사용될 뿐만 아니라, 더 나아가 매일의 운세를 예언하는 데도 사용된다. 그런데 이것이 1,000년의 발전을 거친 후 의사들의 치료에 중요한 참고 자료로 쓰이게 될지 누가 짐작이나 했겠는가!

역사 자료에 실린 기록에 의하면 1348년, 프랑스에서 흑사병이 한창 기승을 부리자, 애가 타던 국왕 필리프 4세Philippe Ⅳ는 덕망이 높은 파리 대학의 의대 교수들을 소집해 문제 해결 방법을 물었다. 며칠간 뜨거운 토론을 거친 석학들은 국왕에게 중요한 보고서를 올렸다.

이른바 전문가라는 사람들이 발견한 것은 흑사병이 1345년 3월 20일에 기원한다는 내용이었다. 즉 그날 물병자리의 가장 중요한 세 개의 별이 배열된 위치에 문제가 있어 대기의 기장氣場에 손상을 입혀 흑사병이 발생했다는 것이었다. 보고서에는 다음과 같이 중요한 세부 사항까지 기재되어 있었다.

> 토성과 목성이 일직선 상에 놓여 있어 민중들에게 사망의 재해를 가
> 져다주었고…… 화성과 목성이 일직선 상에 놓여 있어 공기가 변질
> 되어 심하게는 사람들이 목숨을 잃게 만들었고…… 목성은 온난하
> 고 습윤한 별이어서 땅속과 물속에서 사악한 기운을 끌어내고, 화성
> 은 고온 건조하므로 기체를 불붙게 한다.

만약 독자 여러분이 국왕이 초빙한 의학 전문가들에게 "어떻게 그
렇게 대충 적당히 얼버무려 중차대한 전염병 문제를 별자리가 좋지
않은 탓으로 돌리는가?"라고 질의한다면, 당시의 중요한 의학 이론을
간과한 것이다. 당시에는 의사를 양성하는 훈련을 받을 때 일반적인
의료 상식 외에 점성술을 공부해야 했다. 왕진 가방 속에도 점성술과
관련된 서적과 의학 성좌도星座圖가 들어 있었다.

당시 의사들이 점성술을 공부한 것은 단순히 환자의 병을 치료하기
위해서가 아니라, 가장 좋은 진료 시기를 택하기 위해서였다. 기록에
의하면 편두통을 치료하기에 가장 좋은 시기는 4월 3일이고, 실명失明
을 치료하려면 반드시 4월 10일에 해야 했다.

이 정도였으니, 1437년에 파리 대학의 의대 교수들이 설사약을 투
여하는 정확한 시간을 두고 격렬한 설전을 벌인 것도 이상한 일이 아
니었다. 의사들은 자지도 않고 쉬지도 않을 정도로 열정적인 토론을

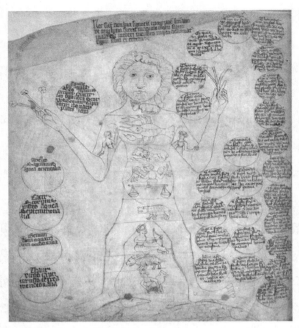

의학 성좌도

마친 후 다음과 같이 결의했다.

향후 치료에 실패할 경우 '약물이 효과가 없다'거나 '의사가 시기를
잘못 택했다'거나 하는 문제를 분별해내지 못하는 일이 없도록 모든
의사들은 반드시 진료 시간을 매일 '시간 단위'까지 세분해야 한다.

당시의 외과 의사들이 집도할 때 반드시 '적합한 시간'을 시술의 준칙으로 삼은 것도 같은 맥락이었다. 이는 상대적으로 보면, 만약 외과 의사가 수술을 실패했을 경우 점성술이 바람막이가 될 수 있음을 말해준다. 1424년에 런던에서 있었던 흥미로운 공소 사안이 그 대표적인 예다.

한 사람이 법정에 세 명의 의사를 업무상과실로 고소했다. 그의 엄지손가락에 난 상처를 잘못 치료했다는 것이었다. 법정에서 쌍방이 격렬한 공방을 벌였고, 법관은 세 명의 의사에게 무죄를 선고했다. 알고 보니 심리 판사도 점성술을 참고한 것이었다. 판사는 판결문에 다음과 같은 판결 요지를 밝혔다.

집도를 한 날은 1월 31일이다. 그날 달은 핏빛을 띠고 있었다. 이뿐만이 아니라, 그날 물병자리는 사악한 기운이 뭉쳐 있었으며……

어쩌면 독자 여러분은 이 이야기가 터무니없이 황당하며, 그 당시 유럽의 민중들과 의사들이 무지하기 짝이 없다고 여길지도 모르겠다. 하지만 역사를 거슬러 올라가면 이런 것을 무지라고 단정 짓는 것은 후세 사람들의 불공평한 평가일 뿐이다. 당시 사람들은 점성술에 엄청 의존하고 살았기 때문이다.

오늘날의 우리들은 문명화된 사람들일까? 미신을 믿지 않을까? 경우에 따라 다르겠지만, 나는 그렇다고 생각하지 않는다. 나 자신도 일찍이 심장 수술을 받아야 하는 몇몇 환자들의 부탁을 완곡하게 거절한 적이 있다. 이들이 내 의술을 신뢰하지 않은 것도 아니었고, 다른 고명한 의사를 찾아가려고 한 것도 아니었다. 그들 나름대로 심사숙고해서 입 밖에 꺼낸 부탁이었지만, 그들이 애써 말하는 중요한 이유는 나를 울 수도 웃을 수도 없게 했다.

"의사 선생님, 수술 날짜를 좀 바꾸면 안 될까요? 그날은 음력으로 따지면 좋지 않은 날이거든요."

액체 황금

오줌으로 병을 치료할 수 있고 해독할 수도 있다

성姓이 랴오廖인 한 남성 연예인은 건강을 위해 매일 자신의 소변을 마신다고 한다. 언젠가 그는 다른 사람들도 이 비법으로 건강하게 살았으면 좋겠다고 하면서, 공개적으로 그 비법의 좋은 점을 밝히기도 했다. 언뜻 들으면 구역질이 날 수도 있겠지만, 사실은 어느 시대를 막론하고 그와 같은 생각을 가진 유명 인사와 고상한 선비들을 찾기로 하면 몇 트럭을 찾아낼 수 있다. 예를 들면 13세기에 의사 신분으로 교황이 된 요한 21세Pope John XXI, 1977년에 인도의 총리가 된 모라르지 데사이Morarji Desai, 1990년대 홍콩의 유명한 방송 프로그램의 진행자였던 예터성葉特生 같은 사람들이 모두 소변요법의 신봉자들이다. 심지어 중국의 한 방송 뉴스에서는 시안西安 시 바차오灞橋 구 우좡베이霧

北莊 촌의 많은 노인이 고질병을 고치기 위해 단체로 소변을 마신다고 보도하기도 했다.

오늘날의 시선으로 보면 아마 대다수의 사람들이 불가사의한 일이라고 여길 것이다. 소변이란 신체의 배설물로, 아예 언급할 가치조차 없는 것으로 알고 있으니까 말이다. 하지만 역사를 들춰보면 소변을 '액체 황금'이라 불러도 지나치지 않다는 사실을 알게 될 것이다.

1990년 일본의 의사 나카오 료이치中尾良一는 《소변요법의 기적奇跡が起こる尿療法》에서 이렇게 밝히고 있다.

> 5,000년 전의 인도 의학에서 소변으로 병을 치료했다는 기록이 있다. 5,000년 전에 쓴 고대 인도의 의학 서적인 《다마르 탄트라Damar Tantra》에는 소변을 찬양하는 107수의 시가 실려 있으며, 소변요법을 '시밤부 칼파Shivambu Kalpa'라고 부른다.

중의학을 보면 명나라 이시진李時珍의 《본초강목本草綱目》에도 다음과 같이 쓰여 있다.

> 사람의 소변은 냄새가 난다. (맛은) 짜고 (성질은) 차며, 독이 없다. 온열 두통을 치료한다. 어린 남자아이의 것이 더 좋다.

'회룡탕回龍湯'이라고 불리는 사람의 소변은 오랜 기침으로 목소리가 잘 나오지 않는 증상을 치료하고 갈증을 그치게 하며, 심장과 폐를 윤택하게 한다. 또한 뱀이나 개에게 물린 상처를 치료하고, 심지어는 살충과 해독을 하기도 하니, 참으로 진귀하고 다채롭다.

그런데 옛날 이집트에서 어떻게 소변을 이용했는지에 대해 이야기 보따리를 풀면 모두들 감탄을 금치 못하게 될 것이다.

《베를린 의학 파피루스Berlin Medical Papyrus》에 의하면, 임산부의 소변은 아들인지 딸인지를 판정할 수 있는 훌륭한 도구다. 1939년, 바이욘Bayon이라는 학자는 이 책을 번역하다가 '임산부의 소변으로 밀 포대 속의 밀이 발아하면 딸을 임신한 것이고, 보리 포대 속의 보리가 발아하면 아들을 임신한 것이며, 둘 다 발아하지 않으면 남녀 쌍둥이를 임신한 것'이라는 사실을 알게 되었다. 1963년, 밥 먹고 할 일 없는 한 과학자가 옛 이집트인들의 방법을 재현해보았는데, 놀랍게도 정확도가 70퍼센트에 달했다.

고대 그리스의 의학자 갈레노스Claudius Galenos는 평소 소변 냄새를 아주 싫어했지만, 남자아이의 소변을 구리 단지에 넣어 잘 휘저은 다음, 단숨에 들이마시라고 조언했다. 이것이야말로 건강에 유익한 '황금 풀gold glue'이라고 여겼기 때문이었다. 그리고 로마인들은 소변을 치아 미백에 사용했는데, 이 점은 동시대의 저명한 시인 카툴루스Catullus의 작품에서도 증명하고 있다.

어떻게 해서 그렇게 되었는지는 모르겠지만, 중세기에 이르러 유럽에서는 소변이 중요한 질병의 진단 도구로 변해, '체액의 창the liquid window'이라 불렀다. 소변을 특수한 도구로 휘저은 후 이를 관찰하면 의사는 환자를 직접 보지 않아도 병세를 알아낼 수 있다는 것이었다. 13세기에 프랑스 왕 루이 9세Louis IX가 몽골의 칸과 동맹 관계를 맺기 위해 동방에 파견한 프란체스코회의 수사 윌리엄 루브룩William of Rubruck의 기행문에서도 그 흔적을 엿볼 수 있다.

> 널리 알려진 바와 같이 동양 사람들의 눈은 아주 작지만 손재주는 뛰어나다. 의사는 약초를 잘 활용한다. 그리고 맥박을 짚어 정밀하게 진단한다. 하지만 그들은 소변 샘플을 채취하지는 않는다. 소변에 대해서는 아무것도 알고 있지 않다.

이 생생한 기록은 다음의 두 가지 사실을 설명해준다. 첫째, 몽골인들은 당시 이미 중의학 치료법을 습득하고 있었다. 둘째, 당시 유럽의 의학은 환자의 증상에 대한 호소를 듣지 않았고, 촉진觸診을 하지 않았으며, 환자의 소변만으로 병세를 판단했다. 그러나 몽골인들은 소변에 대해서 알고 있는 것이 하나도 없었다.

유럽에서는 중세기 이후부터 의사들이 더 이상 촉진해서 병의 원인을 찾으려 하지 않고, 소변을 검사하는 것으로 대신했다. 아마도 흑사병의 어두운 그림자가 드리워진 탓이었을 것이다. 예를 들어, 7세기 비잔티움(오늘날의 이스탄불)의 의사 테오필루스Theophilus는 선인들과 자신의 경험을 담은 책《요론尿論, De Urinis》에서 소변 색깔과 외관의 상태를 분석해놓으면 환자의 건강 상태를 판단하는 데 좋은 참고가 된다고 썼다.

11세기의 의사 이스마일Ismail은 사람의 방광과 모양이 비슷한 '마툴라matula'라는 병瓶을 발명했다. 의사들은 이 병에 소변을 담아 가열하거나 약을 타 환자의 소변을 변화시키기도 하고, 더 나아가 잠복되어 있는 병세를 진단해내기도 했다.

이렇듯 소변으로 병세를 진단하는 방법이 유럽에서 성행했으며, 각종 서적들과 학설들이 잇달아 나왔다. 15세기의 독일 의사 케샴Johannes de Ketham은 오랜 시간 자료를 수집해 《의학백과Fasciculus Medicinae》를 썼다. 이 책에는 소변 도감이 들어 있는데, 의사들은 마툴라에 든 소변 상태를 이 도감과 대조해 보고, 환자와 직접 접촉하지 않고도 환자의 병세와 증상을 말해줄 수 있었다.

그러다 보니 16세기 이후에 '레체스Leches'라는 아마추어 의사가 나오게 되었다. 이들은 소변을 가져다주면 앞에서 말한 도감과 대조하고, 무슨 병에 걸렸는지 말해주었다. 물론 환자들은 이를 참고해 약을 복용했다. 그런데 아이러니한 사실은, 레체스는 의대 출신이 아니었다는 점이다. 자연히 진짜 의사와 가짜 의사가 뒤섞여 의료 시장이 혼란스러워졌다.

다행히도 17세기 이후에 소변으로 진단하는 이런 학문은 새로운 의학 지식이 나오면서 점차 쇠퇴했고, 나중에는 우스꽝스러운 소변 점小便占으로 변질되었다. 소변 점은 인생의 잘못된 방향을 바로잡는다는

중세의 소변 도감

구실로 점성술과 대등한 지위를 누렸다.

　이 글을 쓰면서 어찌나 웃었는지 배가 다 아프다. 소변을 '액체 황금'이라고 하는 관점에 독자들이 동의하리라고 바라지는 않는다. 하지만 부인하는 것은 받아들이지 않겠다. 소변은 의학 역사에서 아주 중요한 진단의 매개체였다. 현재는 옛날만큼 중시되지는 않지만, 소변은 여전히 의사들이 환자의 병세를 판단하는 데 필요한 중요한 정보와 자료의 공급원이다. 그래서 외국의 어떤 비뇨기과 의사는 "오늘날 병원에서 사용하는 소변 주머니가 바로 옛날의 마툴라다"라는 글을 써 자조하기도 했다.

소변 속에는 적지 않은 진귀한 자료와 정보가 들어 있으므로, 우수한 의사들도 소변으로 진단하는 법을 공부해야 한다.

물론 나는 심장 전문의니까 배울 필요가 없겠지만 말이다.

반사구反射區

**발바닥은 신체 기관과 연결되어 반응하는 기관이고,
혀는 질병을 반영한다**

나는 발바닥 마사지를 무척이나 좋아한다. 그야말로 전속으로 삼은 단골 안마사까지 있을 정도다. 단골 안마사는 매우 숙련된 기교를 가지고 있는데, 정말 놀랍게도 손가락 힘만으로 발바닥이나 발가락에 참기 어려운 각양각색의 통증을 만들어낸다. 칼로 베는 듯한 동통, 찢어지는 듯한 통증, 전기에 감전된 듯한 저릿저릿함 등등······. 그는 또 발바닥을 마사지하면서 몸의 어떤 부분에 문제가 있는지 정확하게 짚어내는데, 틀림이 없다.

나는 어떻게 그럴 수 있는지 놀라웠는데, 안마사의 설명을 들으니 하나도 이상할 게 없었다. 알고 보니 그는 숙련된 손 기술에 다년간의 경험을 더해, 신체 기관과 연결되어 반응하는 발바닥의 반사구(반사 신경조직이 집중되어 있는 신체 부위-옮긴이주)에 문제가 있는지 없는지를 찾아내는 것이었다. 어디서 온지도 모르는 이런 이론은, 발바닥의 모든 부분이 신체의 기관들과 연결되어 반응한다는 이론에 기초하고 있다.

발 마사지 숍에 가면 천편일률적으로 발바닥에 있는 반사구 그림을 볼 수 있다. 그렇다면 이런 신체 기관과 연결된 반사구는 발바닥에만 있는 것일까? 그렇지 않다고 생각한다. 인터넷에서 정보를 검색하면 손바닥과 귀에도 비슷한 반사구가 있다는 이론을 찾아볼 수 있다. 그래서 어떤 사람은 건강 증진법으로 '박수 치기'와 '귀 문지르기' 신공을 제창하기도 했다. 이런 신공들은 보기에는 좀 이상해도, 만약 일상적인 건강 증진법으로 자리 잡는다면 아무도 이를 이상하게 여기지 않게 될 것이다.

전통적인 중의학에서 '신체 기관과 연결된 반사구'라는 개념에 대한 전문적인 저서는 아마도 없지 싶다. 내 생각으로는, 반사구의 원리와 이의 임상적 응용은 선조들이 우연히 발견해 대대로 구전되어 내려온 것 같다. 이 방법을 과사刮痧(중의학에서 민간요법으로 동전이나 숟가락 등에 기름을 묻혀 환자의 피부를 문질러서 질병을 치료하는 방법-옮긴이주)나 부항附缸, 다오랴오刀療(칼을 이용해 마사지하는 치료법-옮긴이주) 등과 동일하게 분류해도 틀리지는 않을 것이다. 이런 민간요법은 매우 이채로운 것으로 정통 치료법에 포함시키기는 어렵다.

그런데 이렇게 신체의 한 부분을 관찰하여 신체 어느 기관에 문제가 있는지를 탐지하는 방법은 민간요법만의 전유물은 아니다. 서양의학의 발전사를 보면 혀는 일찍이 인체의 중요한 지표로 인식되었다. 혀의 상태를 관찰해서 신체의 어느 부분에 문제가 있는지를 진단했기 때문이다. 이런 이론을 처음 주장한 의사는 혀에 '질병 제국의 지도 map of the empire of disease'라는 명칭을 붙여줬다.

혀 상태의 변화를 관찰해 질병을 진단하는 방법은 18세기에 그 학설이 수립되기 시작해 19세기에 절정에 달했으며, 20세기 초에 점차로 쇠퇴했다. 그렇게 된 원인에 대해 역사학자들은 18세기에 유행한 '동정 학설同情學說'과 관계가 있다고 생각한다. 이전의 의사들은 환자와 직접 접촉하거나 관찰하지 않고, 환자들의 증상 호소에만 의존하거나, 아니면 특수 용기인 마툴라에 담긴 소변의 상태를 보고 진단하고 처방을 내렸다(〈액체 황금〉 부분 참조).

동정학설의 대두로 의사들은 환자와 기쁨과 슬픔을 나누고, 자신이 겪은 것처럼 환자에게 공감해야 한다는 것을 알게 되었다. 이렇게 해서 의사들은 드디어 촉진을 위한 큰 걸음을 내딛게 되었다. 비록 환자들의 혀 상태를 보는 것뿐이었지만, 이전에 환자와 절대 접촉하지 않았던 것에 비하면 장족의 발전을 이룬 것이라고 할 수 있다.

혀로 환자의 병세를 판단하는 방법을 처음으로 제창한 사람은 영국의 외과 의사 존 애버네시John Abernethy와 프랑스 의사인 브루세Broussais였다. 이들은 혀의 형태와 색깔은 질병과 뗄 수 없는 밀접한 관계가 있으며, 특히 소화관의 질병과는 필연적인 관계가 있다고 생각했다. 하지만 이들의 주장은 권위 있는 이론으로 발전하지는 못했다. 그러다가 1844년에 외과 의사 벤저민 리지Benjamin Ridge가 수년간의 관찰을 거쳐 명저 《설학舌學, Glossology》을 내놓으며, 런던에 있는 한 병원의 세미나 석상에서 이를 발표했다.

리지는 혀는 질병의 증상만 드러내 보여주는 것이 아니라 각 부위가 신체 기관과 연결되어 반응한다고 생각했다. 예를 들어 혀끝은 창자의 건강 상태를 대변하고 가장자리는 뇌의 상태를 반영한다. 또 측면을 보면 신장의 상태를 알 수 있는데, 만약 혀 전체의 모양이 변하면 심장의 기능을 검사해봐야 한다는 것이다.

리지의 학설은 무려 100여 년 동안이나 의학계에 영향을 미쳤다. 많은 의사가 그의 이론에 따라 질병을 진단했으며, 어떤 이는 그의 이론을 더욱 발전시켜 환자의 혀를 덮고 있는 물질의 색깔, 두께의 변화 등을 질병 예후의 참고로 삼았다. 예를 들면, 환자의 혀 표면에 점과 같은 물질이 덮여 있으면 이는 초기 증세다. 병이 오래되어 더 이상 손쓸 수 없는 지경에 이르게 된 환자에게는 혀에 털가죽같이 생긴 물질이 두껍게 덮인 것을 볼 수 있다.

실증 의학의 발달로 말미암아 이렇게 혀를 관찰해 신체의 질병을 알아내는 학문은 도태되어 정통 '신체검사'에서 제외되었다. 지금은 지나간 역사 이야기로 취급되면서 그저 휴식 시간에 나눌 수 있는 재미있는 이야깃거리가 되었다.

'설학'과 '발바닥 마사지'는 과연 길은 다르지만 이르는 곳은 같을까? 하지만 이 두 가지 방법에는 차이점이 있는데, 그것은 바로 아무도 '혀를 잡아당기는 짓'을 건강 증진법으로 쓰지 않는다는 사실이다.

워털루 전투와 틀니

죽은 병사의 치아를 틀니로 쓰고 싶을까?

최근 충치 때문에 어금니 근관根管 치료를 받았다. 치료 과정이 막바지에 접어들 무렵, 치과 의사는 내게 목록 한 장을 보여주면서 어떤 재료로 만든 크라운을 쓸지 고르라고 했다. 그는 친절하게도 서로 다른 종류의 세라믹과 합금 재질로 만든 크라운 목록을 아주 이해하기 쉬운 부호로 표시해놓았는데, 가격도 마치 국산 차부터 포르쉐 슈퍼카까지 등급 차이가 있는 것처럼 모두 여섯 등급이었다. 재질마다 어떤 차이가 있는지는 알 수 없어도 가격을 보니 어떤 것이 좋은지는 알 수 있을 듯했다.

이렇게 다양한 가격을 보니 머릿속에 여러 생각이 교차했다. 합금이 의치로 사용된 것은 최근 몇십 년밖에 되지 않는다. 그전에는 의사들이 충치를 처치할 때 대부분 빼는 방법밖에 없었다. 게다가 빠진 치아를 대체할 만한 재료도 거의 없었다.

역사학자들의 고증에 따르면, 인류의 첫 번째 의치는 대략 6,000년 전에 미주美洲에서 나왔다. 멕시코에서 발견된 묘혈墓穴에서 빠진 치아의 대체물로 사용된 동물의 이빨이 출토되었는데, 그 형태를 보면 늑대의 것으로 추정된다.

미주 지역에서만 있었던 특별한 예일 뿐이라고 생각하지 않았으면 좋겠다. 그 후에 옛 이집트와 로마제국 시대에도 동물의 이빨은 인류가 의치를 만드는 데 흔히 고려된 재료였다. 또 당시 사람들도(일단 치과 의사라고 하자) 인체에 부작용이 적은 금실, 은실 같은 귀금속으로 만든 실로 의치를 건강한 치아에 묶어 고정하는 방법을 알고 있었다.

아마도 동물의 이빨이 보기 좋지 않거나, 쓰기에 자연스럽지 않은 데다 마침 유럽은 르네상스 이후에 인체에 대한 금기가 많이 완화되어서였는지(당시에 교황은 죄인의 시체를 해부해 교육용으로 쓰는 것을 허용한 상태였다), 약삭빠른 사람들이 죽은 사람의 치아를 가져다가 살아 있는 사람의 의치를 만들기 시작했다. 이런 일은 수백 년 동안 널리 성행했다. 이 시기에 유럽에서는 분묘 도굴이 횡행했는데, 신선한 시체는 해부 수업용으로 외과 의사에게 팔았고, 이 시체에서 뽑아낸 치아는 분묘를 도굴한 사람의 부수입이 되었다.

하지만 의치를 구하는 사람들이 너무 많아서 시체를 도굴하는 방법으로는 의치 공급이 충분치 않았다. 그러자 전쟁터에서 장렬히 희생한 병사들을 눈독 들이기 시작했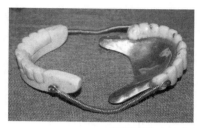
다. 가장 유명한 것은 19세기의
워털루 전투로, 이 전투에서 전
사한 사병들은 의치의 중요한 공
급원이 되었다. 그런데 우습게
도, 이 전장에서 전사한 사병들
의 치아라는 이유로 '워털루 치

조지 워싱턴의 마지막 의치

아'라는 말이 생겨나기도 했다. 그것도 유행이라고, 이 의치를 사용하
는 사람들은 모종의 자부심을 갖기도 했다.

미국 내전 시기에 전몰한 사병들의 치아가 누군가에 의해 몽땅 뽑
혀 깨끗하게 처리된 후 유럽으로 보내져 의치로 사용되었는데, 이 역
시 '워털루 치아'와 같은 맥락이었던 것으로 생각된다.

다행히도 후에 세라믹 치아가 개발되고, 딱딱한 고무 등 다양한 재
료가 발명되면서 죽은 사람의 치아로 의치를 만드는 방식은 점차 사
라졌다. 또한 재료가 바뀐 데 그치지 않고 의치의 제작 방법도 개선되
어 환자들이 더욱 편안하게 사용할 수 있게 되었다. 만약 그렇지 않
았다면 모두들 미국의 국부國父 워싱턴George Washington처럼 심한 고통
을 당하게 되었을지도 모른다. 워싱턴은 기술이 형편없었던 치과 의
사 때문에 엄청 괴로움을 당한 적이 있었다. 어느 정도였냐면, 두 번
째 취임 연설을 할 때 겨우 90초 만에 연설을 중단했는데, 그가 한
말은 135자밖에 되지 않았다. 의치가 맞지 않아 구강에 변형이 생

겨 밥도 먹지 못하고, 말할 때 발음조차 제대로 할 수 없었기 때문이었다.

앞에서 한 이야기 때문에 의치를 하고 있는 사람들의 기분이 상하지 않았으면 좋겠다. 결국 의학은 시대와 더불어 발전하는 것이다. 과거의 역사에 두려움을 갖거나 혐오스러워 하는 것은, 왕희지王羲之가 말한 "후세의 사람들이 지금을 보는 것은 오늘의 우리들이 옛날을 보는 것과 같으리니"와 같은 탄식에 빠져드는 일일 것이다.

대통령 킬러

대통령의 몸에 박힌 총알을 손가락으로 파내려고 했다

한 대중매체의 유명 인사는 '총재 킬러'로 불린다. 정당의 총재치고 그녀와의 스캔들이 드러나 정치생명이 끝나지 않은 사람이 없었기 때문이다.

신문과 잡지에서 이 별명을 접할 때마다 기분이 언짢아진다. 이런 별명을 가진 사람은 '남성 쇼비니즘'의 앙화를 입었다고 생각되기 때문이다. 남녀가 서로 좋아하는 것은 인지상정이다. 그러므로 여성을 남성에게 불운을 가져다주는 혜성으로 보는 것은 대단히 불공평하고 유치한 짓이다. 더군다나 정치인에 대해서는 어느 여인과의 교제 여부를 기준으로 판단할 것이 아니라, 사회와 국가에 대한 공헌 여부로 판단해야 한다는 것은 말할 필요도 없지 않겠는가? 물론 스캔들이 드러나면 죄송한 마음을 가져야 것은 당연하다. 하지만 생각이 없는 사람들은 스캔들의 대상에게 모든 죄를 뒤집어씌워 대중들에게 오락거리를 제공하기도 하고, 문제의 초점을 흐리기도 한다.

'총재 킬러'라는 말을 꺼내고 나니, '대통령 킬러'라는 재미있는 주제로 이야기를 해보고 싶다. 아마도 많은 미국 대통령의 사망이 앞에서 언급한 정치인처럼 여색女色과 관련된 것이 아니라, 의사의 부당하고 무지한 처치로 말미암았다는 사실을 아는 사람은 많지 않을 듯하다. 한때 권력의 정상에 있었던 대통령들이 의사들 탓에 억울하게 죽었다니…….

1799년 12월 13일, 미국의 초대 대통령 조지 워싱턴은 목에 통증을 느꼈지만 별 신경을 쓰지 않고 넘어갔다. 그런데 다음 날 새벽, 호흡곤란 증세가 나타났다. 당시 미국에서 가장 명망 있는 의사 세 명이 차례로 대통령의 침대 곁으로 불려왔다.

가장 먼저 도착한 의사는 워싱턴 대통령의 병세를 살펴본 후, 우선 약 590밀리리터의 피를 뽑았다. 하지만 잠시 후에 의사는 피를 덜 뽑은 것은 아닌지 생각하고 약 1,180밀리리터의 피를 추가로 뽑았다.

두 번째 의사가 와서 대통령의 병세를 살펴보았다. 앞서 두 차례 피를 뽑았지만 워싱턴의 병세는 여전히 호전되지 않고 있었다. 의사는 또 피를 뽑자고 건의했다. 그래서 약 950밀리리터의 선혈을 더 뽑아냈다.

세 번째 의사가 도착했는데, 그 역시 워싱턴의 몸에서 1리터가 넘는 피를 뽑아냈다. 이렇게 해서 워싱턴 대통령은 발병한 지 10시간 만에 의사들에게 약 3.8리터의 피를 뽑혔는데, 그것은 인체 내 혈액의 반이 넘는 양이었다. 물론 많은 양의 채혈 때문에 워싱턴이 그 자리에서 죽었다는 것을 증명할 수는 없다. 하지만 이 정도의 출혈량이면 충분히 '낙타의 등을 꺾는 최후의 지푸라기 한 오라기'가 될 수 있지 않을까?

미국의 제20대 대통령 제임스 가필드James Garfield 또한 차마 눈 뜨고는 볼 수 없을 만큼 참혹하게 죽었다. 그런 재앙을 가져다준 장본인은 명성이 자자했던 유명한 외과 의사들이었다.

1881년 7월 2일, 가필드 대통령은 불행히도 연설하러 가는 도중에 저격을 당했다. 총알 한 발이 그의 팔을 관통했고, 또 한 발은 등에 맞았는데, 불행히도 총알이 몸속에 박혀버렸다. 즉시 열 명에 가까운 의사들이 불려와 대통령의 병세를 살폈다.

타운센드Townsend 의사가 맨 먼저 도착해서 손을 썼다. 그는 소독도 하지 않은 손으로 상처를 비집고 총알을 끄집어내려고 했지만 결국 성공하지 못했다. 뒤이어 서둘러 도착한 명의 블리스Bliss는 타운센드가 어떻게 처치했는지 알아본 다음, 소독도 하지 않은 작은 대롱으로 총알을 파내려고 했다. 옆에 있던 미국의 첫 번째 흑인 주치의인 퍼비스Purvis가 말렸지만, 블리스는 조금도 아랑곳하지 않고 하던 일을 계속했다.

의사들이 헛수고만 하고 치료는 되지 않은 상황에서 결국 가필드 대통령은 백악관으로 후송되었다. 주치의 팀의 수석 외과 의사 웨일

즈Wales와 또 다른 의사 우드워드Woodward가 블리스의 뒤를 이어 돌아가면서 손으로 대통령의 몸에 박힌 총알을 끄집어내려고 애썼지만 여전히 뜻대로 되지 않았다.

이 일을 알게 된 한 무명 의사가 급히 영부인에게 전보를 보내, 이런 근거도 없는 무모한 짓을 하면 대통령의 몸이 상한다고 충고했으나 받아들여지지 않았다.

가필드 대통령이 결국 상처 감염으로 사망했다는 사실은 설명하지 않아도 짐작할 수 있을 것이다. 그런데 사후 검시 보고서에 의하면, 총알이 만든 작은 구멍을 정작 더 크게 한 것은 외과 의사들의 손가락이었다.

위의 두 이야기는 오늘날의 시각에서 보면 불가사의하다고 여겨질 것이다. 하지만 항생제가 무엇인지도 모르고, 소독이란 쓸데없는 짓이라고 생각하던 그런 시대에, 두 대통령의 죽음은 너무나도 당연한 일이 아니었을까? '대통령 킬러'였던 의사들이 매스컴에 의해 만들어진 '총재 킬러'의 여색보다 더 무시무시하지 않은가!

자하거紫河車와 국왕의 적제滴劑

두개골, 지방, 피로 우울증과 통풍을 치료했다

아마도 한 번쯤 '자하거'라는 말을 들어보았을 것이다. 자하거가 무엇이냐 하면, 바로 사람의 태반이다. 태반은 분만할 때 임산부의 몸에서 배출되는 것인데, 원래 붉은색을 띠고 있으나 한참 동안 가만히 놓아두면 혈액이 응결되어 자주색을 띠게 된다.

그런데 어떻게 해서 '자하거'라는 이름을 갖게 되었을까? 이 명칭은 도가道家 사상에서 왔다. 본래 중의학에서는 '포의胞衣'라고 했는데, 이 말은 '옷처럼 사람을 싸고 있다包人如衣'는 뜻이다. 하지만 사람의 태반이라는 사실을 명확히 알지 못하게 하려고 자하거라고 부른 것이다. 도가 이론에서, 마시면 오래 산다는 선약인 옥액玉液은 자색을 띠는데, 이를 복용하면 장생할 수 있다고 한다. 태반 또한 딱 자색이다. '하거

河車'는 일설에 '북방의 정기'를 가리키는데, '배태胚胎가 장차 만들어지니, 구구九九의 수가 충족되면' 수레에 올라 그것을 타고 갈 수 있다고 하여, 사람의 태반을 '자하거'라고 했다. 이 이름을 생각해낸 사람에게 탄복하지 않을 수 없다.

중의학에서는 일찍부터 자하거를 약방문으로 썼다. 자하거의 맛은 달고 짜며, 성질은 따뜻하다. 폐, 심장, 신경腎經(12경락 중 하나)에 들어가 신장을 튼튼하게 하고, 정력과 원기를 증진시키고 피를 맑게 하는 효능이 있다. 특히 태반 호르몬이 널리 유행하고, 이것이 최상의 미용 용품으로 간주된 후부터 현대 의학에서는 자하거를 연구하기 시작했다. 그리고 자하거가 단백질, 칼슘, 면역 인자, 여성호르몬, 황체호르몬 등을 풍부하게 함유하고 있어 자궁의 발육부전, 자궁근염, 심지어는 폐결핵과 기관지 천식, 간경화로 인한 복수 증상 등에 상당한 치료 효과가 있다는 사실을 발견하게 되었다.

그런데 의학 연구로 자하거가 이처럼 대단한 기능을 지니고 있다는 것이 발견되긴 했지만, '군자는 결코 동족을 먹지 않으며', 자하거의 출처에 대해 안전을 보장할 수 없고, 또 이를 복용했을 때 혈액을 통해 전염되는 질병에 걸릴 우려가 아주 높기 때문에 현재는 작은 범위 내에서만 연구가 진행되고 있다.

이렇게 사람의 몸에서 나온 기관을 약재로 쓰는 것을 보면 중의학이 대단히 야만적이며, 서양의학보다 많이 낙후되었다고 생각할 수도 있을 것이다. 하지만 서양 약리학의 발전사를 보면 자하거는 새 발의 피에 지나지 않는다. 아마 왕이 쓰는 '국왕의 적제king's drop'에 대한 다음 이야기는 듣기만 해도 모골이 송연해질 것이다.

'국왕의 적제'는 그 사용자가 17세기 영국 왕 찰스 2세Charles II였기 때문에 그런 이름을 가지게 되었는데, 이의 가장 중요한 성분은 죽은 사람의 두개골이다. 이것은 알코올로 추출한 일종의 팅크tincture로 우울증을 치료할 수 있다고 한다.

찰스 2세의 어의御醫의 심리가 비정상적이었다고 생각한다면 그것은 편견이다. 당시에는, 사실은 더 오래전부터였지만, 인체의 일부분을 약재로 쓰는 것이 일종의 유행이었으며, 모두들 그 효과가 신기할 정도로 좋다고 믿어 의심치 않았다. 이런 유행은 르네상스 이후부터 16, 17세기에 절정에 달했다. 왕공 귀족부터 행상인과 심부름꾼 같은 사람들에 이르기까지, 그들의 약방문에는 의사들이 치료 효과를 높이기 위해 온갖 수를 다 짜내 죽은 사람의 몸에서 빼낸 성분이 들어 있는 것을 어렵지 않게 발견할 수 있었다. 대단히 유명한 두 가지 약재 이야기를 해보자.

첫 번째 약제는 '어스니어usnea'라고 하는 일종의 가루약으로, 그 출처는 바로 사람의 두개골에서 자라난 지의류地衣類다. 지의류는 균류菌類와 조류藻類의 공생체에 속하는 식물로, 노인의 수염old man's beards, 나무의 비듬tree's dandruff, 여인의 긴 머리woman's long hair 같은 속칭도 있다. 이 분말은 코피를 쏟는 증상이나 간질을 치료하는 최고의 약으로, 피가 흘러나오는 비강 속에 직접 분사하거나 음식에 타서 복용하는데,

타이완의 민간에 전해오는 '관고棺菇'(관이나 사람의 시체에서 자라는 버섯-옮긴이주)와 비슷하다고 볼 수 있다.

두 번째 약제는 죽은 사람의 몸에서 나온 지방이다. 이것은 독일 의사들이 가장 좋아한 것인데, 상처를 싼 붕대 위에 바르면 상처를 쉬이 아물게 한다. 또 통풍이 발작한 부위에 직접 문지르면 통증을 완화시키고, 심지어는 통풍을 완치할 수 있다고 한다.

이 몇 가지 처방 이야기는 듣는 것만으로도 충분히 혐오감이 들 것이다. 하지만 문헌들을 보면 사람의 피를 섞은 초콜릿에 대한 기록도 있으며, 그것 말고도 더 무시무시한 것들이 많은데 더 이상 언급하지 않겠다. 들으면 밥맛이 떨어질 테니 말이다.

서양 사람들이 이렇게 사람의 몸을 약재로 썼던 것은, 역사학자 루이스 노블Louis Noble의 연구에 따르면, 결코 중세의 산물만은 아니다. 일찍이 고대 로마제국 시대에 이런 전통이 시작되었는데, 예들 들어, 경기장에서 죽은 검투사의 몸에서 흐르는 선혈은 로마인들에게는 군침을 돌게 하는 식품이었다. 물론 젊은 검투사의 피를 선호했는데, 당시에는 피를 마시면 활력을 높일 수 있다고 맹신했다.

루이스 노블은 이런 '식인종'과 유사한 미신에는 죽은 사람의 신체 조직이 가져다주는 '영력靈力, spirit'의 치료 효과가 대단하며, 이를 약재로 복용하면 흡수가 잘될 뿐만 아니라 결코 혐오감이나 두려움을 주는 것이 아니라고 믿었다고 밝혔다.

그래서 다빈치는 죽은 사람의 신체 조직을 약방문으로 쓰는 일에 대해 다음과 같이 논평했는데, 아마 모두들 뜻밖이라고 생각할 것이다.

우리는 세상을 떠난 사람을 이용해 생존하고 있다. …… 생명이 없는 신체 조직이 살아 있는 사람의 위 속에 들어가 다시 조합된다면 그 신체 조직은 다시 한 번 생기와 활력을 얻게 될 것이다.

사르사는 만병통치약

매독, 피부병, 종양, 신경통, 소화불량을 치료할 수 있는 음료

건강에 엄청 신경을 쓰는 여성 동료가 있다. 어느 날 그녀는 친한 친구가 보내준 음료수를 받고 다른 사람에게 주어버릴지, 아니면 자기가 마실지 결정하지 못하고 망설이다가, 문득 병에 찍혀 있는 그린 맨 마크(타이완의 환경 지킴이, 재생 표시-옮긴이주)를 보더니, 무슨 신기한 물건을 발견한 아이처럼 내게 말했다.

"닥터 쑤, 어떻게 이런 불량 음료가 있을 수 있어요? 국가에서 보증하는 건강식품 맞아요?"

그녀가 의아해하며 한 말에 갑자기 신경이 쓰였다. 나는 눈앞에 있는 볼품없게 생긴 그 음료를 주의 깊게 살펴보았다. 어느 이름 있는 회사에서 생산한 '다화녹차茶花綠茶'였다. 타이완 위생복지부에서 인증

한 '건강식품'이란 글자가 찍혀 있고, 다음과 같은 글 한 줄이 적혀 있었다.

체지방이 생기지 않고 신진대사를 촉진하며 생리 기능을 조절합니다.

순간, 의아한 생각이 들었다. 나도 그 동료와 마찬가지로 첨가물이 들어간 이런 음료는 불량 식품이라고 여기고 평소 정중히 사절한다. 그런데 지금 보니 국가 인증 마크가 찍혀 있는 것이 아닌가! '정크 푸드 음료잖아!'라는 말이 목구멍까지 나왔다가 쏙 들어갔다.

호기심이 많고 무엇이든지 알고 싶어 하는 나는 내심 못마땅해서 인터넷에 들어가 위생복지부에 정말로 그런 인증 마크가 있는지 찾아보았다. 그런데 정말로 이런 인증 마크가 있을 뿐만 아니라, 300여 종류의 비슷한 제품이 이 인증 마크를 받았다는 것을 알게 되었다. 제품도 다양해서 혈액 속의 지질을 조절해준다는 각종 캡슐 형태의 건강식품은 물론이고, 우유와 껌까지도 이 인증 마크를 받았다. 그러니 이 첨가물이 든 음료가 건강식품 인증 마크를 받은 것은 조금도 놀랄 일이 아니었다.

동료와 나는 함께 인터넷 검색 결과를 보았다. 처음 보기 시작할 때는 이런 인증제도에 대해 마음속으로 못마땅하게 여겼지만, 곰곰이 생각해보니 국가가 그렇게 한 것은 그 나름대로 일리가 있다는 생각이 들었다. 나의 합리적인 설명으로 여성 동료는 마음이 많이 누그러진 것 같았다. 물론 생각을 바꿔 그 음료수를 마시지는 않았지만, 국가의 이런 조치를 받아들이는 것 같았다.

위생복지부가 통과시킨 300여 가지의 건강식품은 '국가 인증'이라는 보증이 있다. 이런 식품들은 정말로 건강에 좋은 기능이 있는데도 대대적으로 광고하거나 제품의 효능을 과장하지 않고, 광고 문안과 광고 지면의 크기도 합리적이다. 오히려 몸매를 예쁘게 만들어준다거나 키를 크게 해준다는 식품 등은 많은 신문과 잡지에 연예인을 등장시켜 그 효능이 엄청나다고 허풍을 떠는 광고를 퍼부어 광고만 들으면 마치 특효약과 다를 바가 없다. 하지만 이런 제품들은 대체로 국가 인증이 없으니 아무 문제가 없다고 결백을 주장할 일도 없을 것이다.

좋은 쪽으로 생각하면, 위생복지부의 인증은 국가 인증을 받은 건강식품이 과장될 수 있는 공간을 오히려 제한하고 있는 것이다. 앞에서 언급한 음료수로 인해 영감을 받은 나는 소장하고 있던 자료를 동료에게 보여주었다. 과장 광고와 건강식품은 사실 옛날부터 갈라놓을 수 없는 인연이라는 사실을 이해하고, 더욱 놀라기를 기대하면서 말이다.

나는 그녀에게 19세기의 건강 음료 포스터를 보여주었다. 이 그림의 주인공은 '아이어의 사르사Ayer's Sarsaparilla'(아이어의 청미래덩굴 음료. sarsaparilla는 청미래덩굴로, 뿌리로 음료수의 첨가물을 만들 수 있음)로, 이 광고는 1860년 7월 14일자 《뉴욕타임스》에 실렸다. 번역하면 이렇다.

이 음료는 파라 사르사Para Sarsaparilla의 추출물로 만든 것으로, 다른 유익한 첨가물을 넣었다. 그래서 많은 질병의 해독제로도 사용되고……, 이런 첨가물을 혼합해 만든 이 음료는 많은 병례를 통해 실증되었는데, 매독, 피부 질환, 종양, 신경통, 소화불량…… 등을 치료할 수 있다.

허풍스런 광고는 이 음료가 뭐든지 다 낫게 해주는 만병통치약이라고 떠우며, 신비로운 효능에 대한 증거를 장황하게 제시하고 있다. 게다가 이 음료를 마시고 병이 치유된 환자의 증언까지 있다. 그러니 누구든지 이런 광고를 보게 되면 돈을 따지지 않고 사고 싶어질 수밖에.

그런데 이 청미래덩굴의 추출물은 도대체 어떤 물질일까? 솔직히 말하자면 이것은 어떤 식물 뿌리의 추출물에 사카린을 넣어 만든 평범한 음료다. 이 음료가 처음 출시되었을 때에는 미국의 술집에서 파는 보통 음료로, 치료 효과니 뭐니 할 나위도 없었다. 그러다가 상인들이 새로이 포장하고 광고의 힘을 빌려 이 평범한 음료를 '만병통치약'과 같은 음료로 떠운 것이다.

내가 이 '청미래덩굴' 음료의 진면목을 여성 동료에게 이야기해주자, 그녀는 배를 잡고 숨이 끊어질 정도로 웃어댔다. 혹시 독자 여러분도 관심이 있다면 인터넷에 들어가 '아이어의 사르사'와 관련된 자료를 찾아보시라. 타이완에서는 이를 '사스沙士'라고 부른다는 사실을 알게 될 것이다.

AYER'S SARSAPARILLA.
Purifies the Blood
QUICKENS THE APPETITE. MAKES THE WEAK STRONG

AYER'S SARSAPARILLA
Prepared by Dr. J.C. Ayer Co. Lowell, Mass. U.S.A.
CURES OTHERS. WILL CURE YOU. over.

아이어의 사르사 광고

대단히 충격적이지 않은가? 이런 혹세무민하는 광고가 18세기와 19세기 미국의 신문지상에 만연했다. 그래서 미국 정부는 1906년에 정부 기관 하나를 설립했는데, 바로 식품의약국Food and Drug Administration, FDA이다. FDA는 이런 식품들이 식품과 약품에 양다리를 걸치는 부적절한 광고 행위를 단속했는데, 이 기관은 오늘날 세계의 각종 신약新藥을 출시하려면 최종적으로 거쳐야 하는 부서가 되었다.

지금까지 내가 말한 예들을 보면서, 독자 여러분은 현재 우리가 과학이 고도로 발달한 시대에 살고 있으므로 안전하다고 생각할지도 모르겠다. 그리고 FDA와 유사한 타이완의 위생복지부도 식품 과장 광고에 대한 구속력이 있다고 생각할 것이다. 하지만 나는 그렇지 않다고 생각한다. 타이완 위생복지부의 통계에 따르면 2009년부터 2014년까지 규정을 위반해 이 부서에서 고발한 식품 광고는 모두 8,172건이다. 나는 훨씬 더 많은 제품이 고발되지 않아 통계에 잡히지 않았을 뿐이라고 확신한다.

사람들이 건강과 장수를 추구하는 야심이 변하지 않는 한, 앞의 이야기와 같은 일들은 우리 주변에서 끊이지 않고 일어날 것이다. 하느님께서 모든 사람의 안전을 지켜주기를 바랄 뿐이다.

음식물 패스워드

'이형보형以形補形'한다는 말은 과학적 근거가 있을까?

큰아이가 네다섯 살쯤 되었을 때였나 보다. 호흡곤란 증세가 반복적
으로 발작했는데, 불행히도 천식 진단이 내려졌다. 그런데 불행은 거
기서 끝나지 않았다. 이 질병으로 아이의 오른쪽 아래 허파에 백색의
흔적이 남았고, 아이는 초등학교 내내 감기와 기침을 달고 살았다.

아이는 매번 발작할 때마다 많은 약을 복용해야 했으며, 심지어 스
테로이드를 쓰기도 했다. 이를 보다 못한 아내는 아이가 고통에서 벗
어나게 되고, 한발 더 나아가 완치되기를 간절히 바라는 마음에서 사
방으로 친구들을 찾아다니며 자문을 구했다.

이러던 차에 한 친구가 아이에게 '오행소채탕五行蔬菜湯'을 먹여보라
고 귀띔해주었다.

'오행소채탕'은 일본의 세포학 박사 가즈 다테이시立石和가 발명했다. 그의 아버지와 형이 모두 암으로 사망했으며, 그 자신도 위암에 걸렸는데 폐까지 전이된 상태였다. 그는 자신이 쓸 수 있는 한정된 유효 시간을 금쪽같이 아끼며 최대로 활용해 1,500여 종의 식물 가운데 다섯 가지 채소를 뽑아, 효과적으로 암을 억제하고 생명에 활력과 원기를 불어넣기를 간절히 바라는 마음으로 탕을 끓였다.

　가즈 다테이시 박사의 논리는 중국의 가장 오래된 의서인 《황제내경黃帝內經》의 이론을 기초로 하고 있다. 《황제내경》에서는 건강을 위해 오미五味와 오향五香을 지닌 음식을 먹으라고 권한다. 오색과 오행(금·목·수·화·토)이 각각 오장五臟(간장·심장·비장·폐·신장)과 오부五腑(담·소장·위·대장·방광)에 영양을 공급해주기 때문이다. 이것은 비단 오행합일五行合一일 뿐만 아니라, 균형 잡힌 영양을 목적으로 하고 있기도 하다. 그래서 그는 무 잎사귀(푸른색), 당근(붉은색), 우엉(노란색), 무(흰색), 표고(검은색)를 선택했는데, 이것들은 각각 목, 화, 토, 금, 수의 오행을 나타낸다.

　그런데 정말 신기하게도 아이가 군말 없이 '오행소채탕'을 2년간 먹은 후부터 차츰 천식이 발작하는 횟수가 눈에 띄게 줄어들었다. 그뿐만이 아니었다. 그 후에 찍은 흉부 X선 필름에 허파의 침윤 부분이 사라져 보이지 않았다.

　만약 내게 이런 현상을 어떻게 생각하느냐고 물었다면, 솔직히 말해서 쉽게 평가를 내리지 못했을 것이다. 어디까지나 오행소채탕만으로 아이의 병이 완치되지 않았는가! 좀 편파적인 면이 있긴 하지만, 나와 아내의 노력도 무시할 수는 없을 것이다. 아이의 보온에 신경 썼고, 데리고 다니며 운동을 시켰으며, 기관지를 자극하는 차가운 음식물을 먹지 않도록 했으니, 이 역시 공이라면 공이 아니겠는가?

중의사 친구와 이 일을 이야기하면서, 중의학에는 이론상 서양의학과 다른 부분들이 적잖이 있음을 알게 되었다. 그 친구는 서양의학에는 '단일 효과'를 중시하는 치료 요소가 있는 반면에 중의학에서는 '조화調和'가 무엇인지를 이해하고 있다고 생각했다. 특히 오행소채탕과 같은 방법을 보면 모종의 치료 방법들이 '음식물의 패스워드'에 잠재되어 있는데, 이는 서양의학에는 없는 것이라고 생각했다.

그의 설명을 들으니 나도 모르게 웃음이 나왔다. 나는 즉시 그 친구의 말에 반박했다.

나는 서양의학에 단일 효과를 추구하는 치료 요소가 있다는 말에는 동의한다. 하지만 '음식물'에 모종의 '치료 패스워드'가 감춰져 있다는 사실을 중의학에서만 알고 있다는 말에는 절대로 동의할 수 없다. 옛날 서양의학 이론에 '형상학설形象學說'이 있기 때문이다.

'형상학설'이란 수백 년 동안 유행한 서양의 본초학本草學으로, 이의 가장 기본적이고 확고한 개념은 종교 이론에 기초하고 있다. 옛날의 서양의학에서는 신이 만든 모든 사물은 각기 특유의 형상적 특징이 있다고 생각했다. 그래서 어떤 식물의 외관이 인체의 기관과 생김새가 비슷하면 그 식물로 신체의 병을 치료할 수 있다고 여겼다.

가장 비근한 예가 바로 호두다. 호두는 사람의 뇌 형상과 닮았다는 이유로, 옛사람들은 호두로 뇌 질환을 치료할 수 있다고 생각했으며, 더 나아가 뇌를 보신할 수 있다고 여겼다. 재미있는 사실은, 오늘날 우리가 알고 있듯이, 호두에 많이 함유된 오메가-3는 확실히 트라이글리세라이드triglyceride 양을 낮춰 혈관에 혈전이 쉽게 생기지 않도록 해주는 이점이 있다. 심지어 어떤 학자는 오메가-3가 정서를 안정시키고 우울증 발생을 감소시킨다는 연구 결과를 발표하기도 했다.

이런 사실은 오행소채탕의 효능과는 우연의 일치일까?

앞에서 언급한 호두의 효능은 어쩌면 우연히 들어맞은 것인지도 모른다. 이 외에도 중국어로 허리 요腰 자를 써 야오궈腰果라고 하는 캐슈너트는 신장 질환을 치료할 수 있고, 아이브라이트eyebright는 안질환의 감염을 치료할 수 있는데, 모두 형상학설을 벗어나지 않는다. 하지만 지면의 한계로 일일이 논박하기는 어려울 것 같다. 인체 기관을 닮은 식물들이 엄청나게 많지만, 대부분 그에 해당한다는 기관의 질병을 치료하는 기능이 전혀 없기 때문이다.

형상학설은 옛날 로마시대부터 있었는데, 15세기의 의사들이 이런 가설들을 확대시켰으며, 질병 치료에 폭넓게 활용했다. 16세기의 열성적인 종교 신봉자이자 이론가인 야콥 뵈메Jakob Böhme는 《사물의 표시 Signatura Rerum》라는 베스트셀러 책을 썼다. 이 책은 '만물의 형상 의의' 혹은 '자연의 서명'이란 이름으로 번역되기도 했는데, 많은 의학 서적과 약학 서적을 쓰는 데 좋은 참고가 되었으며, 19세기까지 널리 읽혔다. 더 놀라운 사실은 아무도 야콥 뵈메가 보잘것없는 제화공製靴工이었다는 사실에 개의치 않았다는 점이다. '신의神意'가 '과학 논증'을 압도하던 그런 시대에 말이다.

목숨을 건 다이어트

가장 효과가 큰 다이어트 약은 비료

연예인들이 광고하는 다이어트 제품을 볼 때마다, 특히 다이어트 제품에 들어 있는 성분이 건강에 위해하다는 말을 들을 때마다 사라 휴스턴Sarah Houston이라는 영국 여성의 이야기가 떠오른다.

사라는 영국의 리즈 대학 의대에서 공부하던 23세의 대학생이었다. 교과 과정이 너무 부담스러운 탓이었던지, 그녀의 정신과 주치의가 그녀 사후에 밝힌 말에 의하면, 사라는 폭식증 때문에 정신과 약물의 도움을 받아야만 했다.

자신에게 의학 전공이라는 배경이 있었지만, 체중 감량을 위해 사라는 몸을 던져 모험을 감행했다. 인터넷에 들어가 유럽과 미국에서 사용을 금지하고 있는 2,4-디니트로페놀Dinitrophenol(이하 DNP로 약칭)을 구입한 것이다. 결국 그녀는 약물 과다 복용으로 신체 기관이 극도로 쇠약해져 꽃다운 나이에 세상을 뜨고 말았다.

아마 모두들 DNP가 무엇인지 잘 모를 것이다. 이 물질은 마치《삼국연의》에서 제갈공명이 위급한 상황이 닥치면 열어보라고 미리 종이에 적어서 비단 주머니에 넣어둔 묘책처럼 유럽과 미국의 다이어트 처방에서 사용되던 묘방이다. 그래서 많은 사람이 목이 말라 급했을 때 독이 든 술이라도 마셔 갈증을 풀듯이, 뒷일은 생각하지 않고 당장 살을 빼기 위해 쓰는 물질이다. 이 악명 높은 물질은 다이어트를 하려는 사람들이 최대한 빨리 목적을 달성하려고 할 때 찾는 금지 약품으로, 적지 않은 사람이 이것을 먹다가 목숨을 잃었다(학술지에 보고된 사례만 해도 62건이나 된다). 하지만 그 효과가 놀라울 정도로 좋아서 1930년 세상에 나온 이후 급속히 살을 빼고 싶어 하는 사람들 사이에서 유행하고 있다. DNP가 금지 약품인데도 왜 지금까지 확고부동하게 자리 잡고 있을까? 이에 대해 이야기하려면 먼저 '살 빼는 약'의 역사부터 시작해야 한다.

빅토리아 시대에 '가슴과 엉덩이가 풍만한 에스 라인, 원숙하고 매력 있는' 모래시계형 몸매를 선호하던 유행이 20세기 초부터 점차로 가냘프고 날씬한 몸매를 선호하는 쪽으로 바뀌었다. 그러다 보니 풍만한 몸매는 아름다움의 조건에서 배제되었고, 살을 빼기 위한 여러 방법이 널리 유행했다. 하지만 운동이나 요가 같은 신체를 건강하게 하는 방법들은 이런 요구들을 충족해줄 수 없었다. 의사들은 어쩔 수 없이 살을 빼려는 목표에 수월하게 도달하는 방법을 약물에서 찾게 되었다.

하지만 당시의 약물 제조 기술은 오늘날처럼 발달하지 않아서 의사들이 선택할 수 있는 약품은 극히 적었다. 고작 선택한 것이 갑상선 호르몬제였는데, 이것이 바로 제1세대 다이어트 약이다. 그야말로 갑상선 호르몬제가 다이어트 약으로 변신한 것이다. 그 이유는 의사들이 오랜 시간 갑상선기능저하증 환자들을 치료하다가 발견한 현상 때문이었다. 이런 환자들은 대부분 부종浮腫이 생기고 활력이 떨어지는 증상이 있는데, 갑상선 호르몬제를 복용한 후에 대사량이 증가할 뿐만 아니라 활력이 생기고, 부종 문제도 크게 개선되면서 체중 또한 감소했다.

다만 정상적인 사람이 갑상선 호르몬제를 복용하면 가슴이 두근거리고 체온이 올라가며 불면증이 생기는 부작용에 시달려, 대체품을 찾는 일이 시급했다. 그런데 1933년 미국 스탠포드 대학에서 동물실험 결과 DNP가 체내의 대사량을 높이고 지방을 연소시킨다는 사실을 발견했다는 연구 결과를 《미국 의학협회 학회지The Journal of the American Medical Association》에 발표했다. DNP는 1년 만에 살 빼는 약으로 만들어져 출시되었다.

DNP란 도대체 무엇일까? 사실은 전혀 낯선 물질이 아니다. 일찍이 15세기 말에 이미 합성되어 세상에 나왔으니까 말이다. 처음 나왔을 때는 안료를 만드는 데 사용했다. 그 후에는 목재의 부식을 방지하고 박테리아의 생장을 억제하는 용도 등에 쓰였다. 제1차 세계대전 때는 프랑스 사람들이 화약을 만드는 데 쓰기도 했다. 그런데 분명한 사실은 이 물질에는 인체에 유해한 독성이 있다는 것이다.

스탠포드 대학의 실험 팀도 DNP의 유독성을 알고 있었다. 하지만 연구를 주관한 조교수 테인터Tainter가 동물실험 중 발견한 바에 따르면, 사람에게 매일 100밀리그램 정도 사용하는 것은 안전한 범위에 들었다. 약삭빠른 상인들은 이런 의학 보고서의 지지 하에, 전광석화처럼 순식간에 DNP를 살 빼는 특효약으로 만들어냈다.

동물실험에서 입증된 효과와 마찬가지로 사람도 DNP를 복용하고 나면 체중 감량만이 아니라 체내의 지방도 감소되었다. 이런 사실이 한 입 건너 두 입 건너 퍼지면서 모두들 앞다투어 DNP 성분이 든 다이어트 캡슐을 사댔다. 이 약은 세상에 나온 지 1년 만에 미국 전역에서 120만 개가 팔렸다.

확실히 DNP는 유독 물질이다. 그런데 1930년대의 의학 연구는 그다지 엄격하지 않은 상황에서 진행되었으며, 스탠포드 연구 팀은 DNP가 인체에 끼치는 독성의 정도를 과소평가했다. 5년도 되지 않아 백내장, 치명적인 고열, 급성 간신증후군肝腎症候群 같은 증세가 꼬리에 꼬리를 물고 나타났다. 이에 미국식품의약국이 압력을 가하자, 결국 DNP는 미국 시장에서 완전히 퇴출되어, 세계 각지를 도피처로 삼아 전전했다. 물론 그 후에 모든 나라에서 금지령을 내려 DNP는 인체에 사용할 수 없게 되었다.

재미있는 사실은 DNP에 체온을 높이는 기능이 있다는 점이다. 구소련의 군대에서 극지 훈련을 할 때 극한 환경에 대비해 휴대하는 구급낭에 DNP 캡슐이 들어 있었는데, 이는 저체온증의 위험에 빠진 병사들을 구하기 위한 것이었다고 한다.

DNP가 세계 각국에서 사용이 금지되긴 했지만, 그 영향력은 '아무리 때려잡아도 박멸되지 않는 바퀴벌레'처럼 급속한 체중 감량 효과를 보고 싶은 사람들의 마음속에 지금도 살아 꿈틀대고 있다. 또 다이어트 교실 강사들의 입장에서는 차마 입 밖에 꺼낼 수 없는 비밀이다. 도대체 왜 사용이 금지된 약품이 지금도 만들어지고 있는지 아마 모두들 이해가 안 될 것이다. 하지만 그 이유는 아주 간단하다. 돈만 벌 수 있다면 그것이 설령 '목숨 장사'일지라도 누군가는 하게 되어 있으니까.

더구나 DNP는 인터넷 쇼핑몰에 약품의 형태로는 모습을 드러내지 않는다. 인터넷에 키워드 2,4-디니트로페놀'을 쳐보시라. 공공연히 '다이어트'나 '몸짱 만들기' 보조 식품으로 포장되어 판매되는 것을 보게 될 것이다. 그리고 질이 조금 낮은 것들은 비료肥料 속에 숨겨져 금지령의 영향을 조금도 받지 않고 있다. DNP는 비료에 필수 불가결한 성분이기 때문이다.

DNP 이야기를 보고 나면, 여러분은 분명 살을 빼기 위해 온갖 위험을 무릅쓰고 고난을 참는 인류의 모험 정신에 감탄해 마지않게 될 것이다. '살과의 전쟁'에서 목숨을 초개와 같이 여기는 사람들이 너무나 많다. 사람들의 심미관에 '날씬한'이란 요소가 존재하는 한 이와 유사한 이야기는 끊이지 않고 지속될 것이다. "관을 보지 않으면 눈물을 흘리지 않는다"는 속담처럼 필경 눈에 흙이 들어가기 전까지는 절대로 그만두지 않을 일이다.

과장된 의료 광고

먹고 마시지 않고도 살 수 있게 하는 치료법

아내와 가격 감정 프로그램을 자주 본다. 이 프로그램에서는 진행자가 가격 감정 전문가와 함께 관중들 앞에서 침을 사방으로 튀기며 신청자가 구매한 물품의 가치를 판단한다. 나는 프로그램에 나온 전문 분야나 보화寶貨에 대해서는 별 관심이 없다. 내가 주의 깊게 보는 것은, 전문가가 바가지를 쓴 신청자를 위로하면서 해주는 이야기다. 전문가는 주로 사람을 잘 속이는 상점 주인들이 물건을 사게 만드는 상투적인 수법에 대해 설명하는데, 그 수법이란 바로 '이야기와 홍보'다. 이것들은 따지고 보면 일종의 아름답고 우아한 포장이라고 할 수 있다.

사람들이 시중 가격보다 훨씬 비싼 돈을 치르면서 그런 볼품없는 물건을 사는 까닭은 무엇일까? 판매원은 우선 이야기를 엮어내 그 물건이 매우 특별하다는 점을 강조한 다음, 그 위에 홍보 수법을 더한다. 그러면 사람들은 함정에 빠진 줄도 모르고, 나중에 후회할 결정을 내린다.

이런 장면을 보니 18세기에 발기부전과 불임을 치료했던 영국의 한 돌팔이 의사가 떠오른다. 그 사람도 동일한 수법으로 사람들의 신임과 호감을 사고 전설적인 전기 치료 사업을 일으켰다.

이야기의 주인공은 제임스 그레이엄James Graham으로, 그는 1745년 스코틀랜드에서 마구상馬具商의 아들로 태어났다. 그는 일찍이 에든버러에서 의대에 다녔으나 안타깝게도 졸업은 하지 못했다. 그런데도 뒷날 그는 의사로 행세하며 살았다.

그레이엄은 스물 몇 살쯤에 홀로 미국을 두루 돌아다녔다. 처음에는 자신이 안과 의사라고 내세우며 다녔으나, 미국 건국의 아버지 벤저민 프랭클린Benjamin Franklin을 만나게 된 후로 면모를 완전히 바꾸게 되었다.

당시는 사람들이 전력電力을 저장하는 방법을 막 알게 된 때였으므로 전기공학과 관련된 연구가 활발하게 진행되었다. 프랭클린은 이런 연구의 선구자였으며, 그의 실험을 지켜본 그레이엄은 전기를 이용해 치료 사업을 하면 큰돈을 벌 수 있겠다는 생각을 했다.

영국으로 돌아온 그레이엄은 서머싯Somerset 주의 바스Bath에서 전기 치료 사업을 시작했다. 그는 전기로 많은 병을 치료할 수 있다고 공공연하게 주장하고 다녔는데, 당시의 저명한 역사학자 캐서린 매콜리 Catharine Macaulay도 그의 주요 고객이었다. 하지만 그의 스물한 살 된 동생 윌리엄William이 캐서린 매콜리의 유혹에 넘어가 결혼하게 되는 스캔들에 휩싸이면서 그는 사업을 접을 수밖에 없었다(당시 윌리엄의 나이는 캐서린 매콜리의 절반도 되지 않았다).

전기 치료 경험을 축적한 그레이엄은 1780년 5월 런던의 노른자위 구간에 '건강의 신전Temple of Health'이라는 개인 의료 센터를 열었는데, 입장료만 금화 20기니였다(현재의 화폐가치로 약 270파운드). 이 의료 센터는 실내장식이 화려했을 뿐만 아니라 신선하고 청량한 향기로 가득했으며, 부드럽고 듣기 좋은 음악도 흘렀다. 이곳에서는 그레이엄의 의학 강연을 들을 수 있었고, '결혼 가이드' 같은 책이나 각양각색의 의료용품을 살 수 있었다. 예를 들면 신들이 마시는 것과 같은 전기를 통과시킨 공기 '전기 에테르'나 대단한 치료 효과를 가졌다고 주장하는 '전기 치료 연고' 등이었다.

더 재미있는 일은 그레이엄이 미모의 젊은 여성 에마 리옹Emma Lyon을 고용해 노출이 심한 옷을 입혀 고객들 앞에서 온갖 교태를 부리게 하고, 헤베Hebe 여신(청춘을 관장하는 그리스 여신)으로 분장시켜 자신의 의료 행위가 오랜 전통에 근거한다는 것을 보였다는 사실이다.

나중에 에마 리옹은 기사 작위를 받은 윌리엄 해밀턴William Hamilton에게 시집갔는데, 몰래 어떤 정치가의 정부 노릇을 하기도 했다.

이 건강의 신전에는 그레이엄이 자랑하는 또 하나의 보물이 있었으니, 바로 '천상의 침대Celestial Bed'였다. 그레이엄은 부부가 이 침대에서 잠을 자면 남편의 발기부전을 치료할 수 있을 뿐만 아니라 아내는 임신을 할 수 있다면서 떠벌리고 다녔다. 그런데 하룻밤 자는 가격이 만만치 않아 무려 50파운드나 되었다(현재의 화폐가치로 약 6,400파운드).

그렇다면 천상의 침대에는 어떤 특별한 면이 있었을까? 앞에서 이야기한 음악과 향수 말고도 침대 위쪽에 큰 거울을 걸고, 공들여 배치한 침대 시트와 침대 프레임 아래에는 전기회로를 장치했다. 이렇게 한 것은 침대에 누운 부부에게 더 많은 활력과 부부 생활 실행 능력이 더해지기를 바라는 마음에서였다.

돈을 벌기도 많이 벌었지만 쓰는 것도 엄청 많았던지, 빚더미에 앉게 된 그레이엄은 4년 후 에든버러로 돌아왔다. 하지만 이번에는 더 이상 전기가 통하는 침대를 팔지 않고 전기를 통과시킨 진흙으로 의료 상품을 만들었다. 그러고는 이 진흙 속에 몸을 담그면 음식을 먹지 않아도 물 몇 방울만 있으면 2주를 살 수 있다고 허풍을 떨었다.

그레이엄이 엄청 허풍을 떨었는데도 이를 들춰내는 사람은 없었다. 그 후에 그는 새로운 교파인 '신예루살렘 교회'를 선전하고 다니다가 체포되었다. 기록에 의하면 그는 옷을 다 벗고 알몸으로 거리를 돌아다니기도 했는데, 이는 자기 옷을 가난한 사람들에게 나눠주기 위해서였다. 결국 그는 체포되어 심문을 받다가 황천길로 가고 말았다.

그레이엄 이야기를 보면서, 의료 역시 세상의 다른 상품처럼 포장과 홍보가 필요한 것이 아닐까 하는 생각을 했을지도 모르겠다. 포장과 홍보가 필요하지 않다면 거리와 골목마다 무상이 아닌 자비自費로 치료 받는 개인병원이 이렇게 많을 수 있겠는가? 물론 이런 포장과 홍보를 속임수라고 할 수는 없다. 다만 멋진 이야기를 엮어 홍보하다 보니 사람들이 여기에 홀려서 포장된 치료를 받으러 오는 것이다.

이제 의료 효과를 과장한 광고를 조심해야 한다는 사실을 알았을 것이다. 그런데 여러분은 혹시 사람들 대부분이 사용하는 약품 가운데 악덕 상품이 있는지 알고 싶지는 않은가?

어릴 때 이야기를 좀 해야겠다. 어릴 때 가장 기대했던 것은 부모님과 매주 정해진 날에 장場 구경을 가는 것이었다. 장에 가면 먹을 것과 마실 것이 많아서 저녁 한때의 무료함을 때울 수 있었다. 오늘날처럼 선택할 수 있는 오락이 별로 없던 당시에는 장 구경이 상당히 고급스러운 여가 활동이었다.

그런데 사실 장이란 게 무슨 특별한 것이 아니었다. 그저 이리저리 옮겨 다니며 여는 임시 야시장 같은 거였다. 당시의 장은 오늘날의 야시장처럼 고정된 장소가 있거나 매일 영업을 하는 것이 아니라 지역마다 열리는 날이 정해져 있었다. 노점상들은 고정된 야시장처럼 장소 임대료를 내지 않아도 되고, 인파가 많이 몰리는 지방의 소도시들을 돌아다니며 장을 연다. 유일하게 불편한 점은 주거가 정해져 있지 않다는 것이지만, 그래도 도처를 떠도는 맛이 있다.

장에서 먹고 마시는 것은 모든 사람들이 좋아하는 일이다. 그런데 이것 말고도 내 흥미를 끄는 장사가 하나 있었다. 아이들이 좋아하는 놀이 기구나 구슬 놀이를 하는 탁자를 제치고 유달리 사람들을 끄는 곳이 있었는데, 바로 뱀탕을 파는 노점이었다. 노점 앞에서 보여주는 시범이 잔인하긴 했지만, 내게는 재미있는 구경거리였다. 나의 '외과 성향'이 어릴 때 뿌리내리지 않았을까 하고 생각될 정도로 말이다.

'야생동물 보호법'이 아직 없었던 그 시대에는 장에서 뱀을 잡는 시범을 보일 수 있었다. 보통 뱀 고기를 늘어놓은 탁자 앞에는 살아 있는 뱀들을 망태에 담아 나열해놓았고, 뱀 잡는 고수였음이 틀림없는 뱀 장사는 뱀 잡는 시범을 보이며 손님들을 끌어모아 수입을 올렸다.

잡은 뱀들은 모두 장대에 묶여 있는데, 뱀 대가리를 강력한 쇠 집게로 집어놓아 달아나지는 못하고 몸을 뒤틀어댔다. 뱀 장사는 동작이 엄청 빨라 두세 번 만에 뱀 껍질을 벗기고 뼈를 발라낸다. 하지만 그 과정은 말하는 것처럼 그렇게 빨리 끝나지는 않는다. 뱀을 잡는 중간중간에 뱀에 대해 설명하기도 하고, 뱀과 관련된 제품을 소개하기도 하며, 사편주蛇鞭酒(뱀 자지 술—옮긴이주), 사유蛇油(뱀 기름) 등을 팔기도 한다. 그러니까 뱀을 잡는 것은 순수한 시범이 아니라 사람들을 끌어들이는 수단인 셈이다.

시범의 절정은 뱀 장사가 재빠른 동작으로 고량주나 미주米酒가 담긴 술잔으로 뱀 피를 받아내는 장면이다. 뱀 장사는 어서 사라고 외쳐대며 이 술을 판다. 더 피비린내를 풍기는 것은 이 술잔에 뱀 쓸개를 넣어 비싼 값에 파는 것이다. 보통 짧은 시간에 날개 돋친 듯이 팔려나간다.

인체의 부위와 형태가 비슷하거나 같은 것을 먹으면 '이형보형以形補形'한다는 전통 문화에 혐오감을 느낄 수도 있을 것이다. 또한 보신하기 위해 펄펄 살아 있는 동물의 기관을 먹는 사람들을 보면 구역질이 나거나 미개하다고 여길지도 모르겠다. 이런 식품들의 기능과 치료 효과를 과장해 무고한 생명을 죽여대니 말이다. 하지만 우리가 정말로 이토록 야만적일까? 아마 다음 이야기를 보면 그렇게 생각되지만은 않을 것이다.

19세기 말에 신비로운 뱀 기름이 미국 시장에서 상당히 오랫동안 유행한 적이 있었다. 1893년 클라크 스탠리Clark Stanley는 12년의 카우보이 생활을 마감하고, 보스턴의 한 매약상의 도움을 받아 '뱀 기름 도포제'라는 제품을 개발했다. 전하는 말에 따르면 그것은 그가 애리조나 주의 사막에서 인디언 호피Hopi 족에게 2년 동안 배운 처방이었다.

클라크 스탠리가 만든 뱀 기름 제품의 원료는 방울뱀에서 나온 것으로 알려져 있다. 그는 미국 정부에 약품 특허를 신청하면서 류머티즘, 치통, 동물에게 물린 상처, 좌골신경통 등 많은 병을 치료할 수 있다고 선전했다. 그야말로 구하기 어려운 만병통치약이었다. 그는 또 제품을 홍보할 때, 장마당의 뱀 장사처럼 많은 사람들 앞에서 방울뱀을 잡았으며, 그가 파는 뱀 기름이 인디언 민간 전래의 방법으로 만들었다는 것을 증명하기 위해 친절한 설명을 곁들였다.

하지만 이 '뱀 기름 만병통치약'은 얼마 동안 유행하다가 1916년에 종언을 고하고 말았다. 미국 정부가 밀보를 받고 클라크 스탠리를 고

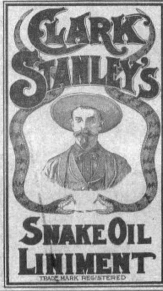

클라크 스탠리의 뱀 기름 도포제 광고

발했기 때문이었다. 고발 내용은 그의 뱀 기름 제품은 가짜이며, 그 성분은 바깥 포장에 써 있는 말과는 완전히 다르다는 것이었다. 화학 실험 결과 그 뱀 기름은 향료와 광물유鑛物油를 혼합한 것이라는 사실이 드러났다.

이 이야기를 혹시 어디서 많이 들어본 듯하지 않은가? 타이완 위생 기관의 검사로 드러난 '양러우루羊肉爐(양고기 신선로-옮긴이주)'와 '장무야薑母鴨(생강 오리-옮긴이주) 같은 악덕 상품과 비슷하다고 생각되지 않는가? 양러우루에는 양고기가 없었고, 장무야에는 오리가 없었으니 말이다. 이런 사실은 양심에 털이 난 상인은 모든 세대마다 있다는 것을 말해준다. 비록 사람을 속이는 수법은 바로잡히고 개선되었을지라도 사람의 마음을 현혹하는 그럴듯하게 포장된 광고는 지금까지 한 번도 바뀌지 않은 유일무이한 방법이다. 이를 보면 내가 어렸을 적에 보았던 장마당의 '뱀 잡기 라이브 쇼'의 뱀 장사가 팔았던 물건은 그래도 가짜는 아니었던 셈이다.

제2부

알려지지 않은
의료 역사의 진상

격리와 피두소避痘所

'격리'는 2,000년이나 된 오래된 전염병 대처법이다

에볼라 바이러스가 아프리카에서 기승을 부린 지 몇 개월 후, 세계보건기구WHO와 현지 정부가 함께 노력한 덕분에 마침내 국면이 진정되고 있다. UN의 한 관리가 비공식적으로 기자의 인터뷰에 응했는데, 조금도 반가운 얼굴이 아니었다. 그는 아직 특효약이 발명된 것도 아니고, 무슨 특별한 방지 방법이 있는 것도 아니라고 말했다. 그저 오래된 방법인 '격리'만이 에볼라 바이러스의 전염을 막고 있다고 솔직하게 털어놓았다.

독자 여러분도 격리라는 방식이 그리 생소하지는 않을 것이다. 사스SARS(중증 급성 호흡기 증후군)에서 돼지 인플루엔자까지 치명적인 유행병이 발생했을 때 감염된 환자를 따로 안치하는 방법이야말로 전염병을 막는 가장 중요한 조치라는 것을 부인할 수 없다. 설령 이런 병의 특효약이 있어 치료를 할 수 있더라도 격리는 여전히 방역 전문가가 가장 선호하는 방법이다.

인류가 질병을 막기 위해 격리를 실시한 역사는 아주 오래되었다. 일찍이 로마제국 시대에 유스티니아누스 1세Justinian I는 나병 환자를 격리해 다른 사람에게 전염될 틈을 주지 말아야 한다는 것을 익히 알고 있었다. 오늘날 사용하는 '격리'라는 뜻의 'quarantine'은 이탈리아 베니스의 방언 'quaranta giorni'에서 나왔는데, 이 말은 '40일'이란 뜻이다. 이는 흑사병이 창궐하던 유럽에서 정부 당국이 외부에서 들어온 전염병에 대응했던 중요한 방법이었다.

크로아티아공화국 두브로브니크Dubrovnik 항의 보존 문서에 따르면 1377년 당시 입항하는 모든 배들은 반드시 인근에 있는 지정된 섬에서 30일을 기다렸다가 배에 탄 사람들이 흑사병에 감염되었는지 아닌지 확인해야 한다는 규정이 있었다. 나중에 그 기한이 40일로 연장되었다.

이는 어쩔 수 없이 내려진 조치였다. 중세 유럽의 문헌에 따르면 흑사병으로 전 인구의 30퍼센트가 죽었다. 그러다 보니 돌림병을 전염시킬 수 있는 사람들을 모두 격리하는 것이 스스로를 보호하는 중요한 방법이었다. 그래서 뒤이어 매독과 황열黃熱이 창궐할 때에도 격리하는 방법을 쓰게 된 것이다.

그런데 격리는 서양인들이 독창적으로 생각해낸 방법이 아니다. 중국인들이 선진先秦 시대(진나라 시대 이전)에 이와 유사한 방법을 사용했다. 당시에 이미 나병 환자들을 격리한 적이 있었으니까 말이다. 후한後漢 시대에 들어서는 역사책에 정식으로 환자를 격리하는 방법을 기록했는데, 이는 당시의 위정자들이 이미 전염병 방지의 중요성을 알고 있었다는 것을 보여주는 예다. 《한서漢書》의 〈평제기平帝紀〉에 원시元始 2년(서기 2년)의 기록이 나온다.

> 큰 가뭄과 황재蝗災(메뚜기 떼의 피해)를 입었다. 이재민들 가운데 병이 든 자들을 기부 받은 (귀족이나 관료의) 관저에 안치하고 치료해주었다.

남북조시대에 이르러 격리는 이미 제도로 정착되었다. 소蕭씨 일족이 세운 남조의 제나라(479~502) 때, 태자 소장무蕭長懋 등이 환자를 전문적으로 격리하는 기구인 육질관六疾館을 설립했다. 그 후 당나라와 송나라 때는 안락방安樂坊, 안제방安濟坊이란 처소를 세웠는데, 대체로 같은 기능을 했다(안락방은 송나라 때 소식蘇軾이 전염병을 막기 위해 항주에 처음 만든 일종의 병실로, 뒷날 정부에서 안제방으로 이름을 바꾸었으며 전국 각지에 만들었다-옮긴이주).

나는 명나라와 청나라 때의 격리에 대한 역사를 훑어보다가, 역사학자 장자평張嘉鳳이 옥스퍼드 대학의 정기간행물에 게재한 만주인(청나라를 건국한 민족-옮긴이주)과 천연두의 관계에 대한 이야기를 보게 되었다. 격리에 대한 개념은 두 민족이 다르지만, 격리로 인해 만주인들은 명나라와 대항하는 과정에서 성공적으로 정권을 공고히 하고, 싸움에서의 우위를 차지할 수 있었다.

만주인 누르하치가 온갖 궁리 끝에 남하해 명나라 왕조를 공략할 때 가장 큰 장애는 다름 아닌 천연두였다. 만주인들이 살았던 만리장성의 북쪽에는 천연두가 크게 돈 적이 없었다. 그런데 생활 방식을 바꾸어 유목 생활을 청산하고 남하해 명나라 군대와 접촉하고 나서부터 천연두는 반드시 극복해야 할 난제가 되었다.

만리장성 남쪽에 사는 한족들과는 달리 만주인들 가운데 천연두에 걸리는 집단은 대부분 성인들로, 치사율이 상당히 높았다. 그래서 누르하치는 1622년에 부대 안에 '천연두 전염 상황'을 조사하고 수집하는 부서를 설치해, 부대가 천연두가 휩쓸지 않은 지역을 통과해 순조롭게 명나라를 공격할 수 있도록 전략을 세우게 했다. 그리고 선봉을 맡은 부대에는 되도록 천연두에 걸린 적이 있는 병사를 선발하게 하고, 천연두에 걸린 적이 없는 병사는 성에 주둔하게 했다.

더 재미있는 것은 만주인들의 통치 계급은 천연두에 대해 더 신중했다는 사실이다. 1634년에 홍타이지皇太極의 손자, 즉 둘째 아들 대버일러大貝勒(貝勒는 청나라 귀족의 세습 작위-옮긴이주) 다이산代善의 아들인 바란巴蘭이 불행하게도 24세의 나이에 천연두에 걸려 죽고 말았다. 그런데 그의 장례식은 썰렁하기 짝이 없었다. 천연두에 걸린 적이 있는 황자들만 참석하고, 심지어 할아버지 홍타이지와 아버지 다이산조차 참석하지 않았기 때문이었다.

　만주인의 통치 계급은 일반적인 격리 형식과는 다른 특별한 '피두소'를 설치했는데, 천연두가 전염될 상황에 놓이면 피두소로 피신했다. 이런 피두소는 강물로 차단된 독립 저택으로, 일반인들은 들어갈 수 없는 출입 제한 구역이었다. 혹시라도 천연두 감염이 의심되는 관리가 발을 들여놓았을 경우, 내부의 보안을 책임진 부대의 지휘관은 운수 사나운 꼴을 당했다.

　이런 피두소의 운영 방식은, 건강한 사람을 천연두가 전염된 지역에서 격리하고 환자들을 집중적으로 관리하는 전통적인 격리 방식과는 정반대로, 당시 왕공 귀족들을 보호하기 위한 조치였다. 하지만 아이러니하게도 청나라 왕조의 일원으로서 산해관山海關(만리장성의 동쪽 끝에 있는 관문. 명대 이후 베이징이 수도가 되면서 북방 이민족의 침입을 방어하는 중요한 군사적 요충지가 되었다―옮긴이주) 안쪽으로 들어온 첫 번째 황제인 순치順治는 수도 베이징을 휩쓴 아홉 차례의 천연두에서 벗어나긴 했지만, 결국 천연두로 인한 죽음을 피하지는 못했다. 그리고 그의 이런 죽음은 천연두에 걸렸다가 살아난 강희제康熙帝가 그의 후계자가 될 수 있었던 가장 중요한 계기가 되었다.

　역사를 읽으면 흥망성쇠를 알 수 있다는 말은 정말로 조금도 지나친 말이 아니다.

경야經夜와 중간 영안실

잘못해 산 자를 매장하는 것을 피하기 위한 방법

신문에서 본 이야기다. 타이완 윈린雲林의 구컹古坑에 사는 95세의 노부인이 모든 신체 기관의 기능이 극도로 쇠약해져 임종이 임박해지자, 의사와 가족들은 노부인이 집에서 마지막 숨을 거둘 수 있도록 집으로 돌려보내기로 했다. 그런데 집에 돌아와 하루가 지났는데도 여전히 숨이 끊어지지 않자, 친구들은 노부인이 평소에 즐겨 듣던《약사경藥師經》(약사여래가 동방에 불국토를 건설하고 모든 중생의 질병을 치료하겠다고 서원하는 내용―옮긴이주)을 틀어 노부인에게 들려주자고 제안했다. 5분도 되지 않아 노부인은 의식을 회복했고, 잠시 후에는 박수를 치고 합장을 하며 염불을 따라했다. 심지어 일주일 후에는 찾아오는 사람들에게 인사를 건네기도 했다. 가족과 친지들은 놀랍고 기쁜 마음에 노부인을 다시 병원으로 모시고 가 치료를 받게 했다.

이 이야기를 꺼낸 것은 옛날의 풍속인 경야에 대해 말하기 위해서다. 경야란 단순히 자손들이 집안 어르신과 헤어지기 서운해하는 마음을 표시하는 의식에 그치지 않고, 조상들의 지혜가 가득 담긴 의식이기도 하다. 아마 경야라는 의식이 처음 시작되었을 때에는, 자손들이 망자가 외로울 것을 우려해 생전에 아침저녁으로 드리던 문안인사를 사후에도 끊지 않고 계속하면서 입관 이후부터 출상할 때까지 순번을 정해 시신을 안치한 장막을 지켰을 것이다. 특히 밤에는 영구靈柩 옆에 자리를 깔고 잠을 자는 등, 지난날 어르신께서 '낳아 길러주신 정'을 기리며 마지막 시간을 함께 보내는 데 그 목적이 있었을 것이다.

그런데 의학적인 각도에서 보면 경야라는 풍속은 또 다른 면모를 가지고 있다. 고대에는 '활력 징후Vital Signs'를 정밀하게 측정할 수 있는 기기가 없었다. 그러다 보니 숨결이 극히 미약해 활력 징후를 감지할 수 없는 환자는 아직 완전히 사망하지 않은 상태로 어두운 관 속에 안치될 수 있었다. 만약 매장하기 전에 '부활'한다면 관을 두드리며 구원을 요청하겠지만……. 혹시 경야라는 풍속은 이처럼 살아 있는 사람이 매장되는 것을 피하기 위해 생기지 않았을까?

하긴 과학이 고도로 발달해 정밀한 측정 기기의 힘을 빌려 사망 여부를 판단하는 오늘날에도 여전히 '그물을 빠져나간 물고기'가 있긴 하다. 2010년 중국 후베이湖北 성 쉬안언宣恩에서 이런 일이 있었다. 한

60세 된 여성이 사망했다는 의사의 선고를 받았는데, 입관한 지 열여섯 시간 후에 관 속에서 살려달라고 하는 것이 아닌가. 이에 놀란 자녀들이 급히 관을 열어 어머니를 구해냈다고 한다.

서양에는 경야 풍속이 없지만, 그들도 죽어가는 사람이 정말로 완전히 사망하지 않은 상태에서 매장될 수도 있다는 점을 알고 주의를 기울였다. 이런 일 때문에 거론된 첫 번째 유명 인물은 14세기 스코틀랜드의 3대 철학자 중 한 사람인 둔스 스코투스 John Duns Scotus다. 기록에 따르면 그의 분묘를 다시 파헤쳤을 때 두 손이 관 밖으로 나와 있었는데 온통 상처투성이였다.

위에서 말한 것과 같은 상황을 영어에서는 '때 이른 매장premature burial'이라고 표현한다. 그런데 서양에서는 경야 풍속이 없기 때문에 대부분 몇 년 후 묘지를 파헤칠 때에야 수의가 찢겨 있다든지, 원래 관 속에 고이 눕혀놓았을 때와는 달리 몸 형태가 틀어져 있다든지 하는 상황을 발견했다고 한다.

사람을 산 채로 묻을 가능성이 있다는 점을 알고도 뚜렷한 대책은 없었다. 18세기에 프랑스의 장자크 브루히어 Jean-Jacques Bruhier가 쓴 《사망 판정의 불확정성 Dissertation sur l'incertitude des signes de la mort》이 나온 후에야 그나마 일부 사람들이 '사망 후부터 매장 전까지' 어떤 조치를 취해야 하는지 알게 되었다.

장자크 브루히어의 견해는 동시대 네덜란드의 저명한 해부외과 의사 제이콥 윈슬로우 Jacob B. Winslow의 제안을 그대로 따른 것이었다. 그는 사망 여부를 판단하기가 쉽지 않으므로 후춧가루를 콧구멍에 분사하거나, 벌겋게 달군 꼬챙이를 항문에 집어넣거나, 칼로 발바닥을 긁어 반응이 없으면 사망을 선고해도 된다고 생각했다. 그리고 제이콥 윈슬로우가 말한 것처럼 시신이 부패하기 시작해야 사망 확정 진단을 내릴 수 있으므로, 반드시 '중간 영안실waiting morgues'을 만들어 그곳에 시신을 안치했다가, 시신이 부패하기 시작하면 매장해야 비극을 막을 수 있다고 주장했다.

장자크 브루히어의 주장은 당시의 프랑스 사람들에게는 별 영향을 미치지 못했지만, 책이 출판되고 거의 반세기가 지난 후인 1720년, 독일의 바이마르Weimar에서 드디어 그의 견해를 알아주는 사람이 나타났다. 꽤나 영향력이 있는 의사 몇 사람이 주도해 '중간 영안실'을 설치하여, 일단 사망을 선고 받은 사체를 안치하기 시작한 것이다. 중간 영안실을 지키는 사람들은 교대근무를 했는데, 시신의 손가락이나 발가락에 방울과 연결된 고리를 끼워 망자가 살아났을 때 즉시 근무하는 사람이 알게끔 했다. 그리고 친절하게도 먹을 것과 마실 것(심지어는 시가까지)을 준비해 죽었다 살아난 사람이 바로 사용할 수 있게 했다.

물론 당시의 의학계에서는 '중간 영안실' 설치를 장려하지는 않았다. 하지만 몇몇 사람들이 《랜싯》과 《영국 의학 저널British Medical Journal》 같은 이름 있는 정기간행물에 '완전한 사망 여부'를 정확하게 판단해 '때 이른 매장'이라는 비극이 더 이상 일어나지 않게 해야 한다고 주

일반 대중들이 관람할 수 있도록 개방한 19세기 파리의 임시 영안실

장하는 글을 게재했다. 19세기 파리의 명의 리젠트Regent 는 다음과 같이 더 놀라운 글을 썼다.

천수를 다하고 세상을 뜨는 사람들의 3분의 1, 아니 어쩌면 절반 정도가 매장 당시 살아 있는 상태다.

중간 영안실이 19세기 초부터 차츰 유행하게 된 이유를 미루어 짐작할 수 있는 말이다. 당시 코펜하겐, 베를린, 런던, 파리, 뉴욕 등의 지역에 중간 영안실과 유사한 임시 영안실이 만들어졌다. 하지만 이런 유행은 10년도 되지 않아 점차로 사라졌는데 그 원인은 아주 단순했다. 시신이 부패하는 과정에서 경보용 방울이 울려 공연히 사람들을 놀라게 했고, 부패한 시신은 매장할 때 처리하기가 더 어려웠기 때문이었다. 그리고 더 중요한 이유는 죽었다가 다시 살아난 사람이 거의 없었다는 것이었다.

노부인이 임종에 임박했다가 다시 깨어났다는 신문 보도를 보다가 중국과 서양의 입관에서 매장 전까지의 서로 다른 조치를 비교해보았는데, 이런 기회를 준 노부인과 신문에 감사한다. 그런데 생각해보니 '경야' 풍속이야말로 '신종추원愼終追遠'(부모의 장례를 엄숙히 행하고 조상의 제사를 정성스레 올리다-옮긴이주)을 실행하는 것은 물론이고, 훨씬 더 인간적이지 않은가!

아편전쟁과 쇠 대가리를 가진 쥐

외과 의사 출신의 윌리엄 자딘은 막후에서 아편전쟁을 부추겼다

중국과 영국의 아편전쟁은 1839년 9월에 발발했다(타이완에서는 임칙서가 아편을 불태운 이때 아편전쟁이 시작된 것으로 본다-옮긴이주). 물론 쌍방이 충돌하게 된 원인은 아편 문제를 둘러싼 막대한 상업적 이익 때문이었다.

청나라 조정은 1796년에 아편 수입을 전면적으로 금지한다고 선포했다. 하지만 이런 조치로 인해 아편을 밀수하는 영국 동인도회사는 오히려 더 큰 돈벌이를 할 수 있게 되었다. 원래 영국은 중국의 비단과 차茶를 대량으로 수입했는데, 이로 인해 발생한 무역역조로 골머리를 앓고 있었다. 하지만 중국에서 아편 장사가 아주 잘된 덕분에 중국으로 유출된 대량의 은이 다시 영국으로 유입되어 영국인들의 걱정이 해결되었다. 인플레이션과 기타 국가 경제에 일어날 문제를 피할 수 있게 된 것이다. 그러나 이와 반대로 청나라는 국가도 백성들도 모두 빈궁해지고 말았다.

1838년, 도광제道光帝는 근본부터 바로잡기로 결정하고 흠차대신 임칙서林則徐를 광저우廣州에 파견하면서, 아편 밀수를 척결하라는 모호한 명령을 내렸다. 곧이곧대로 일을 처리하는 임칙서는 임지에 부임하자마자 먼저 아편 밀수에 종사하는 중국인 1,700명을 체포했다. 그리고 영국인들을 위시한 외국 상인들에게 고정된 가격으로 아편 재고를 차와 교환하자고 설득했다. 외국 상인들은 임칙서의 요구를 거절했다. 임칙서는 서양인들의 주거 지역에 병사들을 보내 아편 1,200여 톤을 몰수해 석회와 소금을 섞어 성 밖에서 소각해버렸다. 이로 인해 중국과 영국 쌍방의 관계는 긴장 국면으로 접어들었고, 광저우에서 추방된 영국인들은 군함의 도움을 받아 광저우의 항구를 봉쇄하고 통상을 정지하겠다는 위협으로 임칙서의 조치에 대응했다. 이로 인해 이듬해 9월 중국의 수군과 영국의 군함이 충돌하게 된다.

중영 쌍방은 처음 전쟁이 시작되었을 때는 전면전을 벌이지는 않았다. 영국 하원에서 야당의 공세가 강해지자 영국 정부는 '아편 사업을 직접적으로 지지'하는 방식을 쓰지 않는 것을 자유무역의 원칙으로 삼았다. 그런데 왜 이 전쟁이 결국 전면전으로 확대되었을까? 역사학자들의 연구에 따르면 이는 외과 의사 윌리엄 자딘William Jardine과 관계가 있다. 그리고 이는 또한 내가 의료 역사를 되돌아보면서 이 글을 쓰게 된 중요한 이유이기도 하다.

구글에 자딘을 찾아보면, 영문판 위키백과에 그의 이름 뒤에 괄호를 치고 외과 의사가 아닌 "상인merchant"이라고 써진 것을 볼 수 있다. 그런데 사실 그는 1802년 에든버러 의대를 졸업했고, 에든버러 왕립 외과대학 Royal College of Surgeons of Edinburgh에서 학위를 받은 외과 의사였다. 학교를 떠난 그해에 그는 영국 동인도회사에 취직했는데, 그때부터 해상에서 근무하는 선의船醫 생활을 시작했다. 윌리엄 자딘은 15년 후에 동인도회사를 떠나 작은 상사에서 일했다. 그러다가 1820년대에 스코틀랜드의 제임스 매더슨James Matheson 남작을 만나, 두 사람은 '자딘 양행 Jardine Matheson'을 설립했다. 이로부터 근대사의 전설 한 페이지가 펼쳐지게 된다.

윌리엄 자딘은 출중한 협상의 고수였고, 매더슨은 뛰어난 재무 전문가였다. 두 사람의 협력 관계는 마치 물을 만난 물고기 같았다. 자딘 양행은 점차로 많은 이윤을 창출하는 회사로 변모해갔다. 특히 아편 밀수에서 이 회사는 엄청난 특혜를 받았다. 1833년 영국 국회가 동인도회사의 중영 무역 독점권을 종료시키자 아편 밀수 사업에 공백이 생기게 되었는데, 그 공백을 이 회사가 메우고 들어간 것이다.

윌리엄 자딘은 외과 의사에서 상인으로 변신했다가, 다시 가장 큰 세력을 가진 마약 밀매업자가 되었다. 또한 그가 이끄는 의료 팀은 중국과 아편 피해자들을 위해 의료 서비스를 하면서 돈을 벌어들이는 등 양다리를 걸쳐 돈을 긁어들였다.

1839년, 중국과 영국이 전쟁을 시작했지만, 영국 정부가 우물쭈물하며 결정을 내리지 못하자 아시아에 있는 영국 상인들은 괴로운 상황이 되고 말았다. 그러자 '쇠 대가리를 가진 쥐'*로 불리는 이 교활한 상인은 아시아에서 사업을 하는 영국 상인 수백 명이 서명한 청원서를 가지고 영국으로 돌아가, 의회를 상대로 중국과 전쟁을 일으키자는 주장을 펼쳤다.

외과 의사로 논리적인 사고 훈련을 받은 덕분인지 그는 완벽한 계획을 준비할 수 있었다. 그는 먼저 의회에 상세한 전략 지도地圖와 전술을 제공하는 동시에, 전쟁을 해서 확보할 수 있는 보장과 상품의 수요량을 설명해주었다. 그런 한편, 런던에서 몇몇 영향력 있는 작가와 기자를 매수해 '무역의 자유'를 보장해주는 것이 왜 중요한지에 대해 대대적으로 쓰게 했다. 홍보 소책자와 글들이 쏟아져나와 중국에서 사업을 하는 영국인들이 감옥에 가거나 사형당할 위험을 무릅쓰고 있다고 주장하며, 그들을 전제적인 정권에 도전하는 투사로 부각하는 데 성공했다.

그러자 영국의 외교 업무를 주관하던 팔머스톤 경Lord Palmerston이 나서서 영국은 이미 세계적인 대국으로, 동방의 낙후된 민족을 강압적으로 진화進化시키기에 충분한 실력을 가지고 있다는 것을 믿어달라

---

*   자딘은 광저우의 한 클럽에서 에워싼 사람들이 던진 돌에 머리를 맞았지만 얼굴빛 하나 변하지 않았다. 그래서 '쇠 대가리를 가진 쥐'라는 별명이 붙었다.

고 동료와 영국 국민들을 설득했다. 이로써 윌리엄 자딘의 계획은 완벽하게 성공을 거두었다. 마지막에는 중국이 무역항을 개방하고 홍콩을 할양하게 만들었다.

또 하나 언급할 만한 사실은, 1841년 홍콩이 무역항을 개장한 초기에 자딘 양행이 565파운드를 들여 홍콩에서 첫 번째로 매각한 부지를 사들였다는 것이다. 아편전쟁이 발발한 후, 1842년 자딘 양행은 본사를 광저우에서 홍콩으로 이전했고, 중국 대륙에서 유명했던 '이화행怡和行'의 명성을 빌려 회사 이름을 '이화양행怡和洋行'으로 바꾸었다('이화행'은 광저우 13개 상행商行 중 가장 유명했다. 양행洋行, 은행銀行 등 상점이나 영업소를 뜻하는 '行'은 원래 '항'으로 표기하는 것이 맞지만, 우리나라의 굳어진 표기법에 따라 그냥 '행'으로 표기한다—옮긴이주).

1872년 이후로 이화양행은 대중국 아편 무역을 그만두고 투자 업무를 점차적으로 다원화했다. 무역 외에 중국 대륙과 홍콩에 투자해 철도, 도크dock, 각종 공장과 광산 공사를 했으며, 선박 운송, 은행 등의 경영에도 손을 댔다. 1876년에는 상하이에 중국의 첫 번째 철도인 우쑹吳淞 철도를 건설했고(우쑹 철도는 상하이에서 우쑹까지의 협궤철도로 길이는 14.5킬로미터다—옮긴이주), 중국 첫 번째 엘리베이터도 설치했다.

이화양행은 지금도 세계무역 시장에서 탄탄하게 우뚝 서 있으며, 그 영역은 갈수록 커지고, 업체도 갈수록 많아지고 있다. 다음에 타이베이臺北의 거리를 걸을 기회가 있으면 '동방문화호텔東方文華酒店'을 눈여겨보시라. 바로 이화양행과 관계가 있는 기업의 하나니까.

새 부리 가면을 쓴 의사

17세기 돌림병 의사는 새 부리 모양의 가면을 쓰고 다녔다

나는 직업이 외과 의사인지라 아이들과 함께 지낼 수 있는 시간을 많이 놓치고 말았다. 아침에 집을 나설 때 아이들은 아직 일어나지 않았고, 저녁에 집에 돌아가면 아이들은 이미 잠자리에 들어 있었다. 그래서 생일이나 설날 같은 특별한 날에는 되도록 이에 대한 보상을 해주려고 노력했다. 특히 핼러윈 때에는 아이들을 데리고 이웃이나 친구 집을 방문해 큰 소리로 'Trick or treat'를 외치고, 즐거운 마음으로 각양각색의 과자를 얻어 집으로 돌아오곤 했다('Trick or treat'는 '과자를 안 주면 장난칠 거예요'라는 뜻으로, 핼러윈 때 아이들이 집집마다 다니며 하는 말-옮긴이주).

핼러윈은 서양 판 귀신의 날로, 중국인의 절기인 중원절中元節(음력

7월 15일 전후의 명절)과 같다. 그런데 그 유래에 대해서는 여러 가지 설이 있다. 아래에 몇 가지 설을 소개한다.

첫 번째는 영국의 켈트 족에서 나왔다는 설이다. 켈트 족의 전통 풍속에 매년 시월의 마지막 날은 여름이 끝나는 날이자 겨울이 시작되는 날로, '죽은 사람의 날' 혹은 '귀신의 날'이라 불린다. 이날 밤은 모든 악귀들이 사방에서 출몰하고, 죽은 사람의 영혼도 몸을 떠나 세상을 떠돌아다니기 때문에 특히 위험하다. 그래서 이날 켈트 족 사람들은 사악한 유령을 겁주어 쫓아내기 위해 가면을 썼다고 한다.

또 하나는 천주교 신앙에서 왔다는 설이다. 11월 1일은 만성절萬聖節이고, 다음 날은 만령절萬靈節이다. 9세기의 유럽에서는 이날 신도들이 마을을 돌아다니면서 밀가루와 건포도로 만든 '영혼의 떡'을 구걸한다. 전해오는 말에 따르면 떡을 기부하는 사람은 교회 수도사의 기도를 통해 하느님의 비호를 받을 수 있으며, 죽은 부모님이 조속한 시일 내에 천당에 갈 수 있다고 믿었다. 이런 구걸하는 전통이 나중에는 아이들이 귀신 모양으로 분장하고 집집마다 돌아다니며 사탕을 얻는 'trick or treat' 풍속으로 변천했다. 마지막에는 미국으로 전해져 그곳에 사는 아일랜드와 스코틀랜드의 후예들이 물려받았으며, 20세기에 미국에서 확대 발전되었다.

아이들의 입장에서 보자면 이런 절기에 사탕을 얻어먹을 수 있는 것은 기본이고, 그보다 더 중요한 것은 자기가 좋아하는 모양으로 분장하고 많은 친구와 함께 퍼레이드를 하는 것이다. 그런데 스파이더

맨, 베트맨 같은 복장은 너도나도 다 입을 정도로 흔하다. 어느 해인가 나는 기발한 생각을 해냈는데, 바로 두 아이에게 새 모양의 복장(조인복鳥人服)을 입히자는 것이었다. 이런 생각으로 직접 이 복장을 만들었는데, 아이들에게 입히면 다른 아이들보다 훨씬 눈에 띌 터였다. 하지만 모양새가 너무 기괴하다는 이유로 아이들이 입기를 거부해 나를 실망시켰다.

이런 새 모양의 복장은 사실 중세 유럽에서 의사들이 돌림병에 전염된 환자들을 살피고 치료하기 위해 착용한 것이었다. 아이들은 아무리 이런 설명을 해주어도 이 복장에 대해 흥미를 보이지 않았다. 그래서 할 수 없이 유행을 따라 대형 마트에 가서 해골바가지 가면과 호박등燈을 사주었다.

여러분도 이런 새 모양의 복장이 우스꽝스럽다고 생각할지 모르겠다. 의사가 몸에 망토를 둘러 입고 머리에는 새 부리 모양의 가면을 썼으니 말이다. 하지만 이런 복장은 17세기 프랑스의 명의 샤를 드 롬Charles de Lorme이 설계한 것이었다. 미셸 티버렌치Michel Tibayrenc 등이 편집한 《전염병 백과전서Encyclopedia of Infectious Diseases》에 따르면 가면의 새 부리에는 깊은 뜻이 숨어 있다. 가면에 있는 두 개의 콧구멍으로 통풍을 할 수 있는 것은 기본이고, 안에 넣은 짚 속에는 용연향龍涎香, 박하薄荷, 장뇌樟腦, 정향丁香, 혹은 벤조산Benzoic acid 등의 약재가 들어 있어 좋지 않은 공기를 차단할 수 있었다(당시에는 전염병이 공기를 타고 전파된다고 여겼다).

중세 유럽의 의사들이 착용한 새 모양의 복장

17세기의 의사는 장갑을 끼고, 망토를 둘러 입고, 새 부리 가면을 써서 자신을 보호하는 것은 기본이었다. 그 외에 지팡이를 가지고 다녔는데, 이는 환자와 멀리 떨어져 간접적으로 접촉해 자신이 전염되는 것을 방지하려는 것이었다. 이 지팡이는 또 하나의 용도를 가지고 있었는데, 다름이 아닌 환자에게 매질을 하는 것이었다. 당시에는 돌림병에 걸린 것은 천벌을 받았기 때문이라고들 생각했다. 그래서 환자가 이를 깊이 깨닫고, 새 모양의 복장을 한 의사에게 매질을 당하면 고해성사를 한 것으로 간주되었다.

이런 이야기를 들으면 우스꽝스러우면서도 당시의 세계에 살았던 사람들을 동정하지 않을 수 없다. 대략 5세기부터 유럽 대륙은 시도 때도 없이 돌림병(흑사병, 천연두 등)의 습격을 받았다. 모든 도시에서는 특별한 의사를 초빙해 환자를 돌보게 했는데, 이런 '돌림병 의사'들은 대부분 의술이 뛰어나지 않았다. 하지만 돌림병 속에서 살아남으면 몸값이 뛰었다. 당시 바르셀로나에서 두 사람의 돌림병 의사를 초빙했는데, 도중에 이들이 강도들에게 납치되고 말았다. 바르셀로나 시청에서는 몸값을 치르고 이들을 찾아왔다.

이런 돌림병 의사들은 급여가 높은 것 말고도 또 하나의 특권이 주어졌다. 그것은 바로 돌림병으로 사망한 환자를 해부해 뒷날 환자들을 치료하는 데 참고로 삼을 수 있다는 것이었다. 하지만 대부분의 의사들이 돌림병에 감염되어 죽든지 아니면 무서워서 도망하든지 둘 중 하나였다는 것을 여러분도 미루어 짐작할 수 있을 것이다. 어쩌면 그

랬기 때문에 마지막 수단으로 새 모양의 복장이 발명된 것이 아닐까?

새 모양의 복장이 의료 발전에서 상당히 중요한 자리를 차지하고 있는 것은 맞다. 그래도 나는 아이들의 아버지가 아닌가. 기껏 공자 왈 맹자 왈 하며 학문이나 재주를 과시하는 서생 노릇밖에 하지 못하다니. 다른 사람들이 이상한 눈으로 쳐다본다는 것은 생각하지도 않고, 자기 아이들에게 구시대의 유물 같은 옷을 입히려 했으니 말이다.

아무리 공자 왈 맹자 왈 해도 결국 대형 마트에 산더미처럼 쌓여 있는 핼러윈 상품을 따라갈 수는 없는 것 같다. 그저 이런 창의적인 생각을 글로 남겨두었다가 언젠가 '창조 문화 산업'에 종사할 사람들에게 영감이나 줄 수 있었으면 좋겠다. 혹시 알겠는가? 대유행을 일으킬지.

인체 원심분리기

빙빙 도는 놀이 기구의 원리는 정신병 치료와 관계있다

언젠가 공군 군의관으로 퇴역한 후배를 만나 대화를 나눈 적이 있다. 그는 자신의 지포스G-force(중력가속도 또는 이로 인해 발생하는 힘) 대응 능력 측정값이 실제 공군 조종사와 별 차이가 없었다며 매우 자랑스럽게 말했다. 그가 조종사가 아닌, 조종사의 신체검사를 담당하는 군의관이라는 사실을 감안하면 확실히 자부심을 느낄 만한 일이다.

지포스 대응 능력 측정이란 인체 원심분리기 안에 사람을 집어넣고, 속도와 연속적으로 방향이 변화하는 회전운동이 만들어내는 지포스 속에서 측정을 받는 사람이 견뎌내는 지포스의 크기와 반응을 관찰하는 것이다. 이는 전투기 조종사의 능력을 판단하고 훈련시키는 중요한 방법이다.

그렇다면 지포스란 무엇일까? 이것은 항공 전문용어로 이동 중에나 급격한 노선 변화 시에, 혹은 가속도와 감속도 시의 충격을 견딜 수 있는 힘의 단위를 가리킨다. 우리 생활 속에서도 언제든지 지포스가 발생할 수 있다. 하지만 대부분 너무 미약한 힘이라서 의식하지 못할 뿐이다. 예를 들어 고속으로 이동하는 기구나 교통수단(롤러코스터, 고속철 등) 위에서는 지포스를 느낄 수 있다. 다만 이런 방식으로 만들어지는 지포스는 인체가 견뎌낼 수 있는 범위 안에 있다.

1950, 60년대부터 비행기는 이미 음속을 돌파했다. 그런데 이런 비행기를 조종하는 조종사마다 지포스에 대한 반응 정도가 크게 달라 생각지 못한 일이 종종 일어났다. 이런 사실은 비행기 안전성에 대한 연구를 촉진시켰고, 비로소 인체 원심분리기를 사용해 위에서 말한 문제에 직면한 조종사들을 훈련시키게 되었다.

그런데 인체 원심분리기는 원래 지포스에 대응하는 능력을 측정하고 훈련시키기 위해 발명된 것이 아니었다. 이것의 전신은 정신병 환자들을 치료하기 위해 사용된 회전의자였다.

회전의자를 폭넓게 사용한 사람은 미국의 의사 조셉 콕스Joseph M. Cox였지만, 이를 생각해낸 것으로 공인된 사람은 의사이자 박물학자이자 생리학자이자 시인이란 타이틀을 다 가진 18세기 말의 이래즈머스 다윈Erasmus Darwin이었다. 그는 바로《종의 기원On the Origin of Species》을 쓴 찰스 다윈Charles Darwin의 할아버지였다.

이래즈머스 다윈은 그의 중요한 과학 저서인《동물 법칙Zoonomia》에서, 어떤 의사든지 환자를 잠잘 수 있게 한다면 아주 좋은 치료 효과를 보게 될 것이라고 말했다. 그는 또 이 책에서 회전의자를 설계할 수만 있다면 환자를 잠들게 할 수 있다고 말했다. 하지만 안타깝게도 그의 이론은 탁상공론에 그치고 말았다. 그는 이런 장치를 병원에 설치해 사용하면 좋겠다고 생각했으나, 개업의들은 이런 치료용 장비를 만들거나 정비할 수 없기 때문이었다.

1788년, 정신병원을 인수한 조셉 콕스는 이래즈머스 다윈의 생각에 일리가 있다고 여겨 좌우로 흔들리는 의자를 설계하는 일에 착수했다. 약물로도 치료할 수 없는 중증의 정신병 환자를 치료하기 위해서였다. 당시의 환경에서는 대부분 이런 골치 아픈 환자에게 아편을 줄 수밖에 없었다. 하지만 그렇게 하면 환자의 증상을 잠시 완화할 수는 있지만 왕왕 중독되는 어려움이 있어 오히려 득보다 실이 많았다. 그래서 자비심이 충만한 그는 이래즈머스 다윈의 생각을 가져다 쓰기로 한 것이다. 조셉 콕스는 환자에게 어지럼증이 생기고, 더 나아가 속이 메스껍고 구토를 하며, 마지막에는 대소변을 가누지 못하는 지경에까지 이르러야 비로소 환자를 회전시킨 효과가 있다고 생각했다. 당시에는 이런 현상이 지나친 회전으로 인해 생기는 전정기관 자극의 결과였다는 사실을 몰랐다. 거꾸로 회전 치료가 통증을 멈추게 작용해 환자의 감정을 진정시키고 맨 나중에는 편안히 잠들 수 있게 해준다고 생각했다.

처음에는 정신병 환자들이 아편에 중독되는 것을 불쌍히 여겨 마

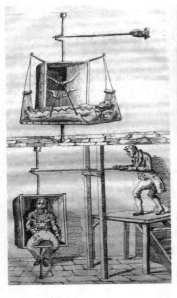

▲ 오늘날의 인체 원심분리기
◀ 윌리엄 할로런의 회전의자

지못해 이런 방법을 썼지만, 결국 조셉 콕스는 이 치료법의 애호가가 되고 말았다. 더 나아가 이 치료법을 사용할 것을 강력하게 주장하기까지 했다. 그의 주장에 영감을 받은 영국 의사 윌리엄 할로런William Halloran은 환자들이 회전의자 치료를 받을 때 쾌감이 생긴다는 것을 발견했다. 뒷날 영국 던디 대학University of Dundee의 학자 니콜라스 웨이드 Nicholas Wade는 "이런 쾌감이 어린이 놀이동산에 있는 빙빙 도는 커피잔, 바이킹, 롤러코스터를 설계하는 데 영감을 주었다"라고 밝힌 바 있다.

앞에서 이야기한 두 사람의 치료 방식은 사실 당시의 주류 의학계에서는 주목을 받지 못했다. 오히려 이를 더욱 발전시킨 사람은 독일 의사 에른스트 호른Ernst Horn이었다. 그는 베를린 정신병원에 근무하면서 천장에 매달린 밧줄로 제어하는 '회전침대'를 설계했다. 이 회전침대는 분당 120회를 회전하는데, 매번 60~90초 동안 계속 회전하도록 되어 있었다. 그야말로 최고 경지의 독일 기술이 구현된 물건이라고 할 만한 이것은 대체로 오늘날의 지포스를 측정하는 인체 원심분리기와 큰 차이가 없었다.

이 글을 읽고 빙빙 도는 커피 잔, 바이킹, 자이로드롭, 롤러코스터 그리고 놀이동산에 있는 각종 놀이 기구에 대해 흥미를 잃고, 이런 것들은 정신에 문제가 있는 사람들이나 사용하는 물건이라고 보지 않았으면 좋겠다. 어쨌든 윌리엄 할로런이 발견한 것처럼 이런 놀이 기구들을 사용하면 쾌감이 생기니까 말이다. '이 순간을 놓치지 말고 인생을 즐기는' 것이야말로 인생의 최고 경지가 아닌가? 그러니 이런 기기를 어떻게 사용하고, 누가 사용하는지는 그다지 관계없는 게 아니겠는가?

박쥐 전설

초음파 기기를 발명하게 된 것은 박쥐 덕분이었다

초음파와 관련된 의료 역사 자료를 정리하다 보니 어릴 때 외할머니와 나눈 재미있는 대화가 생각난다. 당시 나는 외할머니와 오늘날의 가오슝高雄 시 아렌阿蓮 구의 산기슭에 살았다. 어느 날 외할머니와 저녁밥을 먹고 나서 시원한 바람을 쐬며 쉬고 있는데, 박쥐들이 이리저리 날아다니며 휴식을 방해했다. 박쥐를 처음 본 나는 새인 줄 알았다. 외할머니는 새가 아니고 박쥐라고 가르쳐주셨다.

"박쥐는 어떻게 어두운 밤에도 저토록 빨리 날 수 있나요?"

나의 물음에 외할머니께서 대답해주셨다.

"눈이 아주 좋은가 보다. 그래서 밤에도 다 잘 보이는 게지."

외할머니의 말이 틀렸다는 것을 알게 된 것은 세월이 한참 지난 후였다.

초음파 연구에 대한 역사를 이야기하면서 박쥐를 들먹이는 까닭이 무엇인지 아는가? 그 이유를 설명하기 전에 먼저 18세기 이탈리아의 박물학자였던 라차로 스팔란차니 Lazzaro Spallanzani 이야기를 해야겠다.

스팔란차니는 매일 저녁 산보할 때마다 밤에 공중을 민첩하게 날아다니는 박쥐를 보면서, '도대체 녀석들은 무슨 재주를 가지고 있기에 이렇게 칠흑같이 어두운 데도 자유자재로 날아다닐 수 있을까?' 하는 의문을 가졌다. 그는 답을 찾기 위해 일련의 실험을 계획했다. 첫 번째 실험은 박쥐의 눈을 가리는 것이었고, 두 번째 실험은 박쥐의 코를 가리는 것이었으며, 세 번째 실험은 도료로 박쥐의 몸 전체를 칠해버리는 것이었다. 하지만 새장을 나간 박쥐들은 야간에 날아다닐 수 있는 능력이 눈, 코, 피부와는 관계없다는 것을 증명이라도 하듯이 이전과 마찬가지로 어두운 밤하늘을 경쾌하게 날아다녔다.

네 번째 실험에서 스팔란차니는 박쥐의 귀를 막아보기로 했다. 새장을 나간 박쥐들은 뜻밖에도 비틀거리며 날았고, 많은 녀석이 땅바닥에 곤두박질쳤다. 스팔란차니는 박쥐의 야간 비행 능력이 놀랍게도 '듣는' 데서 나온다는 것을 알게 되었다. 그리고 이 재미있는 발견으로 후세의 음성학을 연구하는 학자들은 스팔란차니를 초음파 탐구의 선구자로 여기게 되었다.

19세기 이후에 '전압 효과'라는 것이 발견되면서 인류가 들을 수 없는 각종 음파가 만들어졌고, 초음파 연구는 더욱 활발히 진행되었다.

그런데 이 연구가 처음 시작될 때 초음파는 의료가 아니라 항해에 응용되었다.

당시는 타이태닉호 침몰로 충격에 휩싸였던 때였다. 1915년, 프랑스의 물리학자 폴 랑주뱅Paul Langevin은 초음파를 발사하고 수신할 수 있는 탐사 장치인 하이드로포Hydrophore를 발명했는데, 해양의 장애물을 탐지해 항해 중인 배들이 빙산의 위치를 예측할 수 있게 하자는 데 그 목적이 있었다. 미국인 레지널드 페센든Reginald Fessenden은 처음으로 초음파 시스템을 개발했는데, 이는 3.2킬로미터 밖에 있는 빙산의 위치를 탐지할 수 있는 것으로 알려졌다.

1920년대 이후의 20년간은 초음파 연구가 비약적으로 발전한 시기였다. 두 차례의 세계대전에서는 바다 밑에서 신출귀몰하는 잠수함을 찾아내기 위해 초음파를 발신해 해저 상황을 탐지하는 장치인 소나Sound Navigation and Ranging, SONAR를 사용했다. 소련의 과학자 소콜로프Sokolov는 초음파를 이용해 금속을 주조해 만든 완제품의 열흔裂痕을 검측해 냈다. 그런데 초음파가 의료용으로는 질병의 진단이 아니라 치료에 처음 활용되었다는 사실을 아마 독자 여러분은 예상조차 하지 못했을 것이다.

고출력의 초음파를 연구하는 실험에서, 과학자들은 에너지를 조절하는 방법으로 높은 열에너지를 만들 수 있다는 사실을 알아냈다. 또한 이렇게 만들어진 열에너지가 통증을 그치게 할 뿐만 아니라 신체 조직을 파괴할 수도 있다는 사실을 우연히 발견했다. 그 후 초음파를 관절염, 위궤양, 백내장, 심지어는 뇌 조직 손상 등의 치료에 이용하려는 의도 하에 많은 저명한 학자들이 연구에 뛰어들었다. 이런 식으로 초음파의 치료 용도가 무차별 확장되면서 1940년대에 이르러 초음파 치료는 만병통치약의 대명사가 되었다. 하지만 이런 고 에너지와 고 열에너지는 인체 조직에 생각지도 못한 후유증을 남길 수 있기 때문에 각국 정부는 초음파로 치료할 수 있는 항목을 통제했다. 그런데 이런 조치로 인해 초음파의 진단 기능에 대한 연구가 오히려 더 활발히 진행되었다.

1942년, 오스트리아의 칼 두식Karl Theodore Dussik 박사가 뇌 내의 종양을 찾아내기 위해 처음으로 초음파를 이용해 뇌 조직 검사를 시도했다. 1950년대에 의사였던 잉에 에들러Inge Edler와 엔지니어였던 헬무트 헤르츠Hellmuth Hertz가 지멘스 기업의 지원을 받아 처음으로 초음파를 사용해 심장을 검사하는 데 성공했다. 우리에게 익숙한 산부인과 초음파 검사는 의사인 이안 도널드Ian Donald가 처음 시작했다. 초음파는 그 후 임신한 여성들의 복중에 있는 기형아를 찾아내는 이기利器가 되었다.

오늘날에는 여러 형태의 초음파가 발명되어 의학 분야에서 이를 이용해 많은 병을 진단하고 있으며, 심지어 3D나 4D 초음파까지 나와 의사들은 실시간 입체 영상을 보면서 진료할 수 있게 되었다. 내가 시술하는 심장판막 재건술의 경우, 수술 전에 정밀한 초음파로 판막 역류나 판막 협착 부분을 찾아낸다. 수술 경과를 검사할 때는 더욱더 초음파의 도움에 의존한다.

　앞으로 더욱 진보된 초음파 기기가 나와 질병의 진단에 사용되는 것은 물론이고, 더욱 풍부하고 완벽한 과학적 데이터로 초음파 치료 역시 갈수록 안전해져 '박쥐 전설'은 지속될 것이다.

흰색 의사 가운

의사 가운은 원래 성직자들의 옷차림과 같은 검은색이었다

의학 역사를 깊이 탐구하다 보니 나는 매일 접촉하고 있는 모든 의료와 관련된 행위나 기기에 대해서는 물론이고, 심지어는 개념에 대해서도 궁금한 것이 많다. 그러다 보니 끊임없이 솟는 에너지를 주체하지 못해 자료를 찾고, 오랜 관습을 통해 일반화되고 인정된 것들까지도 철저하게 밝혀내려는 버릇이 들었다. 이제부터 이야기할 '의사 가운'에 대한 알려지지 않은 재미있는 일화 역시 이런 예 중 하나다.

대부분의 사람들은 의사 가운 하면 분명 흰색이 기본이며, 그것을 의사의 '제복'이라고 해도 지나치지 않다고 생각할 것이다. 의사의 흰색 가운은 마치 한 직업의 제복처럼 대내외적으로 정체성을 부여해, 사람들이 한눈에 알아볼 수 있게 하는 것이 사실이다. 그렇다면 의사

들은 옛날부터 줄곧 '흰색 가운'을 의사라는 직업의 상징으로 삼았을까? 여러분이 만약 그렇게 생각한다면 편파에 빠지는 우를 범한 것이라고 할 수 있다. 의사였던 호츠버그Mark Hochberg가 〈의사의 흰색 가운—그 역사를 돌아보며 The Doctor's White Coat—an Historical Perspective〉라는 글에서 밝힌 바에 따르면 의사가 흰색 가운을 근무복으로 삼은 것은 약 100년밖에 안 된다.

20세기 이전에 의사들은 모두 검은색 옷을 입었다. 검은색 복장은 근무복이라기보다 격식을 차린 정장이라고 하는 편이 더 나을 것이다. 복장에 그 사람이 어떤 일에 종사하는지 전혀 드러나지 않으니까 말이다. 호츠버그의 표현에 따르면, 의사들이 검은색을 선택한 이유는 성직자와 같은 옷차림을 하면 직업의 신성성이 높아질 것이라는 바람 때문이었다.

그런데 20세기 이전에는 의사들이 바라는 이런 신성성을 전혀 인정받지 못했다. 왜냐하면 의사들의 의료 지식 수준이 낮았고, 치료 효과도 그다지 좋지 않았을 뿐만 아니라, 의사들의 자격이나 실력을 인증하기 어려웠던 관계로(오늘날처럼 자격시험을 통과해야만 의사가 될 수 있는 것이 아니었다) 돌팔이들이 판을 쳤기 때문이었다. 그러니 의사에 대한 존경심이 없는 것도 당연한 일이었다. 심지어 어떤 이들은 생사의 갈림길에 이르기 전에는 절대로 의사에게 도움을 청하지 않았다. 이런 도움은 왕왕 사망과 등식 관계가 성립되었기 때문이다.

여러 연구가 나날이 엄격하고 치밀하게 진행되어 과학이 발전하면서 의학도 발전하게 되었다. 그러자 의사들은 사람들이 의사에 대해 품고 있는 불신을 없애기 위해 진료할 때 흰색 가운을 입기 시작했다. 자신이 '전문가' 모양새를 갖추었다는 것을 보여주기 위함이었다. 이런 생각은 19세기 말 캐나다의 의사 조지 암스트롱 George Armstrong이 제창했다. 뒤이어 유럽과 미국의 의사들이 널리 받아들였고, 이로부터 의사들은 근무할 때 원래 입었던 검은색 정장을 버리고, 점차 흰색 가운을 입게 되었다.

그런데 왜 이런 변화가 생기게 되었을까? 호츠버그는 두 가지 사실을 그 원인으로 들었다.

첫째, 의사들이 실험실의 과학자를 모방한 것이었다. 18, 19세기의 과학자들은 실험실에서 일할 때 몸에 불결한 물질이 묻는 것을 피하려고 흰색 가운을 걸쳤다. 그런데 과학자들이 흰색 근무복을 선택한 이유는 사실 '공정함 candor'과 관계있다.

'candor'는 공정, 공평을 뜻하는데, 그 원뜻은 '진리 truth'다. 이 글자의 기원은 라틴어의 'candidus'로, 원래는 흰색을 가리켰는데, 이는 로마제국 때의 공무원들이 흰색 외투를 입었던 데서 유래한다. 실험실에서 일하는 모든 과학자의 업무는 원래 사물의 '진리'를 탐구하는 것이므로, 흰색 가운을 근무복으로 택하게 된 것은 자연스러운 일이었다. 오늘날의 실험실에서도 이런 전통은 변하지 않고 전해 내려온다. 여기서 꼭 알아두어야 할 것은, 20세기 이전에는 과학자의 지위가 의사보다 훨씬 높았으며, 사람들의 존경을 훨씬 더 많이 받았다는 사실이다.

둘째, 19세기의 영국 의사 리스터Lister가 처음으로 수술할 때 소독하는 조치를 취한 것과 관계있다. 항생제가 아직 발견되지 않았던 당시에 그의 이런 조치 덕분에 수술 중에 감염되는 일이 많이 줄어들었다. 사람들은 이로 인해 청결이 중요하다는 사실까지 알게 되었는데, 복장의 색깔 가운데 '깨끗함'과 '오염되지 않음'을 가장 잘 표시해주는 것이 바로 흰색이었으므로, 근무 중에 깨끗한 흰색 가운을 입게 된 것이다. 이렇게 흰색 가운은 소독과 청결 조치에 아무 문제가 없음을 보여주어 사람들을 더욱 안심시킬 수 있었다.

호츠버그가 고증한 바와 같이, 의사들은 자신의 이미지를 끌어올리기 위해 실험실의 과학자들을 모방해 흰색 가운을 근무복으로 삼은 것이었다. 그런데 도대체 어떤 과의 의사들이 처음으로 흰색 가운을 입고 일했을까? 나는 아주 자랑스럽게 그 답을 말할 수 있다. 답은 바로 외과 의사다. 20세기 초기에 이미 외과 의사들은 수술할 때 원래 입었던 검은색 옷을 입지 않고 흰색 가운을 걸쳤다는 사실을 많은 자료에서 찾아볼 수 있다.

여기까지 쓰다 보니 자랑스럽지 않을 수 없다. 의사들이 '흰색 가운'을 근무복으로 삼게 된 것은 어디까지나 외과 의사가 시작하지 않았는가. 그리고 의학이 시대와 더불어 발전하면서 앞서 가던 다른 과학 발전의 발걸음을 따라잡게 되었고, 이전의 부정적인 인상에서 벗어나 오늘날 누구나 부러워하는 직업으로 변하게 된 것 역시 흰색 가운을 입은 다음부터가 아닌가. 그렇기 때문에 지난 세기의 90년대에 미국 컬럼비아 대학의 의사 아널드 골드Arnold Gold는 처음으로 의과대학 졸업생들을 위해 흰색 가운을 입는 의식White Coat Ceremony을 거행했던 것이다. 이 의식에서는 졸업생들이 직장에 발을 들여놓으면 환자를 부모와 친지처럼 대하는 마음을 가지라는 뜻에서, 앞으로 의사가 될 의대 학생들에게 (때로는 의사와 의사 보조직까지 확대해) 스승들이 흰색 가운을 걸쳐주는 순서가 있는데, 이 얼마나 뜻깊은 의식인가!

이렇게 말하고 보니 나도 모르게 내가 입고 있는 흰색 가운 앞에 겸허해진다. 흰색 가운이 지닌 역사적 의의는 과학 발전의 발자취라고 할 수 있을 것이다.

심장이식 수술을 한 정원사

어떤 외과 조수는 학력은 낮아도 전문성은 만만치 않았다

여러 병원에서 인터넷에 올린 '외과 조수' 초빙 광고를 볼 때마다 마음속에 많은 생각이 교차한다. 현재 타이완에서 요구하는 외과 조수의 조건은 반드시 간호사 자격이 있어야 한다는 것이다. 일부 병원이 정한 규정은 더 엄격해, 반드시 '외과 전문 간호사' 시험에 합격한 사람이어야 이 업무를 맡을 수 있다. 의료법이 정한 규정에 맞추기 위해서다.

하지만 1995년 전국민의료보험이 시행되기 전으로 돌아가면, 의료인과 간호사가 그다지 충분하지 않았던 시절에 사실은 엄청나게 많은 '의료적 배경'이 없는 사람들이 외과 조수 노릇을 했다. 나는 이런 이야기를 들은 적이 있다.

20여 년 전, 당시 인턴을 할 때였다. 처음 응급실에서 당직을 서게 되었는데, 운 좋게도 환자의 상처를 봉합할 기회가 주어졌다. 나는 젖먹던 힘까지 다하여 5센티미터가 좀 안 되는 상처를 거의 10분에 걸쳐 처치했다. 하지만 깔끔하게 봉합되지 않은 게 아닌가. 함께 당직을 섰던 선배가 실을 모두 잘라내더니 내게 다시 봉합하라고 했다. 선배는 다시 처치한 결과가 마음에 들지 않았던지 내게 더 이상의 기회를 주지 않고 아예 자신이 다시 봉합했다.

상처를 처치할 수 있는 기회가 처음 주어졌는데 처치를 잘하지 못했으니 얼마나 염치없고 속상했겠는가. 하지만 선배는 조금도 꾸짖지 않고 오히려 위로의 말을 해주었다.

"외과는 공부하는 것하고는 달라. 공부를 열심히 했다고 수술을 잘할 수 있는 것은 아니야. 외과 수술은 타고난 자질이 있어야 하고 그 위에 반복적인 연습이 필요한 거야."

내 자괴감을 덜어주는 동시에 자신의 말이 옳다는 것을 증명이라도 하려는 듯, 선배는 자신이 직접 겪은 이야기를 해주었다.

선배는 일과 후에 비밀리에 한 개인 종합병원 응급실에서 대진代診을 했었다. 찢어진 상처를 봉합하는 일은 항상 외과 조수가 했기 때문에 선배는 응급환자를 돌보는 데 전념할 수 있었다.

"그 사람들 상처를 봉합하는 솜씨가 얼마나 빠르고 깔끔한지, 나보다 훨씬 낫더라고. 그런데 말이야, 그 사람들 다 짝퉁이었다는 사실을 혹시 알고 있나? 심지어 어떤 사람은 중학교 학력밖에 안 되는데 십여 년의 외과 조수 경력을 가지고 있더라고."

선배는 당시 의료계의 알려지지 않은 놀라운 사실 가운데 하나를 이야기해주었고, 나는 덕분에 견문을 더욱 넓힐 수 있었다. 의료보험이 시행된 후로 점차 정식 의사들과 간호사들이 투입된 덕분에 타이완의 의료 환경은 옛날과는 비할 수 없을 정도로 큰 변화가 생겼다. 앞에서 이야기한 언짢게 만드는 상황은 이제 크게 개선되었다.

그런데 사실은 이처럼 드러나서는 안 될 외과 조수가 일찍이 타이완에만 있었던 것은 아니다. 심지어 세계 최초의 심장이식 수술이 시술될 때에도 이런 인물이 출현했으니까 말이다. 하지만 당시의 그 외과 조수는 만천하에 드러나 모든 사람이 알게 되었는데, 그는 바로 후에 전설적인 인물이 된 해밀턴 나키Hamilton Naki였다.

1967년 12월 3일, 남아프리카공화국의 의사 크리스티안 바너드Christiaan Barnard는 사람에게 최초의 심장이식 수술을 시술해 세계의 주목을 받았다. 당시 외과 조수였던 나키는 흑인이었는데, 신문에서는 바너드의 외과 팀을 소개하면서 인종격리정책에 따라 보도사진에서 나키를 빼버렸다. 당시 흑인은 절대로 백인을 상대로 의료 서비스를 제공해서는 안 되기 때문이었다.

나키는 원래 남아프리카공화국의 어느 시골에서 올라온 시골뜨기로, 바너드가 근무하는 병원에서 정원사로 일하고 있었다. 그런데 병원의 일손이 부족하자 외과 의사들이 그를 동물실험실로 보냈다. 그의 손재주가 뛰어나다는 것을 안 바너드는 그를 심장이식 수술 팀으로 데려갔다.

전해오는 말에 따르면, 당시 바너드는 미국에서 심장이식 기술을 배워서 돌아왔는데, 나키는 즉시 이 기술의 요체를 완벽하게 파악했을 뿐만 아니라, 바너드를 위해 더 발전된 방법을 연구해냈다. 특히 최초의 심장이식 수술이 시술될 때, 나키는 심장 기증자였던 데니스 다발Denise Darvall 양의 심장을 완벽하게 적출해 바너드에게 넘겨주어, 수혜자인 루이스 워시칸스키Louis Washkansky에게 이식 수술을 할 수 있도록 했다.

물론 이런 이야기는 정부 당국의 문서에 의해 증명되거나 바너드 본인의 입을 통해 증명된 것은 아니다. 하지만 바너드는 나키를 '심장이식 수술 분야의 위대한 연구자'라고 평하며 칭찬을 아끼지 않았다.

바너드의 심장이식 수술 팀을 떠난 나키는 병원의 동물실험실을 주관하면서 또 하나의 수술에 대해 연구했는데, 그것은 다름 아닌 간이식 수술이었다. 그뿐만 아니라 그는 이 병원의 많은 외과 의사를 훈련시켜 뛰어난 의사로 만들었다. 로즈마리 히크먼Rosemary Hickman, 델 칸Del Khan 등과 같은 의사들이었다.

그러나 나키는 학력이 없었기 때문에 시종 막후에서 활동할 수밖에 없었다. 사실 나키는 2002년에 케이프타운 대학University of Cape Town에서 명예석사 학위를 받긴 했지만 끝까지 그에 상응하는 존경을 받지 못했고, 결국 정원사의 신분으로 퇴직했다.

이런 이야기를 하는 것은, 외과도 다른 과와 다름없이 도제제도로

운용되며, 타고난 자질만 필요한 것이 아니라 반복적인 연습이 필요하다는 말을 하고 싶어서다. 아무리 높은 학위를 받은 외과 의사라고 하더라도 수술 솜씨는 학력과 정비례하는 것은 아니기 때문이다.

질병 수호신

치질에도 수호신이 있다

나라의 정서와 신앙의 차이인지 몰라도, 중국에서는 도의를 위해 목숨을 바치거나 민중의 행복을 위해 기꺼이 자신을 희생한 사람들이 신으로 승격된다. 그리고 그들을 위해 사당을 만들고 제사를 올리는 향과 등불, 촛불이 끊이질 않는다. 그뿐만이 아니라 그 신에게 간절히 빌면 응분의 복을 받는다고들 믿는다. 그리고 이렇게 해서 감응을 받아 염원이 이루어지면 입에서 입으로 전하며 칭송해 마지않는다. 이렇게 해 신들에 대한 전설은 계속된다.

하지만 서양에서는 이런 사람들이 성인聖人으로 봉해져도 중국의 신처럼 소원을 빌어도 들어주지 못한다. 다만 희생이나 도의를 위해 목숨을 바친 방식이 다르기 때문에 특정 질병의 수호성인이 된다.

예를 들면, 로마제국 시대에 아폴로니아Apollonia는 병사들에게 이가 다 부러지도록 맞으면서도 기독교 신앙을 버리라는 협박에 죽을지언정 굽히지 않았다. 그녀는 성 아폴로니아Saint Apollonia로서 치아의 수호성인이 되었고, 그 후 신도들은 치통이 생기면 그녀의 가호를 빌었다. 예수그리스도의 외할머니, 즉 성모마리아의 어머니 안나Anne와 그녀의 남편 요아킴Joachim은 결혼한 지 몇 년이 지나도록 아이가 없었다. 하지만 천사가 임신할 것이라는 소식을 전했고, 그녀는 이런 신의 뜻에 대해 흔들리지 않는 믿음을 보였다.

그래서 그녀는 성인으로 봉해진 후 불임 여성의 수호성인이 되었다. 〈루가복음〉의 저자 루가Luke는 기독교로 개종한 최초의 의사였으니 환자들의 수호자가 된 것은 당연한 일이었다. 수술을 받을 사람들은 모두 루가 성인의 도움을 받아 힘든 시기를 넘길 수 있도록 해달라고 기도한다.

성인으로 봉해진 예는 일일이 열거할 수 없을 정도로 많고, 이에 대한 사적事跡과 수호 항목도 헤아릴 수 없이 많다. 그중 독자 여러분과 함께 나누고 싶을 만큼 특별히 흥미를 끄는 한 성인이 있는데, 바로 성 피아크르Saint Fiacre의 사적이다.

성 피아크르는 아일랜드 사람이었다. 그는 7세기경에 천리 머나먼 곳인 파리 근처의 모Meaux에 가서 당시의 교구 주교였던 파로Faro(그도 나중에 성인으로 봉해졌다)에게 의탁했다. 피아크르는 수도원을 세우는 것을 자신의 사명으로 여겼으며, 이런 사실을 주교에게 고백했다. 파로 주교는 그가 바라는 것을 이루어주겠다며 어려운 문제를 하나 냈다. 파로 주교는 그에게 작은 삽 하나를 주며 흙을 고르고 땅을 갈라고 했다. 그러면서 하루 동안 고른 땅 면적 규모의 수도원을 세워주겠다고 했다.

이 이야기의 결말에는 두 개의 판본이 있다.

첫 번째 판본은 다음과 같다. 땅을 고르기 시작한 피아크르는 겨우 조그만 고랑밖에 파지 못했는데도 이미 지쳐서 더 이상 지속할 수가 없었다. 하지만 그의 신앙은 조금도 흔들리지 않았다. 그런데 전혀 생각지도 않은 일이 일어났다. 삽이 저절로 움직이더니 고랑으로 둘러싸인 땅을 고르는 것이 아닌가. 이렇게 해서 피아크르는 일을 마칠 수 있었고, 주교는 약속을 지켜 그곳에 수도원을 세워주었다.

다른 판본의 내용은 아주 흥미롭다. 피아크르는 삽으로 땅을 고르는 일이 얼마나 힘들었던지, 치핵이 항문 밖으로 튀어나왔다. 그는 고통을 참기가 너무 어려워 돌 위에 앉아 자신의 통증을 줄여달라고 천주님께 기도를 올렸다. 기도를 마치고 나자 그가 앉았던 돌 위에 치핵이 떨어져 있었다. 그 후로 그는 더 이상 치질 때문에 고통 받지 않게 되었다.

중세에는 이 전설의 영향을 받아 치질을 '성 피아크르의 저주Saint Fiacre's Curse', 혹은 '성 피아크르의 무화과 Figs of Saint Fiacre'(치핵이 항문 밖으로 튀어나온 모양이 무화과 같아서 그렇게 부른 듯하다)라고 불렀다. 성 피아크르가 치질의 수호성인이 되었음은 물론이다.

오늘날 '치질'의 영어 명칭인 'hemorrhoids'는 그가 죽고 600년 후인 1398년에 이르러서야 널리 사용되었다.

성 피아크르의 기적은 이뿐만이 아니었다. 십자군 전쟁 때, 병에 걸린 많은 신도들이 성지순례를 할 때 성 피아크르가 세운 수도원을 순례길에 집어넣었는데, 이로부터 그는 여러 질병의 수호성인이 되었다. 기생충 감염, 신장 결석, 종양, 피부질환 등을 앓는 신도들이 이 수도원에 왔다 간 뒤에 병이 많이 호전되었다고들 한다. 하지만 잊지 말아야 할 사실도 있다. 매독은 전쟁을 통해 유럽으로 전해진 성병인데, 이 역시 성 피아크르의 관할 아래 있다.

또 한 가지 재미있는 사실은 성 피아크르가 한때 파리의 마차부들의 수호성인이었다는 것이다. 1650년에 파리에 성 피아크르라는 이름의 여관이 있었는데, 그 여관에서 사용한 삯마차를 피아크르Fiacres(소형 사륜마차)라고 했다. 결국 종교적 조장으로 성 피아크르는 마차부들의 수호성인이 되었다. 그 후 오늘날까지 프랑스의 택시 운전사들은 성 피아크르를 자신들의 수호신으로 삼고 있다. 그런데 지금까지도 교회의 정식 승인을 받지는 못했다고 한다.

나는 천주교 신자가 아니지만, 성 피아크르 이야기를 쓰면서 비웃거나 모독하는 마음을 가지지 않았고, 오히려 신앙의 힘이 위대하다는 것을 느꼈다. 이런 점은 중국이나 서양이나 마찬가지일 것이다. 그렇기 때문에 타이완에서도 이런 장면을 볼 수 있는 것이다. 타이중臺中 다자大甲의 란궁瀾宮에서는 해마다 마조媽祖(중국 남부의 연해 지역을 중심으로 민간에서 믿고 있는 바다의 여신-옮긴이주)께 향을 피우고 제사를 올리면서 가장행렬을 한다. 그때 많은 신도가 마조의 은총을 받으려고 가마가 지나가는 길목에 드러눕는다. 그중에는 숨이 간당간당한 사람들도 있다. 이들은 마조의 보우를 받아 병이 쾌차하기를 간절히 바라는 것이다.

지혜로운 의사

자신의 한계를 알아야 의사로서 무한한 경험의 세계를 개척할 수 있다

《세설신어世說新語》의 〈배조排調〉편에 학문을 과시하는 이야기가 나오는데 자못 흥미롭다. 이야기의 주인공은 환온桓溫의 참군參軍을 지낸 학륭郝隆이다. 그가 7월 7일, 집 밖으로 나와 볕 아래 누워 있자 어떤 사람이 그 까닭을 물었다. 그는 이렇게 대답했다.

"내 배 속에 있는 책을 말리는 중이라오."

위진남북조시대에 7월 7일은 책에 좀이 스는 것을 막기 위해 집집마다 집 안에 소장해둔 책을 꺼내 햇볕에 말리는 날이었다. 당시 부유한 사람들은 학문을 좋아하지도 않으면서 책을 많이 사 집 안을 장식하기 좋아했다. 그리고 책을 말리는 날이 되면 집 안에 있는 책을 모두 꺼내 말렸다. 책이 많은 만큼 자기 학문이 고매하다는 것을 다른

사람에게 자랑하기 위해서였다. 하지만 가난한 서생은 배 속에 경륜이 가득해도 부자들처럼 허세를 부릴 수가 없었다. 그래서 학륭은 짐짓 자신을 기인처럼 꾸며 별 아래 가로누웠던 것이다. 그의 이런 도전은 세상의 불합리함에 대한 분개와 증오의 표시였다.

학륭 이야기를 하다 보니 16세기 유럽의 의사 한 사람이 생각난다. 그가 자신의 학문을 과시한 정도는 학륭에 못지않았으며, 심지어는 그보다 더하면 더했지 못하지 않았다. 그는 바로 연금술사, 점성술사, 내과와 외과 전문의를 한 몸에 겸한 파라켈수스Paracelsus다. 그는 스위스의 한 의사의 아들이었는데, 자신이 고대 로마의 의사 켈수스Celsus보다 더 위대하다고 생각해, 이 이름을 자신의 별칭으로 삼았다.

파라켈수스가 어떻게 의사 자격을 가지게 되었는지에 대해서는 역사에 상세히 기록되어 있지 않다. 알려진 것이라고는 그가 스위스의 바젤 대학 University of Basel 에서 유명해졌다는 사실이다. 그는 그곳에서 의학을 강의할 때 당시의 풍조에 따라 라틴어로 강의하지 않고 통속적인 독일어로 가르쳤다. 자연 부정적인 평가를 받을 수밖에 없었다. 그런데 그가 사람들에게 깊은 인상을 심어준 일은 학륭처럼 뜨거운 햇볕 아래 배를 말린 것이 아니라, 당시 의학의 대가로 공인된 갈레노스Galenos와 아비센나Avicenna의 의서들을 많은 사람이 지켜보는 가운데 불에 태워버린 행위였다.

그의 미친 짓거리는 책을 태운 데에서만 그친 것이 아니었다. 그는 자신이 옛날에 연금술사에게 배운 기교를 수업에 써먹었고, 이발사와 약제사를 교실로 초청해 학술 강연을 하도록 했다. 의사는 교과서에 있는 학문만 공부해서는 안 되고 외과 의사의 기술이 있어야 하며(당시의 외과 의사는 이발사를 겸했다), 동시에 각종 약물에 대한 기본 학리를 잘 알아야 비로소 완벽한 의사가 될 자격이 있다고 생각했기 때문이었다.

그의 행위는 당시로서는 대단히 독창적이었다. 그가 살던 시대에 내과 의사는 교과서를 읽으며 깊이 연구하는 데 중점을 두었으며, 환자의 혈액을 불결한 것으로 보았다. 외과 의사를 겸하고 있는 이발사는 저속하기 짝이 없었고, 기술의 계승만 중시하고 질병의 원리는 알려고 하지 않는 촌뜨기들이었다. 그래서 그는 의사를 양성할 때는 내과와 외과를 겸해 배워야 한다고 생각했던 것이다. 그는 정말로 갈레노스가 유럽의 의학계에서 일인자로 군림한 이후에 나온 가장 뛰어난 사람이었다고 할 수 있었다.

파라켈수스의 또 하나의 독창적인 견해는 각종 금속 광물과 그 화합물을 환자의 치료에 이용한 것이었다. 그래서 그는 오늘날 의료 화학의 아버지로 알려져 있다. 그가 연금술에 대해 내린 중요한 결론은 이렇다.

> 연금술은 황금을 정련해내는 현자의 돌philosopher's stone을 찾는 것이 아니라 인체의 건강에 유익한 의약품을 제조하는 것이다(현자의 돌은 중세의 연금술사들이 모든 금속을 황금으로 만들고 영생을 가져다준

다고 믿었던 상상 속의 물질이다-옮긴이주).

그는 또한 광물 분야를 깊이 연구하면서, 많은 사람이 금속과 접촉하다가 질병을 얻었다는 사실을 관찰해냈다. 그래서 그를 '직업병'을 처음 발견한 사람으로 보기도 한다.

파라켈수스는 7,500쪽에 달하는 필생의 저작을 남겼지만, 생전에는 크게 인정받지 못했다. 게다가 바젤 대학에 임용된 지 겨우 2년 만에 해임되었으며, 그 후에는 여러 곳을 떠도는 돌팔이 의사가 되고 말았다. 그의 저서에서는 외과 의사가 반드시 갖추어야 할 조건을 다음과 같이 말했는데, 나 역시 이에 동의한다.

> 의학의 근본은 사랑이다. 그러므로 모든 사람이 의사 일에 적합한 것은 아니다. 모든 외과 의사는 반드시 세 가지 특질을 가지고 있어야 한다. 첫째는 자신이 보통 사람일 뿐이라는 것을 알아야 한다. 둘째는 자신도 환자와 다름없다는 것을 알아야 한다. 셋째는 자신의 일을 예술로 보아야 한다. 의사는 자신이 보통 사람이라는 것을 알아야 스스로를 만물박사로 착각하지 않고, 모든 일을 완벽하게 해낼 수 있다. 그리고 돈만 있으면, 혹은 공부를 잘해서 학교에 진학해 교육만 받으면 외과 의사가 될 수 있다고 생각하지 않게 된다.

이런 생각은 나의 경우, 의사가 되고 나서 몇 년 후에 비로소 느끼게 된 것이었다. 의사는 자신의 한계성을 알아야 의사로서 무한한 경험의 세계를 개척할 수 있다.

그는 또 외과 의사들에게 다음과 같은 양심적인 건의를 했다.

> 당신은 매일매일 일하면서 자신만의 경험을 얻어야 하는 동시에, 다른 사람의 경험도 얻어야 한다. 당신이 아무리 지혜롭고 경험이 풍부하다고 해도 언젠가 당신의 지식이 환자들에게 아무런 도움이 되지 못한다면, 고통을 당하는 사람은 환자들만이 아니라 당신 자신도 포함되기 때문이다.

책을 불살라 자신의 학문을 자랑하던 사람이 이런 양심적인 인식을 가지고 있었다니 나로서는 상상이 되지 않는다. 과연 동일 인물에게 이런 상반된 행동과 생각이 나올 수 있단 말인가! 하지만 아마도 이런 '자신의 부족함을 정확히 아는 지혜'가 있기 때문에 그 당시 의사들의 무지와 한계를 통찰할 수 있었으며, 뒷날 주변 사람들이 이해할 수 없는, 조금도 거리낌 없이 자신만의 모습을 보여주었을 것이다.

의사의 파업과 사망률

의사가 파업하면 환자의 사망률이 떨어질까?

중국 학자 천수전陳樹楨이 지은 《동종요법同種療法》(중국어 책명은 '순세요법順勢療法')을 보면 재미있는 이야기가 나온다.

1967년 미국의 로스앤젤레스에서 의사들이 의료사고 보험액 인상에 대해 불만을 품고 파업했을 때, 시 전체의 환자 사망률이 18퍼센트 낮아졌다. 그런데 캘리포니아 주립대학교 의대 교수이자 의사인 밀턴 뢰머Milton Roemer가 시내 17개 병원을 조사한 후 쓴 보고서에 따르면, 파업 기간 동안 모든 병원에서 수술이 평균 60퍼센트 줄었다. 동일한 상황이 이스라엘에서도 발생했다. 1973년 전국의 의사들이 무려 한 달 동안 파업했는데, 당시 예루살렘 장례협회의 통계에 따르면 그달 전국의 사망자 수는 50퍼센트가 줄었다. 1983년 이스라엘 의사들이 또다시 85일 동안 파업했는데, 이 기간 동안 전국의 사망자 수는 50퍼센트 줄었다.

이 글을 보면서 처음에는 상당히 놀라, 즉시 의학 학술지 인터넷 웹 사이트인 펍메드PubMed에 들어가 자료를 찾아보았다. 천수전의 저서에 인용된 보고서의 내용은 거짓이 아니었고, 결코 주의를 끌거나 인기를 얻으려고 깜짝 놀랄 만한 이야기를 지어낸 것이 아니었다. 1983년 이스라엘 의사들의 파업 기간에 슬레이터Slater 역시 유사한 연구를 했으며, 영국의 의학 잡지《랜싯》에 이를 게재했다.

통계 전문가들은 설령 밥 먹고 할 일이 없다고 하더라도 굳이 연구할 필요가 없을 것 같다. 그저 의학 학술지에 발표된 통계와 관련된 글을 모아 분석하면 놀랄 만한 결론을 만들어낼 수 있으니 말이다. 나는 펍메드를 검색하다가 눈에 띄는 자료를 하나 찾아냈다. 바로 2008년에 학자인 커닝햄Cunnigham이《사회과학과 의학Social Science & Medicine》학술지에 발표한 의사 파업에 관한 장기 분석 보고서였다.

커닝햄은 1976년부터 2003년까지 발표된 의사 파업에 관한 모든 논문을 찾아 분석했다. 논문은 총 156편이었고, 의사들의 파업 일수는 9일부터 17주까지 각각 달랐다. 커닝햄은 여기에서 의사의 파업 기간 동안 환자의 사망률이 대부분 줄었으며, 일부 지역에서는 의사들이 파업을 중지하자 사망률도 따라서 올라갔다는 놀라운 사실을 발견했다.

위의 자료가 의미하는 것은 무엇일까? 아마 이 자료를 보고 난 후의 느낌은 사람마다 다를 것이다. 예를 하나 들어보자.《의행천하醫行天下》의 저자이자 '대체 요법'의 보급에 앞장서고 있는 중국의 샤오훙츠蕭宏慈 선생은 자신의 저서에서 서양 의술의 암 치료 상황에 대해 다음과 같이 묘사했는데, 그의 이런 관점은 그야말로 세상을 깜짝 놀라게 할 만한 것이었다.

이런 상황에서 암 환자는 완전히 난도질당하는 도마 위의 생선이나 고기 신세가 되어, 병원에서 시키는 대로 치료를 받아야 한다. 약물 치료든 방사선치료든 환자는 무조건 다 받아들여야 한다. 만약 병원에서 더 많은 서양의학 자료와 전문용어 그리고 수술 후의 심각한 결과를 꺼내들어 환자에게 겁을 준다면, 환자들은 마음이 더욱 편치 않을 테고, 어떤 환자는 놀란 나머지 며칠 안에 황천길로 가게 될 것이다. 환자의 절반 정도가 놀라서 간담이 떨어져 죽는다고 누군가 말한 적이 있다. 그런데 사실을 말하자면 반이 넘는다. 그리고 나머지 반이 안 되는 사람들은 의사들이 치료한답시고 진료하다가 결국 죽이고 만다.

의사들이 출근하면 암 환자의 사망률이 더 높아진다는 샤오 선생의 견해에 논란의 여지가 있는지에 대해서는 잠시 따지지 않기로 하자.

하지만 슬레이터나 커닝햄 같은 사람들이 자료를 정리한 후 내린 결론은 의사인 내가 볼 때 문제가 있다.

먼저 아주 간단한 개념을 가지고 설명해보자. 의사들이 파업하는 기간에는 파업을 원치 않는 의사나 혹은 파업의 공백을 지원하기 위해 나온 임시 대체 인력이 출근해 치료를 담당하는데, 이들은 상대적으로 보수적인 치료법을 쓸 수밖에 없다. 그리고 모든 학술 잡지에 실린 자료에서 공통적으로 볼 수 있듯이 파업 기간에는 수술을 받는 사람의 수가 줄어든다. 상식적으로 판단해봐도 수술이 연기되거나 취소된 이상, 의사 역시 자연 안전을 강구하고 화를 초래하는 짓은 하지 말아야겠다는 심리 상태에서 진료하게 되므로 환자의 사망률이 당연히 낮아지는 것이다. 그리고 난이도가 높은 수술의 경우에는 인력 부족으로 할 수 없게 되므로, 양심적인 의사는 자신을 위해 그리고 환자를 위해 수술을 조금 뒤로 미룰 것을 고려한다.

나의 이런 논점은 2012년에 나온 《남아프리카 의학 저널_South African Medical Journal_》에 실린 〈남아프리카 폴로콰네 병원_Polokwane Hospital_ 의사들의 파업에 관한 연구〉라는 글에서 실증된 것이다.

2010년 8월 18일에서 9월 16일까지 폴로콰네 병원의 의사들이 20일간 파업을 했다. 외과 의사인 부이얀_Bhuiyan_이 정리한 자료에 따르면, 이 기간 동안 환자의 사망률은 낮아졌지만, 응급 진료를 받아야 하는 환자의 숫자만 가지고 본다면 이들의 사망률은 오히려 증가했다. 그리고 입원 환자 총수(파업 기간에는 줄었음)와 사망률과의 관계를 놓고 본다면 입원 환자의 사망률은 상승했다. 이를 통해 부이얀은 '의사의 파업은 의료의 질에 중대한 영향을 미친다'는 중요한 결론을 내렸다.

나는 이런 말을 하고 싶다.

"바보야, 문제는 질이야. 파업이 아니라고!"

페레즈의 셀프 제왕 절개

아이를 위해 엄마는 고통을 참으며 자신의 복부를 절개했다

아내는 처갓집의 막내딸로 태어났다. 막내딸이라고 하니 아마 어떤 사람의 눈에는 아내가 응석받이로 귀하게 자란 사람으로 보일 것이다. 사실 아내는 원래 밥도 반찬도 할 줄 몰랐고 자전거도 탈 줄 몰랐으며, 운전도 할 줄 몰랐다. 게다가 시간관념마저 없어서 결혼 전에는 항상 약속에 늦게 나왔다. 더구나 자신은 별 취미도 없고, 쉬는 날이면 해가 중천에 뜨도록 늦잠을 잔다고 시시콜콜 자랑 아닌 자랑을 해댔다.

하지만 나와 결혼하고 두 아이의 엄마가 되고 나서 아내는 백팔십도로 변했다. 주방에 들어가 음식을 만드는 것은 기본이고 운전면허를 따 스쿠터로 아이들을 등교시킨다. 더 대단한 것은 아이들의 알람

시계와 메모장이 되어 매일 아침 시간에 맞춰 아이들을 깨우고, 학교에서 학부모에게 보내는 알림장을 검사하고, 아이들이 잊어버리고 두고 간 물건은 없는지 살핀다는 사실이다. 한번은 큰아이의 천식이 발작하자 아내는 초저녁 야근을 막 마치고 돌아온 상황에서도 조금도 피로한 기색을 드러내지 않고 밤새도록 아이가 가래를 뱉을 수 있도록 가슴과 등을 두드려주었다. 그리고 아이가 수증기를 마실 수 있도록 계속 조치하다가 결국 더 이상 방법이 없자 병원에서 숙직하고 있는 내게 연락을 한 적이 있었다. 나는 이 일을 잊지 못한다.

'위모즉강爲母則强'(어머니가 되면 강해진다)이란 네 글자로 아내의 변화를 묘사하는 것에 대해 독자 여러분들도 분명 동의하리라 믿는다. 여성들은 일단 자기 아이가 생기면 마음속 깊은 곳에 있던 모성이 꿈틀대며 살아 올라온다. 그래서 자신이 애지중지하는 자식을 위해서라면 어떤 어려움과도 용감하게 맞서는데, 이것이 바로 모성애의 위대한 면이다.

모성애가 극치에 달하면 왕왕 상상하지 못한 힘이 나오기도 한다. 다음 이야기는 산부인과 의사인 호노리오 갈반Honorio Galvan과 지저스 구즈만Jesus Guzman이 《세계 산부인과 저널International Journal of Gynecology and Obstetrics》 2004년 3월호에 게재한 내용이다. 독자 여러분도 이 내용을 보면 이보다 더 놀라운 일은 있을 수 없다고 생각하게 될 것이다.

이야기의 주인공은 마흔 살의 이네스 페레즈Ines Ramirez Perez라는 여성이다. 일이 터졌을 당시 그녀는 멕시코 남부의 고산지대에 살고 있었다. 가장 가까운 병원은 그녀의 집에서 80킬로미터나 떨어져 있었다. 그야말로 의료 사각지대였다.

이미 여섯 아이의 어머니인 페레즈는 배 속에 일곱 번째 아이를 밴 만삭의 몸이었다. 2000년 3월 5일 오후, 해산이 임박했는지 진통이 시작되었다. 어찌해볼 방법도 없는 상황에서 열두 시간이나 진통으로 시달렸지만 아이는 도통 나올 생각을 하지 않았다. 그러자 그녀는 덜컥 겁이 나기 시작했다.

그녀는 사실 지난번 임신 때인 3년 전에 불행한 경험을 한 적이 있었다. 아이가 나올 생각을 하지 않아 아주 고통스러운 분만 과정을 거치는 동안, 결국 태아가 배 속에서 죽고 말았던 것이다. 그녀는 이번에도 아이가 순조롭게 태어나지 못하게 될까 봐 몹시 초조했지만 도와줄 사람이 아무도 없었다. 더럽게 운이 없게도 마침 그녀의 남편은 술집에서 술을 마시고 있었는데, 집이고 술집이고 모두 전화가 없어 연락을 할 수가 없었다. 그녀는 복중에서 난산으로 인해 고통을 겪고 있을지 모르는 아이에게 자신의 힘으로 한 가닥 활로를 열어주어야겠다고 결심했다.

페레즈는 독한 술 몇 모금을 마신 후, 길이가 15센티미터나 되는 칼을 준비했다. 그리고 거실의 나무 의자에 단정하게 앉았다. 3년 전의 악몽을 되풀이하지 않고 배 속의 아이를 살리기 위해 자기 손으로 '제왕 절개'를 하기로 한 것이다.

오직 전구의 희미한 불빛에만 의존해 그녀는 칼로 자신의 복부를 무려 17센티미터나 갈랐다. 그러고는 태아가 다치지 않게 조심스럽게 자궁을 절개했다. 드디어 태아가 보였다. 그녀는 이 사내아이를 젖 먹던 힘을 다해 끄집어냈다. 그리고 옆에 미리 준비해둔 가위를 들어 탯줄을 잘랐다.

당시 그녀는 죽을 만큼 고통이 심했고 몸도 매우 약해져 있었다. 그녀는 어쩔 수 없이 한밤중에 여섯 살 된 아들을 밖으로 내보내 도움을 요청하도록 했다. 몇 시간 후에 마을의 의료 보조원이 왔다. 거실 바닥에 유혈이 낭자한 채로 쓰러져 있는 페레즈를 발견한 의료 보조원은 자동차로 두 시간 거리에 있는 병원으로 두 모자를 이송했다. 이렇게 해서 그녀는 지혈을 하고 상처를 봉합하는 수술을 받을 수 있었다. 자신의 손으로 제왕 절개 분만을 하고 열두 시간이 지난 후였다.

이는 인류 역사상 의학을 전공하지 않은 여성이 자기 손으로 제왕 절개 분만을 한 최초의 사례다. 4년 전 그녀는 한 대중매체와 인터뷰를 하면서, 다음과 같은 감동적인 말을 했다.

"정말 도저히 참을 수 없이 아팠어요. …… 그때 배 속의 아이가 잘못되었다면 아마 나도 살고 싶지 않았을 거예요. …… 내 아이가 잘 자라는 것을 보고 싶고, 끝까지 함께하고 싶어요. 하느님께서 우리 모자를 살려주셨다고 생각해요."

페레즈는 스스로 제왕 절개 분만을 하면서 자신의 손으로 자궁 속에서 끄집어낸 아이를 보았을 때, 꼭 살아야겠다는 의지가 자신도 모르게 솟구쳐 올랐을 것이다. 그래서 그녀는 그토록 긴 시간을 버틸 수 있었고, 결국 의료진에게 구출될 수 있었던 것이다.

나는 이 이야기를 아내에게 들려주었다. 그리고 아내를 한 번 떠보려고 자기 손으로 제왕 절개 분만을 할 수 있겠냐고 물었다(공교롭게도 나의 두 아이는 모두 제왕 절개 분만을 한 덕분에 순조롭게 이 세상에 나왔다). 아내는 내 질문에 직접적인 대답은 하지 않고 은근히 나를 감동시키는 한마디를 했다.

"나한테 그런 상황이 닥칠 일이 있겠어요? 내가 아이를 낳을 때는 모두 당신이 살뜰하게도 병원에 데려다주었잖아요. 남편이 술집에서 술이나 마시고 있거나, 사람을 찾을 수 없는 그런 터무니없는 일은 생길 수가 없죠."

참으로 듣기 좋은 아첨이 아닌가. 그야말로 공중에 붕 뜬 기분이었다. 아내의 이런 기지 역시 '위모즉강'을 증명해주는 또 하나의 예라고 할 수 있지 않을까?

사윗감 고르기

왕희지王羲之가 배를 드러내놓고 평상에 누워 있었던 이유

거리와 골목마다 가득한 가지각색의 건강식품들이 눈을 현혹하고 있는데, 이런 것들은 대부분 비타민이나 어유魚油이거나, 아니면 여러 가지 식물의 추출물들이다. 그 효과가 어떤지에 대해서는 참고할 만한 학술 논문이 많이 있기 때문에 여기서는 더 이상 언급하지 않겠다. 하지만 그 대신 더 재미있는 옛날의 건강식품 이야기를 하나 들려주겠다. 나는 최근 고사성어 '동상쾌서東床快婿'의 유래를 설명한 글을 읽었는데, 이를 통해 위진남북조시대의 일부 문인과 고상한 선비들 사이에서 유행한 건강식품에 대해 더 자세히 알게 되었다.

고사성어 '동상쾌서'는 《세설신어》의 〈아량雅量〉편에 나온다. 당시 태부太傅였던 치감郗鑒에게는 치선郗璿이라는 아주 예쁜 딸이 있었다.

치감은 왕도王導와 사돈을 맺고 싶어 특별히 자신의 제자를 왕도의 집으로 보내 왕씨 집안의 아들 중에서 사위를 고르게 했다.

당시 왕씨 집안에는 아직 결혼하지 않은 아들들이 여러 명이 있었는데, 왕도는 그중에서 하나를 지목하기가 어려웠던지 치감의 제자에게 다음과 같이 말했다.

"우리 아이들이 모두 동쪽 곁채[東床]에 있으니 직접 가서 보시게."

제자는 왕도의 지시에 따라 동쪽 곁채로 가서 왕씨 집안의 아들들을 살펴보았으나 자기 마음대로 결정할 수가 없었다. 제자는 왕도에게 작별 인사를 하면서, 집에 돌아가 선생님께서 결정하시라고 말씀드리겠다고 했다. 제자는 집에 돌아와 치감에게 보고했다.

"왕씨 집안의 자제들은 모두 훌륭했지만 사위를 찾는다는 것을 알고 있어서 그런지 모두들 위엄을 보이려고 애쓰는 모양새가 부자연스러웠습니다. 그런데 한 소년은 조금도 신경 쓰지 않고 평상에서 배를 드러내놓고 누워 있었습니다."

이 말을 들은 치감은 매우 기뻐하며 즉시 제자에게 예사롭게 배를 드러내놓았던 그 청년으로 정하라고 지시했다. 이 청년이 바로 서성書聖 왕희지였다.

이로부터 시작해 오늘날에도 다른 사람이나 자신의 사위를 말할 때 '동상쾌서'라는 말을 쓰는데, 바로 '왕희지가 동쪽 곁채에서 배를 드러내놓고 누워 있었다'는 옛일에서 유래한 것이다.

《세설신어》에서는 왕희지의 태도가 태연자약하고 자연스러웠다고 말하고 있지만, 한 역사학자의 추론에 따르면 왕희지는 당시 결코 표정이나 태도가 태연자약한 것이 아니었다. 그는 당시 문인들과 고매한 선비들 사이에서 유행하던 건강식품인 '오석산'을 먹었기 때문에 몸에 열이 올라 도저히 참을 수가 없어, 동쪽 곁채의 평상에서 옷을 벗고 허리띠를 끄르고 가슴과 배를 드러내 몸의 열기를 식히고 있었던 것이다.

오석산은 한식산寒食散이라고도 한다. 전해 내려오는 말에 따르면 후한後漢의 명의 장중경張仲景이 처음으로 만든 것으로, 종유석鐘乳石, 자석영紫石英, 백석영白石英, 유황硫磺, 적석지赤石脂 등 다섯 가지 주성분에 기타 보조 약재들을 넣어 처방한 것이다. 장중경은 원래 이 처방을 상한傷寒 환자(살모넬라 티피Salmonella typhi에 감염된 장티푸스 환자가 아니라, 한기로 인해 오한이 나는 환자를 말한다)를 치료하는 데 썼다. 이 약의 성질이 건조하고 뜨거워서 상한 환자에게 도움이 되기 때문이었다('상한'이란 중의학에서 외부 감각에 열이 나는 질병을 통틀어 이르는 말로, 장티푸스를 가리키는 용어로도 쓰인다-옮긴이주).

그런데 원래 약으로 쓰이던 오석산이 어떻게 해서 위진 시대의 문인들과 고매한 선비들 사이에 유행하게 되었을까? 역사 자료에 따르면 이런 현상은 당시 문인이었던 하안何晏에게서 비롯되었다. 그가 어느 날 장중경의 처방에 보조 약재들을 넣어 먹었더니 정신이 맑아지고 체력도 좋아졌다는 것이다. 그는 원래 여색을 밝혀 엽색 행각을 좋아했는데, 오석산을 먹은 후 정력이 더 세지는 것을 느끼게 되자 주변의 친구들에게 적극적으로 권했다고 한다.

후세 사람들의 연구에 따르면, 오석산을 복용한 후에는 마음이 쉽게 흥분되고 온몸에 열이 오르며, 피부의 촉감이 극도로 민감해져 차가운 음식물을 먹거나 옷을 벗고 알몸으로 있거나 운동을 해서 땀을 내는 방법으로 약기운을 날려야 한다. 이렇게 하는 것을 '산발散發'(발산시킴)이라고 하고, 발산시키기 위해 운동하는 것을 '행산行散'이라고 한다.

이러한 건조하고 더운 기운을 정상적으로 잘 발산하면 체내에 있던 질병이 뜨거운 열과 함께 몸 밖으로 나오게 되지만, 만약 잘 발산시키지 못하면 죽거나 살아도 산목숨이 아닌 상황이 된다. 그리고 발산을 위한 가장 효과적인 방법은 걷기 운동을 하는 것과 찬 음식을 먹는 것이다. 유일한 예외는 따뜻하게 데운 술이다. 전해오는 말에 따르면 서진西晉 시대 지도학의 대가였던 배수裴秀는 차가운 술을 마시다가 목숨을 잃기도 했다.

그러기에 위진 시대의 죽림칠현竹林七賢도 매일같이 함께 모여 세상의 예법에 얽매이지 않고 자기들이 하고 싶은 대로 행동하는 등, 세상사람들을 놀라게 할 만한 온갖 기행을 저질렀던 것이다. 그 이치를 놓고 판단해보면, 이들도 분명 오석산을 복용했을 것이다. 그리고 몸에 열이 오르니 참을 수가 없어 옷을 벗고 대나무 숲에서 나체 질주를 한 것이다. 게다가 술까지 마셔 아렴풋하게 취하니 자연히 주변 사람들의 눈을 전혀 의식하지 않게 된 것이다.

이런 상황들을 볼 때, 왕희지가 외부 사람이 와서 사위를 고르고 있는데도 이를 의식해 위엄을 보이거나 자중하지 않고, 오히려 평상에 드러누워 가슴과 배를 드러내놓고 자기 혼자 즐거워한 것은 오석산을 먹었기 때문이라는 역사학자들의 추론은 나름 일리가 있다.

만약 의사의 입장에서 이런 일을 어떻게 생각하느냐고 묻는다면, 사실 나는 좀 생각이 다르다. 이 글의 첫머리에서 오석산을 건강식품으로 간주한 것과는 달리, 오석산은 오늘날 타이완의 젊은이들 사이에서 유행하고 있는 케타민Ketamine(마취제이나 환각제로도 이용된다—옮긴이주)과 같은 것이라고 대답해도 지나치지 않을 것이다.

어떤 시대든 간에 생활에서 받는 스트레스에서 도피하는 방법은 다 비슷한 것 같다.

해독약과 만병통치약

만병통치약의 본래 용도는 치료가 아닌 해독이었다

나는 사춘기 내내 한 가지 문제로 심각하게 고민한 적이 있었다. 괴테의 베르테르처럼 갈팡질팡하며 방황하는 소년이 사랑을 얻지 못해 생긴 짝사랑의 아픔 탓이었다면 얼마나 좋았을까마는, 내 경우는 엉뚱하게도 얼굴에 가득한 여드름이 만들어낸 '청춘'의 고뇌 때문이었다.

내 얼굴의 여드름과 피부의 부스럼은 대대로 내려오는 집안 내력이었다. 아버지 대의 어르신들께도 모두 같은 문제가 있었는데, 나는 그보다 훨씬 더 심각했다. 심할 때는 두피에도 부스럼이 났다. 몇 차례 피부과를 찾아가 진찰을 받았는데 무슨 부스럼이래나 지루성 피부염이래나……. 하여튼 이런 병명들이 마치 낙인이라도 찍어놓은 것처럼 내 진료 기록부에 적혀 있었는데, 나중에는 스스로도 진단을 내릴 수 있을 정도였다. 항생제를 입에 달고 살다 보니 위궤양까지 생길 지경이었다. 게다가 병세가 좋아졌다 나빠졌다 하여 나 혼자만 근심 걱정 속에서 산 게 아니라, 어머니도 걱정이 이만저만한 게 아니었다. 어머니는 사춘기 소년이 겪는 괴로움을 덜어주고자 사방으로 좋은 처방을 찾아다니셨다.

내 기억에 따르면 중의학에서 전해오는 이름난 약을 많이 먹었다. 하지만 여드름은 조금도 호전되지 않고 여전히 기승을 부렸다. 막판에는 전혀 관계없는 사람들까지도 보다 못해 여드름에는 이것이 좋다더라, 저것이 좋다더라 하며 온갖 좋다는 것을 알려주었는데, 그 덕분에 뱀과 고차苦茶까지 해독 약이 되어버렸다. 그 사람들이 체내에 있는 독소 때문이라면서 뱀과 고차를 먹으면 빠른 시간 안에 독소를 배출할 수 있다고 말했던 것이다. 고차는 용기를 내어 시도해볼 만했지만, 뱀은 도저히 어찌해볼 수가 없었다.

그런데 주의해서 보면 고차를 파는 노점에는 공통점이 있는데, 바로 그들이 하는 말들이 다 똑같고, 차의 맛도 다 똑같다는 것이다. 모두들 이 고차를 여러 가지 약초를 정제해 만들었다는 것을 강조하는데, 그 말을 들어보면 그들이 파는 고차는 완전히 '조상 대대로 전해 내려온 비방'으로 이 세상에 둘도 없는 진귀한 것들이다. 그런데 마셔보면 모두 '쓰고, 떫고, 진하고, 강한' 맛일 뿐 별 차이가 없었다. 다만 그중에는 마신 후의 뒷맛이 좀 감미로운 것들도 있었는데, 그나마 그것이 다른 점이라고 할 수 있었다. 하지만 이런 종류의 음료를 셀 수 없을 만큼 많이 마셨지만 그 효과는 신통할 것이 없었다.

내가 이런 쓰라린 과거사를 끄집어낸 이유는 중국과 서양의 문화에 나타난 해독에 대한 이론과 태도를 비교해보고 싶어서다. 중국과 서양의 해독은 언뜻 보면 각기 다른 맥락에서 발전한 것처럼 보이지만, 그 주요 성분은 비슷하다. 오곡 등 여러 가지 양식을 먹고 나면 어떤 사람은 기혈이 불순해질 수도 있고 몸에서 저절로 독소가 만들어질 수도 있는데, 이런 독소는 당연히 약으로 풀어줘야 한다는 것이 중국인들의 전통적인 해독에 대한 개념이었다. 하지만 서양인들이 생각한 해독의 개념은 달랐다. 상대방이나 적이 몰래 투입한 독을 치료하거나 예방하기 위한 것으로, 약 한 첩으로 모든 독이 침입할 수 없도록 막자는 것이 바로 서양의 해독이었다.

서양 최초의 해독제는 서기전 2세기경에 폰투스Pontus(오늘날의 터키)의 국왕 미트리다테스 6세Mithridates VI가 만들었다. 그는 평소 독살될까봐 두려워하여 끊임없이 죄수와 노예를 상대로 실험하며 45가지 재료를 배합해 해독제를 만들었는데, 후대의 사람들은 이 해독제를 미트리다티움Mithridatium이라 불렀다.

그의 이 비방은 서기 1세기경에 로마의 황제 네로Nero의 어의 안드로마쿠스Andromachus the Elder의 손에 들어가게 되었다. 안드로마쿠스는 다른 재료들을 더 넣어 개량된 약을 만들었다. 그 약 안에 무엇이 들어 있었는지는 미국의 역사학자 수잔 마테른Susan Mattern이 쓴 《의학의 왕자: 로마제국의 갈레노스The Prince of Medicine: Galen in the Roman Empire》라는 책에 언급되어 있다. 갈레노스는 로마제국의 황제 마르쿠스 아우렐리우스Marcus Aurelius가 배합한 처방의 일부를 보고 전체를 추측해냈는데, 사람들은 그가 안드로마쿠스의 비방을 베낀 것이라고 생각한다.

수잔 마테른이 들추어낸 역사 자료에 따르면, 이 당시 이런 해독약은 이미 '만병통치약'으로 널리 알려졌는데, 해독에만 사용되지 않고 건강용품으로도 사용되었다. 갈레노스의 처방에는 약재의 수량이나 종류가 아주 많았는데, 아편, 몰약, 크로커스, 각종 약초, 광물 등 무려 64가지나 되었다.

그중에서도 특별히 언급할 만한 것은 그가 안드로마쿠스를 흉내 내어 독사를 넣었다는 것이다. 독사는 그 공급원을 걱정할 필요가 없었다. 당시 로마 부족 중에 마르시Marsi 인들이 군대에 배속되어 있었는데, 이들이 독사를 잡고, 독사에 물린 상처를 치료하는 임무를 맡았기 때문이었다. 또 한 가지 언급할 만한 약재는 계수나무였는데, 이것은 인도에서 온 진귀한 약재로 그야말로 왕실에서나 사용할 수 있는 진귀한 처방이었다.

아마도 로마 황제 마르쿠스 아우렐리우스가 계수나무 처방이 들어 있는 이 만병통치약을 항상 먹었기 때문에 청사에 길이 남는 《명상록》을 쓸 수 있지 않았을까? 중의학에서 계수나무는 마음을 안정시키고 머리를 개운하게 하는 기능을 가지고 있다고 하니까 말이다.

이렇게 해서 원래 해독제로 쓰였던 이 처방은 후에 모든 병을 치료할 수 있는 만병통치약으로 변하게 되었다.

20세기에 이르러 이미지 포장과 장사에 뛰어난 사람들이 처방 안에 더 많은 비방을 넣었는데, 그중에는 '베니스 당밀Venice treacle'이라는 것도 있었다. 흑사병이 창궐하던 시대에 이르자 만병통치약에 들어가는 약재는 100여 가지가 넘었는데, 심지어 중의학의 약주藥酒처럼 얼마동안 가만히 두어 숙성되어야만 사용할 수 있는 것들도 있었다. 그리고 젠틸레 폴리뇨Gentile da Foligno라는 의사는 이를 외용약으로 쓸 수 있는 약재로 발전시키기까지 했다.

17세기에 이르러 프랑스의 한 약사가 베니스 사람들이 농단하는 것을 막기 위해 이 만병통치약의 처방전을 공개했는데, 이 덕분에 후세 사람들은 만병통치약에 얼마나 많은 재료가 들어가는지를 알게 되었다. 이에 따르면 대체로 광물, 독약, 동물의 고기, 약초, 꽃잎, 양파, 꿀 등이었다.

20세기 초에는 일반 약국에서도 '병이 있으면 병을 치료하고, 병이 없으면 몸을 건강하게 하는' 일상적으로 복용할 수 있는 만병통치약을 살 수 있게 되었다.

아주 재미있는 이야기가 아닌가? 해독제가 명성이 자자한 만병통치약이 될 수 있었다니 말이다. 그리고 그 성분 중에 과거 내 여드름을 치료하던 색다른 처방인 고차와 뱀도 들어 있었다니, 그야말로 방법은 다르지만 효과는 같은 기묘함이 있지 않은가?

의료 발전사에 보이는 중국 사회와 서양 사회는 도대체 어느 쪽이 더 허풍이 심할까? 내가 보기에는 막상막하인 것 같다. 다만 굳이 비교하자면 서양인들은 비밀을 함께 공유하기를 바라는 것 같고, 중국은 '조상 대대로 전해오는 비방'이라는 방법을 여전히 사용하고 있는 것 같다.

링컨의 남색 알약

링컨이 먹던 알약에는 수은 성분이 33퍼센트나 들어 있었다

'남색 알약' 하면 대부분의 사람들은 아마 한창때의 위풍을 다시 떨치게 해주는 화이자제약Pzer, Inc.의 비아그라를 먼저 떠올릴 것이다. 하지만 여기서 이야기하려는 것은 17세기에서 19세기에 걸쳐 유행하던, 전국을 휩쓸던 정도가 결코 비아그라 못지않았던 'blue pill' 또는 'blue mass'라고 불리던 남색 알약이다. 알약이라고 말했지만, 이 약은 어떤 때는 물약이나 시럽으로도 만들어졌다.

이 남색 알약은 서양에서 유행했는데, 처음에는 일본의 정로환正露丸처럼 모든 병을 치료하는 약으로 알려졌다. 문헌에 따르면 이 알약은 매독, 치통, 산후통, 변비, 기생충 감염 등의 치료에 쓰였다. 또 환자의 입안이 헐었을 때는 이 알약으로 만든 물약으로 양치질을 하도록

했다. 더 대단한 것은, 19세기 초 영국 해군에서 전함에 신선한 채소나 과일이 없을 경우 전함의 군의관에게 이 알약을 준비하도록 해, 장교와 사병들에게 변비가 생기지 않도록 했다는 것이다.

이 알약을 누가 발명했는지에 대해서는 역사적으로 고증할 수가 없다. 하지만 이것이 처음 등장한 문헌은 오스만제국의 한 해군 장교가 프랑스 국왕 프랑수아 1세François I에게 쓴 편지였다고 한다. 이 약은 자기 집에서 내린 커피처럼 제조하는 약사마다 독보적인 비방을 가지고 있었다. 대체로 꿀, 글리세린, 접시꽃 등의 물질을 배합했는데, 그중에서 가장 중요한 성분은 수은이었다. 근대의 과학자들은 마치 조롱박을 보고 그대로 본떠 그리는 것처럼 이전의 처방을 그대로 베껴 이 남색 알약을 조제했는데, 어느 날 이 알약에 함유된 수은 성분이 무려 33퍼센트에 달한다는 사실을 발견했다. 이 정도의 양은 오늘날 법정 허용량의 9,000배를 초과한다.

여기까지 말하고 보니, 미국의 대통령 링컨의 신상에 일어난 이야기는 그렇게 놀라운 이야기도 아닌 것 같다.

역사에 관심이 많았던 미국의 퇴직 의사 노버트 허쉬호른Norbert Hirschhorn의 연구에 따르면, 링컨은 아직 대통령이 되기 전에 우울증을 치료하기 위해 매일 남색 알약을 먹었는데, 약을 먹을수록 오히려 더 침울해지는 것 같았다. 당시 링컨의 행동을 가까이서 지켜보았던 변호사 휘트니Whitney는 링컨이 법정에서 한 행동에 대해 다음과 같이 묘사했다.

그는 의사봉 소리에 놀라 정신을 차리곤 했는데, 그 모양이 마치 깜
깜한 동굴 속에서 나온 것 같았고, 막 꿈에서 깬 사람 같았다.

링컨은 다른 사람들의 눈에 우울하고 침울하게 보였을 뿐만 아니
라, 갑자기 성질이 폭발했다가 갑자기 가라앉는 등 도저히 이해할 수
없는 행동을 하는 것으로 유명했는데, 이는 모두 중금속 중독 때문이
었다. 링컨이 상원의원 선거에서 경쟁 상대와 논쟁할 때 모두를 어리
둥절하게 만드는 일이 발생했다.

아마 상대방의 언사가 지나쳐 격노한 모양인지, 링컨이 갑자기 옆
에 있던 막역한 친구이자 충실한 지지자였던 피클린Ficklin을 마치 고양
이를 잡아 올리듯이 의자에서 일으켜 세웠다. 그러고는 그의 외투 옷
깃을 잡아 흔들어대며 군중들을 향해 큰 소리를 질러댔다.

"여러분, 이 작자는 피클린입니다. 방금 말한 것들이 모두 거짓말이
라는 사실을 이 작자는 나와 함께 국회에 있을 때 이미 알고 있었습니
다."

링컨의 경호원 라몬Lamon의 말에 따르면, 이날 링컨은 피클린의 어
금니가 딱딱 부딪치는 소리가 날 정도로 피클린을 흔들어댔다. 피클
린이 다칠까 봐 걱정이 된 라몬이 급히 손을 뻗어 링컨을 말려 피클린
은 겨우 곤경에서 벗어날 수 있었다.

하지만 피클린은 역시 링컨의 가장 친한 친구였다. 그는 링컨의 난
폭한 행동이 빚어낸 곤경에서 빠져나온 후 멋쩍음을 감추려는 듯 링

컨에게 한마디 하는 것을 잊지 않았다.

"이봐, 링컨. 오늘 하마터면 모든 민주民主가 내 몸에서 떨어져나갈 뻔했다네."

놀라 혼비백산했던 피클린은 링컨을 위해 원만하게 사태를 수습해 주었다.

허쉬호른의 증언에 따르면, 약물의 부작용이 갈수록 커지자 링컨은 대통령 선거에 입후보하기 전에 남색 알약을 끊었다. 링컨이 후에 안정된 마음으로 참을성 있게 미국을 이끌고 남북전쟁의 위기를 넘길 수 있었던 것은 알약 복용을 끊은 것과 관계있다고 허쉬호른은 믿고 있다. 그렇지 않았다면 원래 성질이 불같고 변덕스러웠던 링컨이 어떻게 그처럼 백팔십도 변할 수 있었겠느냐는 것이다.

하지만 나는 이에 대해 의구심이 든다. 장년의 나이에 수은이 그렇게 많이 함유된 알약을 먹었다면, 완전히 약을 끊었다 해도 이미 체내에 적지 않은 수은이 축적되어 정신이 흐트러지고 주의력이 산만해지는 등의 현상을 피할 수 없었을 것이다. 그런데 어떻게 해서 안정된 마음으로 남북전쟁 당시의 그 무거운 압박을 견뎌낼 수 있었을까?

하지만 링컨에 대해 어떤 헛소리를 한다고 해도 링컨을 '뱀파이어 헌터'(《링컨: 뱀파이어 헌터》라는 영화가 있음-옮긴이주)라고 하는 것보다 더 근거 없는 황당한 말은 없지 않을까?

칵테일 요법과 살 빼는 약

기상천외한 생각을 가진 의사가 '무지개 알약'을 만들었다

에이즈(후천면역결핍증)는 1980년대에 미국에서 발견된 이후, 의사들에게 매우 까다로운 질병 중 하나가 되었다. 세계보건기구에서 발표한 통계 수치에 따르면 에이즈는 이미 3,000만 명의 목숨을 앗아갔다. 2011년 6월 현재 전 세계에 6,400만 명이 에이즈에 감염되어 있고, 매일 7,000가지가 넘는 새로운 병례를 남기며 여전히 진행 중이다.

에이즈가 발견된 이래로, 이로 인한 사망률을 낮추거나 치료할 수 있는 어떠한 약품이나 치료법도 나오지 않았다. 환자는 바이러스로 인한 면역 기능의 결핍 때문에 사회에서 배척당하고, 죽음만을 기다리며 차별 대우와 고통 속에 살아가는 수밖에 없었다. 그런데 이런 상황은 1995년에 새로운 전기를 맞게 된다. 미국 국적의 중국인 허다이

何大— 박사가 칵테일 요법cocktail therapy을 주창했기 때문이다.

칵테일 요법이란 항에이즈 효과를 가진 양대 약물인 역전사효소逆轉 寫酵素 억제제와 단백질 분해 효소 억제제 가운데 몇 가지 약품을 배합해 '고활성 항바이러스 요법highly active anti-retroviral therapy'을 만들어내는 것을 말한다. 약품을 배합하는 것이 칵테일을 배합하는 과정과 유사해서 칵테일 요법이라고 부른다. 이런 방법은 바이러스가 한 가지 약물에 대해 재빠르게 약물 내성을 만들어내는 것을 막을 수 있는 것 말고도, 바이러스가 복제되는 것을 대대적으로 억제할 수 있다. 또한 바이러스에 의해 무너진 인체의 면역 기능을 회복시키고, 더 나아가 환자의 고통을 줄여줄 수 있다. 그래서 그런지 그 후의 통계자료를 보면 칵테일 요법으로 에이즈 환자의 사망률이 20퍼센트 정도 줄었다.

허다이 박사가 어디에서 칵테일 요법에 대한 영감을 받았는지는 알수 없지만, 이런 개념을 그가 독창적으로 생각해낸 것은 아니라는 것을 나는 확신한다. 살 빼는 약이 발전하는 과정에서 이와 유사한 혼합약물 치료법이 일찍이 사용된 적이 있었는데, 칵테일 요법이라고 불리지 않고 대단히 낭만적인 명칭인 '무지개 알약rainbow pills'이라는 이름이 붙었을 뿐이다.

나는 '살 빼는 약 발전사'라는 간략한 글 한 편을 쓴 적이 있는데, 그 글에서 초기에 살을 빼기 위해 사용한 약물에 대해 언급했다. 그중에 대표적인 것이 갑상선 호르몬제나 디니트로페놀DNP이었는데, 이것들은 1940년대에 정규 약품 시장에서 퇴출되었다. 그 이유는 부작용이 너무 크기 때문이 아니라 사람을 죽음으로 몰고 간다는 의혹 때문이었다. 그리고 그 후에 암페타민amphetamine이 세상에 나왔다.

암페타민은 원래 천식을 치료하려고 만든 약품이었다. 의사들은 이약이 코 점막이 부어오르는 것을 완화하는 것 외에 졸음증과 편두통 그리고 기립성 저혈압을 치료할 수 있다는 사실을 발견했다. 그리고 환자가 암페타민을 복용한 후 정신이 더 맑아졌을 뿐만 아니라 식욕이 저하된다는 사실도 발견했다. 이 약에는 생각지도 않았던 살 빼는 효과가 있었던 것이다. 이렇게 해서 이 약은 1940년대에 돌연히 등장해 살 빼는 약의 새로운 총아가 되었다.

하지만 사람의 탐욕은 끝이 없어, 암페타민은 살 빼는 효능은 가지고 있지만 지름길로 질러가고 급행을 타려는 인류의 심리를 만족시키지는 못했다. 1960년대 이후에 기상천외한 생각을 가진 의사들이 많은 약물을 배합해 이뇨제, 디기탈리스, 설사약, 수면제 등을 만들었는데(물론 암페타민도 만들었고), 이는 모두 살을 빼려는 사람들이 빠른 시간에 목표에 도달하도록 돕기 위해서였다. 그런데 약물의 색깔이 여러 가지였으므로 '무지개 알약'이라는 애칭으로 불리는 것이다.

그런데 미루어 알 수 있듯이 이런 약물들을 배합한 약은 살 빼는 목적을 이루게는 해주지만, 수반되는 부작용에는 마치 홍수나 맹수처럼 엄청난 위험과 재앙을 내포하고 있었다. 더구나 1960년대 말기에 많은 사람이 무지개 알약을 복용한 후 황천길로 간 사건이 발생했다. 이런 사건으로 미국 의회는 이 문제를 직시해, 이 약품의 사용을 줄이기 위한 법안을 만들었다. 그리고 마지막에는 식품의약국의 주도 하에 암페타민을 다이어트 약품 시장에서 축출했다.

걸출한 인물들의 견해는 대체로 비슷하다고 했던가? 앞에서 말한 약물들을 배합한다는 개념은 줄곧 의사들의 뇌리를 떠나지 않고 맴돌았다. 허다이 박사가 머리를 에이즈 쪽으로 쓰면서 약물을 배합한 것 말고도, 해외의 제약 회사들 역시 약물을 배합해 치료한다는 개념을 대사성 질환과 고혈압 치료 쪽에 대입시켜 약을 만들었다. 그리고 이 약에 '폴리필스Polypills'(poly 많다, pill 알약)라는 애칭을 붙였다.

혈압 환자들은 일반적으로 많건 적건 간에 '지혈'과 '혈당' 문제를 가지고 있다. 그래서 신약을 개발할 때는 이런 질병들도 함께 치료할 것을 염두에 두고 연구하는데, 이제는 의사들이 총명해져서 단순히 조제량을 줄이기만 하는 것이 아니라, 약물 배합을 통해 '효능을 제고하고, 부작용을 낮추는' 결과가 나오기를 기대할 수 있게 되었다.

현재 타이완의 고혈압 약 가운데 이미 두세 종류는 이런 개념을 가지고 만들어진 것이다. 앞으로는 '고혈압+고지혈', 더 나아가 '고혈압+고지혈+당뇨병' 같은 칵테일 식 약품이 출시되리라고 확신한다. 그리고 이런 약물들은 50여 년 전의 '무지개 알약'에 비해 훨씬 더 안전하고, 치료 효과도 좋으리라고 믿는다. 다만 이런 바람이 또다시 '다이어트 약품 시장'으로 불어닥칠지에 대해서는 단정적으로 말하기 어려울 듯하다. 하지만 상업적으로 본다면 머지않은 일이 아닐까?

비만에 대한 몇 가지 이야기

비만이 질병을 초래한다는 것을 증명한 사람은 보험업자들이었다

건강한 몸매 만들기의 달인인 한국의 몸짱 아줌마를 따라 하건, 일본에서 유행하는 골반 체조를 하건 간에, 아내는 다른 사람에게 뒤지는 것을 달가워하지 않는다. 살을 뺄 수만 있다면 어떻게 해서라도 발을 담근다. 몸매를 아름답게 만들려는 목표를 실현하기 위해서다.

모든 현대인들은 비만이 만병의 근원이라는 데 동의할 것이다. 그래서 살을 빼는 것과 관련 있는 산업과 그 관련 식품, 전문 서적은 물론이고 심지어는 약품까지 거리와 골목마다 가득 차 있다. 그리고 이런 풍조는 날이 갈수록 성행하고 있다.

그렇다면 어떤 상태를 비만이라고 하는 것일까? 대략 2, 30년 전부터 몇몇 사람들이 몇 개의 지수指數를 가지고 비만을 정의하려고 했는데 의견이 분분했다. 그러다가 최근 10년 사이에 체질량 지수BMI, Body Mass Index가 나와 비만 측정 방법의 주류를 차지하며 모든 사람들이 받아들일 수 있는 최대공약수가 되었다. BMI란 체중(kg)을 키(m)×키(m)로 나누어 나온 수치로, 현재는 BMI가 25를 넘으면 과체중이고, 30을 넘으면 비만으로 단정한다.

BMI란 무슨 새로운 것은 아니다. 그저 과학자들이 비만을 정의하기 위해 과거의 역사를 샅샅이 뒤져 찾아낸 것일 뿐이다. 이것은 19세기 벨기에의 아돌프 케틀레Adolphe Quetelet가 처음 만들어서 사실은 '케틀레 지수Quetelet Index'라는 명칭으로 불러야 옳다. 그런데 케틀레가 당시 이 지수를 만든 목적은 비만을 정의하기 위해서가 아니라, 프랑스와 스코틀랜드의 군대에서 '평균 체격을 가진 사람'을 찾아내기 위해서였다. 그러니까 대부분의 사람들이 어떤 범위에 드는지를 본 것이다. 아마 여러분은 이런 사실은 잘 몰랐을 것이다.

그래서 나는 이 글의 앞부분에서 비만에 대한 문제를 언급했을 때, 비만을 현대의 산물로 보아야 한다고 한 것이다. 더구나 1960년대 이후에는 비만이 야기한 여러 죄악을 사람들이 인지하게 되면서, 살 빼는 것이 점차 유행하게 되었다.

역사학자들의 연구에 따르면 비만은 인류의 역사 속에서 줄곧 아름다움의 상징으로 간주되었다. '비만obesity'이란 단어는 17세기에 이르러서야 영어에서 쓰였는데, 처음에는 말도 안 될 정도로 뚱뚱한 사람에게 쓰는 말이었다.

빌렌도르프의 비너스

역사학자들의 견해는 근거를 가지고 있다. 인류 문명의 진화 발전의 역사는 사실 먹을 것을 찾아 연명한 역사이기 때문이다. 선사시대에는 같은 양의 음식을 먹었는데도 살이 더 있는 사람이 주변 사람들에게 부러움을 샀을 것이다. 특히 여성이 이런 몸을 가지고 있을 경우에는 다산의 상징으로 인식되었다. 오스트리아에서 출토된 구석기시대의 조각품 '빌렌도르프의 비너스Venus of Willendorf'가 이런 사실을 설명해주고 있다.

빌렌도르프의 비너스는 매우 비대한 여성을 형상화한 것인데, 둥글둥글하고 포동포동한 몸에, 아래로 처진 거대한 유방 그리고 물통같이 볼록한 배가 특징이다. 그런데 이 모습이 바로 당시 사람들이 부러워한 몸매였다. 모두 배를 곯던 시절이었으니 살찐다는 것은 일종의 사치였기 때문이다.

1993년 노벨 경제학상을 받은 로버트 포겔Robert Fogel이 주장한 것처럼, 인류는 18세기 이후 농업기술의 진보로 비로소 식량 부족이라는 곤경에서 벗어나게 되었다. 20세기 초에 이르러서야 질적인 면과 양적인 면이 모두 충족된 식량 공급 덕분으로 생활이 개선되어, '살찐 것을 부러워'하는 심리에서 점차로 '건강을 주의'하는 심리로 바뀌었다.

물론 수천 년의 역사 속에서 모든 사람이 비만을 좋은 것이라고 생각한 것은 아니었다. 예를 들면 의학의 아버지 히포크라테스Hippocrates는 지나치게 뚱뚱한 것은 허약해져서 나타나는 현상이라고 여겼다. 그는 스파르타Sparta 사람들이 매일 정해놓고 보디빌딩을 해 보기 좋은 체형을 유지하며, 더 나아가 지나치게 뚱뚱한 남자들을 추방하는 것으로 징계를 삼는 것을 찬양했다. 그리고 고대 그리스의 철학자 소크라테스는 살이 찌지 않은 우아한 몸매를 유지하기 위해 매일 아침마다 춤을 추었다.

비만이 몸에 좋지 않은 영향을 미친다는 사실과 관련된 의학적 확론은 대략 18세기에 윌리엄 컬런William Cullen으로부터 비롯되었다. 그는 지나치게 뚱뚱하면 쉽게 피로해지고, 통풍에 걸릴 가능성이 높아지며, 더 심각한 것은 호흡곤란을 유발하게 된다고 주장했다. 하지만 체중이 얼마나 되어야 비만인지에 대해서는 특별한 기준을 제시하지 못했다. 20세기에 들어와 내과학의 대가였던 윌리엄 오슬러William Osler는 자신의 저서 《의학의 원칙과 실무The Principles and Practice of Medicine》에서 '비만은 과도한 음식 때문이며, 무절제하게 술을 마시는 것보다 약간 나은 정도일 뿐'라는 견해를 제기했다. 하지만 비만이 좋지 않은 진짜 원인과, 왜 비만하면 건강하지 않은지에 대해서는 거론하지 않았다.

'살찌는 것을 부러워'하는 심리와 '비만은 건강을 해하는 원흉'이라는 인식 사이의 전쟁이 한창인 상황에서 과학적 근거를 제기한 사람은 1920년대 미국 메트라이프 보험회사의 부총재 더블린Dublin이었다. 그는 보험회사의 배상 청구 처리에 대한 자료를 정리하다가 체중이 더 나갈수록 사망률이 높다는 사실을 발견하고 이를 발표했다. 그런데 안타깝게도 이 발표의 영향을 받아 의사들 사이에서 진행된 후속 연구는 비만이 질병에 얼마나 나쁜지에 대한 것이 아니라, 정신과 의사들이 발표한 신경성 폭식증bulimia nervosa과 신경성 거식증anorexia nervosa 등 정신과와 관련된 두 가지 질병에 대한 연구였다.

현재 우리는 비만을 질병으로 보고 있는데, 이런 관념은 대체로 1960년대 이후에 생긴 것이다. 이렇게 역사가 짧다 보니 잊을 만하면 무슨 BMI 지수니, 대사 증후군이니 하는 새로운 용어들이 쏟아져 나온다. 이는 다른 분야의 의학 연구가 아주 긴 세월이 쌓여야 비로소 성과를 얻는 것과는 확연히 다른 현상이다.

장차 분명 새로운 기준이 나와서 어떤 것이 진짜 표준체중이고, 비만이 어떤 질병의 위험 인자와 직접적인 관계가 있는지 등을 알려줄 것이라고 생각한다. 물론 가장 괄목할 만한 사실은 인체에 사용하기에 가장 적합한 살 빼는 약이 새로운 연구 성과와 더불어 지속적으로 나온다는 점이다.

왕망의 해부 쇼

왕망王莽은 반역자들의 사지를 찢고
오장을 들어내고 혈관과 경맥을 검사했다

서기 1세기경의 의사 갈레노스는 로마에서 자신의 의료 '연예 사업'을 시작했다. 그가 황제의 깊은 신임을 얻었기 때문에 그의 의학 저술은 천년을 대대로 전해 내려올 수 있었고, 뒤를 이은 의사들에게 바이블로 받들어질 수 있었다. 이런 유아독존 현상은 르네상스 시기에 이르러서 점차로 깨지기 시작했다.

그런데 그가 로마에서 했던 의료 행위를 일러 '연예 사업'이라고 한데는 그만한 이유가 있다. 당시에 수많은 사람들의 눈이 지켜보고 있고, 의사들 사이의 경쟁이 치열했던 곳에서 의술이란 그저 발붙일 수 있는 기본 조건에 불과했다. 진정한 명의가 되려면 세상을 놀라게 할 만한 행위를 하지 않으면 안 되었다.

갈레노스는 진단하기 어렵거나 치료하기 어려운 왕공 귀족들의 질병들을 치료해주는 데만 그치지 않았다. 당시 로마 사람들이 가장 흥미진진하게 이야기했던 것은 그가 벌인 몇 바탕의 '생체 해부' 쇼였다. 로마제국에서는 인체를 해부하는 것이 용인되지 않았기 때문에 갈레노스가 시범을 보인 해부 쇼는 동물을 위주로 한 것들이었다. 그의 저서에 기록된 바에 따르면, 해부에 사용된 동물은 산양, 소, 돼지, 원숭이, 고양이, 개 등등 헤아릴 수 없이 많았다. 심지어 그는 코끼리 두 마리를 해부하기도 했다. 하지만 선혈이 낭자한 해부 쇼도 피 보기를 좋아하는 로마인들의 기호를 완전히 만족시킬 수는 없었다. 그래서 그는 어떤 때는 알려지지 않은 비밀 무기로 관중들을 겁먹게 만들기도 했다.

관중들을 만족시키기 위해 갈레노스는 생체 해부 쇼에 주로 돼지를 이용했다. 돼지에겐 건강한 '반회反回신경(되돌이 후두 신경)'이 있어서 날카로운 소리를 지를 수 있다는 사실에 착안한 갈레노스는 특수한 갈고리를 설계했다. 가슴을 가를 때 돼지는 아픔 때문에 꽥꽥 소리를 질러댄다. 이때 우아하게 생긴 특수한 갈고리를 돼지의 가슴 속에 밀어넣어 후벼 반회신경을 자르면 돼지는 목 놓아 울다가 갑자기 소리를 지르지 못하게 되는데, 이런 장면에서 사람들의 박수갈채가 쏟아졌다.

동물을 해부한 경험이 쌓이면서 갈레노스는 해박한 해부 지식을 가지게 되었다. 하지만 인체를 해부해볼 수 없었기 때문에 그는 원숭이의 신체 구조를 사람의 몸에 적용했다. 그래서 그런지 그의 해부 교과서에는 잘못된 부분이 적지 않다. 그중 가장 널리 알려진 잘못된 부분은 그의 해부 교과서에 실린 사람의 해부도에 충수蟲垂가 보이지 않는다는 것이다. 원숭이의 몸에는 충수가 없는데 이를 사람의 신체에 적용했기 때문이었다. 이는 르네상스 시대에 와서 다윈에 의해 수정되었다. 그 후 1522년, 이탈리아의 외과 교수 베렝가리우스 카르푸스 Berengarius Carpus가 처음으로 충수의 구조를 묘사했다.

앞에서 갈레노스의 해부 쇼에 관한 역사를 언급한 이유는, 거의 동일한 시기에 중국에서도 인체 해부 사건이 일어났기 때문이다. 역사책에 실린 내용은 몇 글자밖에 되지 않지만 이 글은 학자들 사이에서 많은 논쟁을 불러일으켰다.

《한서漢書》의 〈왕망전王莽傳〉에 이런 이야기가 실려 있다.

적의의 도당인 왕손경이 사로잡혔다. 왕망은 태의, 상방, 교도에게 그의 배를 갈라 오장을 검사하고 가는 대나무 가지로 혈관을 관통해 맥의 원리를 알아내게 했다. 그러고는 이렇게 하면 병을 다스릴 수 있다고 말했다.

왕망이 한나라를 찬탈하고 황제가 된 후 서기 7년에 동군東郡의 태수 적의翟義가 반란을 일으켰다가 대패하고 죽임을 당했다. 물론 그의 집안은 어른 아이 할 것 없이 모두 용서받지 못했으며, 심지어 조상들의 유골까지 이 재난을 벗어나지 못했다. 그리고 9년 후에 그의 모사謀士였던 왕손경王孫慶도 체포되었다. 왕망은 '질병을 치료'한다는 명분으로 태의太醫, 상방尙方(의약을 관장하는 관리), 교도巧屠(칼솜씨가 뛰어난 백정)에게 왕손경의 시체를 해부해 오장五臟을 들어내 검시하게 하고, 가는 대나무 가지로 혈관을 관통시켜 경맥을 검사하게 했다.

아무도 이 역사 기록에 해설을 붙이지는 않았지만, 이 내용은 역사학자들의 주목을 끌어 여러 학자들이 이 연구에 뛰어들었다. 그 결과 두 가지의 상반된 의견이 도출되었다. 하나는 왕망이 왕경손의 시신을 해부한 것이 확실히 의학에 공적이 있었다고 인정하는 유파로, 이들은 해부학이라는 것이 중국에 일찍이 있었던 학문이었다고 추론한다. 또 하나는 일본인 야마다 케이지山田慶兒가 제기한, 중의학의 〈골도骨度〉, 〈맥도脈度〉, 〈평인절곡平人絕穀〉 등의 글이 인체 해부와 관련이 있다는 가설을 인정하는 유파로, 이들은 왕망 시대에 이미 해부에 정통한 '백고파伯高派'가 있었다고 추론한다.(〈골도〉, 〈맥도〉, 〈평인절곡〉은《황제내경黃帝內經》〈영추靈樞〉편의 글이다. '백고伯高'는 황제의 신하로 상고시대의 의사다-옮긴이주)

나는 중앙연구원(타이완 총통부에 소속된 타이완 최고 학술기관-옮긴이주)의 리젠민李建民 교수의 글 〈왕망과 왕손경〉에서 이 내용을 보았다. 그런데 외과 의사의 관점에서 본다면 이 학자들은 별것 아닌 일을 큰일인 것처럼 요란을 떤 것으로 보인다. 왕망의 성격으로 볼 때, 왕손경을 죽인 것은 부글부글 끓어오르는 증오심을 가라앉힐 수 없었기 때문이었다. 반란의 주모자인 적의는 왕손경에 앞서 죽임을 당했는데, 사서의 기록에 따르면 왕망은 그의 사지를 찢어 죽였다. 그런데 왕손경이 죽음을 벗어날 수 있었겠는가? 사형하는 것만으로는 분이 풀리지 않아서 의학 지식을 증진시킨다는 명분으로 왕손경의 시신을 찢어 능욕하자는 것이 바로 위선자 왕망이 가장 하고 싶었던 일이었다. 또한 그가 왕손경에게 가한 '치가 떨릴 정도로 사람들을 분노하게 만든' 행위는 결코 첫 예가 아니었다. 이전에 왕망은 견심甄尋(후한의 장군으로 경박하고 호색했다-옮긴이주)의 팔에 천자의 무늬가 있다는 소리를 듣고 사람들을 시켜 그의 팔을 잘라 연구하도록 했으며, 동현董賢(전한의 애제哀帝가 총애한 신하-옮긴이주)이 가짜로 죽은 척한 것으로 의심해 그의 시체를 파내 검사하도록 하기도 했다. 그리고 불태워 죽이는 형벌을 만들어 진량陳良(문서관이었으나 흉노로 도망가 한나라 대장군을 사칭했다-옮긴이주)을 산 채로 구워 죽이는 등 사람들을 두려움에 떨게 하는 행위를 충분히 했다. 왕망의 이런 행위는 한나라를 찬탈한 후에 생긴 불안감을 달래기 위한 것이 아니었을까?

그렇기 때문에 왕망이 병을 치료할 수 있는 지식을 증진시키기 위해 왕손경을 해부한 것이었다고 말한다면 이는 '양머리를 걸어놓고 개고기를 파는' 짓과 같은 것이라고 할 수 있다. 왕망의 주요 목적은 자신의 정치를 반대하는 무리들을 징벌하면서 '병 치료'라는 그럴듯한 명분을 내세우는 것이었다. 이와 유사한 범죄가 서양에서는 르네상스 시기 이후에 나타났는데, 바로 교황이 유체를 훼손하고 능욕하라고 명령을 내린 행위였다.

나는 의학 사료를 읽다가 앞에서 언급한 두 이야기가 비슷한 시대에 일어난 사실이라는 것을 우연히 찾아냈다. 갈레노스는 동물 해부를 즐거움으로 삼아, 끊이지 않고 동물들의 목숨을 희생시키며 해부 지식을 축적했다. 그리고 왕망은 나라를 찬탈한 군주로서 학술이라는 명분을 빌려 원수들의 시신을 훼손했다. 도대체 누가 더 잔인한 사람일까? 나는 비교할 수 없다고 생각한다. 한쪽은 동물이고 한쪽은 사람이 아닌가. 갈레노스의 해부 지식은 적어도 사람들에게 정확한 개념을 심어주었다. 하지만 왕망의 행위에 대해서는 의학이 진보한 지금까지도 여전히 결론을 내리지 못하고 있는 것 같다.

해부 교실과 시체 도둑

의대생의 농담 한마디 때문에 뉴욕은 혼란에 빠졌다

최근에는 뉴스에서 응급실 폭력 사건을 심심치 않게 볼 수 있다. 감정이 격해진 환자나 환자 가족들이 감정을 억제하지 못하고 의료진을 구타하거나, 의료사고를 당한 환자의 가족들이 많은 사람들을 동원해 명지冥紙(죽은 자가 저승길에 노잣돈으로 쓰라고 태우는 지전紙錢 - 옮긴이주)를 뿌리거나, 관을 메고 항의하거나, 심지어 병원을 에워싸고 소란을 떨기도 해 병원과 환자를 당황하게 만든다. 이와 같이 정상에서 벗어난 행위를 보면 사람들은 경계심을 갖거나, 그런 행위를 야만적이라고 경멸한다. 하지만 의료 역사에서 일어난 이와 유사한 사건과 비교하면 이런 사건은 새 발의 피에 지나지 않는다. 다음에 이야기할 군중 폭동 사건은 독자 여러분의 시야를 한층 넓혀줄 것이다.

이야기의 배경이 되는 시간과 장소는 1788년 4월 13일의 뉴욕이다. 당시 뉴욕 의대의 해부 교실에 존 힉스John Hicks라는 눈치도 없고 상황 파악도 잘 못하는 학생이 있었다. 이 학생은 해부를 하다가 몹시 무료했던지, 한 여성 시신의 팔뚝을 들고 아래층에서 놀고 있는 어린아이를 향해 큰 소리로 말했다.

"꼬마야, 이건 네 엄마 팔뚝이란다. 네 엄마 무덤에서 막 파온 것이지."

그런데 이 농담 한마디가 생각지도 않게 이 아이의 아픔을 건드리고 말았다. 아이의 어머니가 막 세상을 떠나 장례를 치른 지 얼마 되지 않았던 것이다. 아이는 울면서 집으로 돌아가 아버지에게 이 무시무시한 소식을 알렸다. 아버지는 즉시 사람들을 데리고 묘지에 가 살펴보았다. 그런데 이럴 수가! 아이 엄마의 시신이 정말 도둑맞은 게 아닌가.

이런 사실은 '눈먼 고양이가 죽은 쥐를 만난 것'과 같이 실로 우연히 일어난 우스운 이야기지만, 힉스의 행위는 현지 주민들의 해묵은 분노를 촉발하고 말았다. 당시 뉴욕 의대의 교수이자 해부학 의사 리처드 베일리Richard Bayley는 영국에서 공부하고 미국에 돌아와 교수에 임용된 학자였다. 당시 영국의 의사들이 사용한 시신들은 주로 분묘 도굴로 공급된 것이었으니, 리처드 베일리 역시 이런 재주를 가지고 있었음은 불문가지였다.

원래 뉴욕의 주민들은 베일리가 병원에서 사용하던 시신의 출처에 대해 진작에 의심하고 있었지만 아무리 해도 증거를 찾을 수가 없었고, 그가 무덤을 도굴했다는 증거는 더구나 잡을 수가 없었다. 힉스의 농담이 물론 사실이라고 할 수는 없지만, 그의 말 때문에 흥분해 모여든 사람들은 뉴욕 병원의 해부 교실로 쳐들어갔다.

사람들이 교실로 난입해 들어가자 이 소식을 들은 교수와 학생 들은 대부분 도망가고, 여러 해에 걸쳐 어렵사리 모아놓은 해부 표본을 지키기 위해 교수 한 명과 고학년 학생 네 명만 남아 있었다. 이들은 표본을 다른 곳에 감추려고 했으나 실행에 옮기기도 전에 사람들에게 잡혀 군중들 앞으로 끌려가 조리돌림을 당했다.

그런데 공교롭게도 그 시간에 해부 교실의 탁자 위에는 선혈이 뚝뚝 떨어지는 신선한 팔다리와 몸통이 있었다. 이를 본 사람들은 비통한 마음을 금할 수 없었다. 사람들은 교실 안의 모든 시설을 다 쳐부순 후에 이 사지와 몸통을 교실 안에 있는 다른 인체 조직과 함께 가지고 나가 적당한 곳을 찾아 매장해주었다. 죽은 이에 대한 존중인 셈이었다.

사람들에게 잡혀간 교수와 학생들은 2,000여 명의 군중들 앞에 질질 끌려가 조리돌림을 당했다. 이때 뉴욕 시장인 제임스 듀안James Duane이 이 소식을 듣고 달려와 화가 머리끝까지 솟아 있는 군중들을 설득해 교수와 학생 등 다섯 명을 일단 감옥으로 보냈다. 군중들의 노기를 가라앉히고, 교수와 학생들의 안전을 지켜주기 위해서였다.

하지만 예상과는 달리 군중들은 해산하지 않고 여전히 도시 안을 수색하고 다니다가 뉴욕 의대의 다른 교수들과 학생들을 찾아내 그동안 쌓였던 울분을 그들에게 풀어댔다. 더군다나 힉스는 극악무도한 수배범으로 취급되었다. 군중들은 자신들이 원하는 만큼 분풀이를 못했지만 단념하지 않고 다음 날 다시 감옥 앞에 모여 정부 측에 사람을 내달라고 하며, 일을 공정하게 처리해줄 것을 요구했다.

뉴욕 주의 주지사는 사태가 심각함을 깨닫고 암암리에 군부대를 동원해 이 사태를 해결하려고 했다. 하지만 이는 불 위에 기름을 부은 격이었다. 돌연 군대가 나타난 것을 본 군중들은 더욱 흥분했고, 그중 몇 사람은 돌을 던졌다. 그러자 참지 못한 군인들이 총을 쏘아댔다. 그 결과 최소 세 사람이 사망하고 20여 명이 부상을 당하는 일이 발생했다. 게다가 부상당한 사람들 중에 적지 않은 사람이 감염으로 사망했다.

4월 15일에 이르러서야 사태가 진정되었지만, 뉴욕 시는 여전히 군대가 순찰을 돌며 질서를 유지해야 했다. 의사를 향한 군중들의 분노는 여전히 사그라지지 않았지만, 병이 나거나 부상당한 사람들이 치료를 받아야 했으므로 모두들 잠시 분노를 참는 수밖에 없었다.

뉴욕 주 의회는 1년 후에야 군중들의 요구를 받아들여 무덤을 도굴한 사람들을 태형이나 벌금형에 처했고, 심한 사람은 옥살이를 시켰다. 그리고 영국의 처리 방법을 받아들여 사형수들을 사형한 후 그 시신을 외과 의사에게 제공해 해부 학습용으로 사용하도록 규정했다. 하지만 뉴욕 시가 직면하게 된 문제는 영국과는 달랐다. 사용할 수 있는 시신의 수량도 적었고 시신을 보존하기도 쉽지 않았다. 그러다 보니 표면상으로는 분묘 도굴 사건이 줄어든 것 같았지만, 분묘를 도굴하는 사람들은 더욱 전문적이고도 집단적으로 움직였다. 20세기가 가까워져서야 시신 보존 방법이 대폭 개선되면서, 시체를 도둑질해도 이익이 없게 되자 치가 떨릴 정도로 분노케 되는 이런 행위는 점차 사라졌다.

이 이야기를 보고 나면, 의학 연구에는 피할 수 없는 잔인함이 있을 수밖에 없음을 독자 여러분은 이해하리라고 믿는다. 만약 법치法治와 과학기술이 받쳐주지 않고 이익만 존재했다면, 인성은 여전히 취약한 일면을 드러냈을 것이다. 같은 이치로, 이 글의 맨 앞에서 언급한 그런 폭력과 분쟁은 만약 법치가 시행되지 않거나 환자의 가족들이 의사를 협박해 이익이 생긴다면, 이와 관련된 보도들은 오늘날의 신문과 잡지에서도 마치 사악한 귀신들처럼 사라지지 않을 것이다.

재미있는 해부학 명사

말의 유래를 보면 어려운 사물도 종종 단순해진다

처음 의대에서 공부할 때 인체해부학human anatomy이야말로 대단히 난삽한 학문이라는 것을 절감했다. 신체 각 부위 조직의 구조를 이해해야 하는 것 말고도 어렵고 까다로운 고유명사를 외워야 했는데, 이는 두뇌에 엄청 부담을 주는 일이었다. 그러다 보니 마음속에 항상 떠나지 않는 의문이 있었다. 그것은 바로 이렇게 짜증 나게 하는 고유명사를 쉽게 기억할 수 있는 무슨 편리한 방법은 없을까 하는 것이었다.

의학의 발전사를 연구하면서 이런 고유명사들을 이해하기 어려운 가장 큰 원인은 동서 문화의 배경이 다르기 때문이라는 사실을 비로소 알게 되었다. 이런 차이는 종종 간단한 사물조차 친근해지기 어렵게 하지만, 이런 차이를 알고 나면 인체해부학이야말로 생동감 넘치는 학문이라고 여기게 될 것이다. 다음에 이야기하는 몇 가지 재미있는 예를 보면 독자 여러분은 나의 이런 생각을 이해하게 될 것이다.

해부와 관련 있는 첫 번째 명사는 'muscle'로, 이를 번역하면 '근육'이다. 이 명사의 유래를 설명하기 전에 먼저 다른 이야기를 하나 들려주겠다.

아이가 어렸을 때 함께 만화영화 〈뽀빠이〉를 본 기억이 난다. 뽀빠이는 통조림에 든 시금치를 먹으면 근육이 튼실해지는데, 특히 팔뚝을 굽힐 때 이두박근이 마치 산처럼 불룩 솟아오른다. 이 화면을 보고 우리 부자는 재미있는 놀이를 하나 만들어냈다. 그냥 팔을 쭉 뻗으면 이두박근이 드러나지 않는다. 하지만 팔을 구부리면 마치 피하에서 '쥐'가 움직이는 것처럼 이두박근이 만두 모양으로 솟아오른다. 그래서 팔뚝을 폈다가 굽힐 때 생기는 내 이두박근을 아이에게 잡게 하는 놀이를 했다. 우리는 그 놀이를 '쥐잡기'라는 애칭으로 불렀다.

독자 여러분은 아마 이 이야기를 들으며 'muscle'이란 글자의 유래를 추측했을 것이다. 이 글자는 원래 라틴어의 'mus'에서 나왔는데, 그 뜻은 영어의 'mouse'(쥐)와 같다. 어쩌면 해부학자가 이 용어를 만들 때, 아이들과 이두박근 놀이를 하다가 이 근육이 쥐처럼 생겼다고 생각했는지도 모르겠다.

영어에서 'muscle'과 발음이 같은 글자로 'mussel'이 있는데, 이는 유명한 별미인 '섭조개'를 말한다. 섭조개는 홍합의 살이다. 그런데 왜 'mussel'이라고 했을까? 믿을 만한 이야기에 따르면 이 역시 쥐에

주교의 모자

서 유래했다. 섭조개가 껍질을 벌렸을 때의 모양이 쥐의 귀를 연상시키기 때문이다.

두 번째 재미있는 해부학 명사는 좌심방과 좌심실 사이의 'mitral valve'(이첨판二尖瓣)이다. 이것은 구조상으로는 두 장의 판막인데, 보기에 양쪽은 약간 높고 가운데가 낮은 것처럼 보이기 때문에 '이첨판'이라 옮겼다. 그러니까 형태를 보고 번역한 것이다. 이첨판은 승모판僧帽瓣(승모는 승려가 쓰는 모자다-옮긴이주)이라 번역하기도 하는데, 나는 처음엔 왜 그렇게 번역하는지 이해할 수 없었다. 중국인의 종교관에서 승려는 대부분 까까머리이며, 어쩌다 모자를 쓴다고 해도 승모는 이첨판의 형태와는 관계가 지어지지 않기 때문이다. 하지만 'mitral'의 뜻을 알고 난 다음에 비로소 이해할 수 있었다.

'mitral'이란 글자는 'bishop's mitre'(주교의 모자)에서 유래했다. 주교는 공식 집회에서 앞뒤가 솟은 모자를 쓰는데, 해부학자들이 심장을 절개하면서 이첨판을 보았을 때 아마 주교가 쓰는 모자를 떠올렸는지, 이첨판을 'mitral valve'라고 이름 붙였다. 그리고 중국어로 번역한 사람의 경우는 연상하는 능력이 풍부했는지 승려와 주교를 한 부류로 본 것 같다. 추측컨대 아마 라마교의 수장 '활불活佛'의 승모가 주교의 모자와 비슷한 데다, 두 사람 다 속세를 떠난 사람이기에 이렇게 연상하게 된 것이 아닐까?

마지막으로 이야기하고 싶은 것은 'molar'(어금니)이다. 어금니는 입안에서 맷돌과 같은 구실을 하는데, 음식물을 부수어 위장이 소화하기 좋게 만드는 일을 한

로마제국의 맷돌

다. 'molar'라는 글자는 영어가 아니라 옛 로마제국 시대의 도구에서 유래했다. 라틴어로 'mola'라고 하는데, 이는 일종의 맷돌이다. 이것은 중국에서 흔히 볼 수 있는 맷돌과는 모양이 약간 다르지만 기능은 같으며, 겉모양은 사람의 어금니와 대체로 비슷하다.

해부학 고유명사 세 개를 간단히 이야기해봤는데, 독자 여러분도 재미있다고 느끼겠지만, 나 또한 매우 흥미롭다. 학생 때는 이런 고유명사들을 뜻은 상관도 않고 무조건 달달 외우다 보니 수없이 반복해야만 겨우 머릿속에 집어넣을 수 있었다. 만약 그 당시 교수님들이 시간을 좀 할애해 이런 유래를 이야기해주셨다면 아마 학생들은 더욱 흥미 있게, 더 잘 암기할 수 있었을 것이다. 그리고 해부학을 위험하

고 두려운 학문으로 생각하거나 무미건조한 학과목으로 여기지 않았을 것이다. 이런 이야기들이 바로 문화의 장벽을 깨는 열쇠고 기억력을 증진시키는 지름길이라는 것을 진작 알았어야 했는데…….

강을 건넌 흙부처

의사여, 그대 자신을 치유하라

최근 몇 년간 신문과 잡지에서 현재 의료계가 걱정하고 있는 문제를 제기하는 글을 자주 보게 된다. 이 글을 쓴 사람은 의사의 영업 환경이 갈수록 나빠져 '5대 과목이 텅텅 비는' 현상이 만들어졌다는 사실을 제기한다.

'5대 과목이 텅텅 비는' 것이란 현재 많은 의사들이 내과, 외과, 부인과, 소아과, 응급의학과 등 5대 위험 과목을 줄줄이 포기하고, 앞다투어 미용의학이나 오관과五官科(안과, 치과, 피부과, 이비인후과) 쪽으로만 몰리는 것을 말한다. 5대 과목은 의사 노릇 하기에 매우 위험하고 수입 또한 많지 않지만, 그와 반대로 미용의학이나 오관과는 일하기가 별로 부담이 없는 데다가 주머니도 두둑하게 해준다.

하지만 이렇게 상황을 복잡하게 만든 또 하나의 중요한 원인은 이 5대 위험 과목의 치료 대상이 대부분 치료하기 까다로운 환자이기 때문이라고 생각한다. 이런 환자들은 치료 결과가 만족스럽지 못한 상황이 생기기 쉽다. 그렇게 되면 환자의 가족은 흥분한 나머지 대중매체에 제보하거나 법정에 소송을 제기해, 치료 기간 동안 자신의 허리를 굽히게 하고 자신을 비굴하게 만들었던 의사를 사지로 몰아넣으려고 하는 것이다.

내가 일부러 으름장을 놓는 것이 아니라, 이렇게 말하는 데는 다 사실적인 근거가 있다. 양밍陽明 대학 공공위생연구소의 양슈이楊秀儀 박사와 류방양劉邦揚 석사의 통계 보고에 따르면 세계에서 의학계의 '범죄율'이 가장 높은 곳이 타이완이다. 이 두 사람이 2001년 1월 1일부터 2008년 6월 30일까지 통계를 낸 자료에 따르면, 이 시기 타이완의 법원에 312명의 의사가 고소되었는데, 그중에 80명이 유죄판결을 받았다. 유죄율이 25.6퍼센트로 다른 국가에 비해 엄청나게 높다.

의사가 온갖 존경을 다 받는 '산보살이나 구세주'에서 사람들이 미워하는 죄인으로 전락하고 말았으니, '이런 충격을 어떻게 견딜 수 있겠는가'라는 정도의 말로는 의사들의 심정과 처지를 나타내기에 충분치 않은 것 같다. 그러다 보니 어떻게 해야 다른 사람을 구하기 전에 스스로를 구하고, 스스로를 보호할 수 있겠는가 하는 것이 의사가 직시해야 할 중요한 과제가 되었다. 이런 이야기를 하다 보니 "Physician, heal thyself"라는 서양 속담이 생각난다. 이 말을 글자 그대로 번역하면 '의사여, 그대 자신을 치유하라'가 되는데, 둥우東吳 대학의 뤼젠중呂建忠 선생은 이렇게 번역했다.

흙으로 만든 부처가 강을 건너는 격으로, 제 몸도 지키기가 어렵다.

나는 이 글을 볼 때마다 슬퍼진다.

"Physician, heal thyself." 이 속담은 일찍이 그리스 로마 시대부터 있었다. 라틴어 원문은 'Medice, cura te ipsum'이다. 아마 독실한 기독교인들은 이 말이 생소하지 않을 것이다. 《신약성경》의 〈루가복음〉 4장 23절에서 예수가 이 속담을 인용했으니까 말이다.

그런데 그리스 로마 시대에 어떻게 해서 이런 속담이 나왔을까? 로마 시대의 정치가이자 웅변가였던 키케로Cicero가 친구에게 보낸 서신에 이런 생동감이 넘치는 구절이 있다.

나쁜 의사들을 배우지 말라. 그들은 다른 사람들의 병에 대해서는 늘 의학 지식을 입에 달고 다니지만, 자기 자신은 치유하지 못한다.

왜 당시의 의사를 이처럼 불신하는 사회적 분위기가 생겼을까? 그 답은 의외로 간단하다. 당시의 의학 지식은 대부분 아직 이론적 기초가 정립되지 않아서 반복적으로 시험하거나 검증할 수 없었으며, 좋은 의사로 불릴 만한 사람이 드물었다. 병이 나면 의사에게 치료를 받아 치유되는 경우가 과학이 발달한 오늘날처럼 항상 있는 것이 아니었다. 그러다 보니 대중들이 의사를 불신하는 것이 전혀 이상한 일이 아니었다.

그러다가 1, 2천 년간의 발전을 거쳐 민중의 건강을 돌보는 의사들의 역할이 갈수록 중요해졌다. 하지만 '소비자' 의식이 대두되면서 사람들은 점차로 '의료 행위'와 '상품 소비'를 동일시하게 되었다. 병에 대한 이해는 없고 결과만으로 좋은 의사인지 나쁜 의사인지를 판단하는 그런 사람들의 입장에서는, 의사가 의료 행위 중에 무슨 실수라도 저지르면, 처음에는 '생명의 은인'으로 보였던 의사가 '죄가 너무 커서 도저히 용서할 수 없는 죄인'이 되는 것이다.

2,000년 전 그리스와 로마제국 시대의 속담을 뤼젠중 선생이 그렇게 번역한 것은 모든 의사의 처지를 해학적으로 표현한 것으로 볼 수 있겠다. 2,000년 전에는 의술이 좋지 않아 의사가 자신도 지키지 못하고 환자들의 신임도 얻지 못했다. 그런데 오늘날의 의사는 2,000년 전보다 의술이 발달했는데도 의료 결과의 불확실성으로 인해 머잖아 '방어 의료'를 고려해야 할 지경이 되고 말았다.

제3부

야만과 문명은
한끝 차이

태교와 엘리펀트 맨

태교 탓에 기형아를 낳을 수 있다는 생각은 과학적 근거가 있을까?

많은 사람이 태교의 중요성을 이야기한다. 게다가 이에 대한 책들이 나와서 여성들이 임신 기간에 음악과 책을 가까이 하고 즐거운 마음을 유지하며 자신의 기질을 변화시키면, 건강하고 활력이 넘치며 온순한 아기를 낳을 수 있다고 가르친다. 그런데 많은 사람이 이런 관념의 영향을 받아 비정상적인 기대를 하기 시작했다. 내가 아는 동료의 부인이 임신을 했는데, 부인은 방 안을 온통 '꽃미남' 아이돌 사진으로 도배해놓고 있다고 한다. 자신의 아이가 그 아이돌처럼 잘생긴 용모를 가질 수 있기를 바라는 마음에서란다.

하지만 태교라는 생각과 개념은 사실 아무런 과학적 근거가 없으며, 다만 서양의 오래된 관념이 전해 내려온 것이다. 그리고 이런 관

넘은 20세기 초까지도 의학계에 남아 있었다.

먼저 '구개 파열', 속칭 '언청이'라는 선천기형을 예로 들어 이야기 해보자. 이것은 중국어로는 '토끼 입'이라는 뜻으로 '토순兔脣'이라고 하는데, 도대체 왜 이런 명칭을 갖게 된 것일까? 이는 조기의 잘못된 관념에서 비롯되었다. 16세기에 견문이 넓고 학식이 풍부했던 스웨덴의 주교 올라우스 마그누스Olaus Magnus의 저서에는 이런 내용이 있다.

> 임신부가 항상 직면하는 불행은 바로 토끼 고기를 먹지 말아야 하며, 토끼의 머리 위를 넘어가도 안 된다는 것이다. 그렇게 하면 토끼 입을 가진 아이를 낳을 수 있기 때문이다.

'임신부가 받은 인상maternal impression'(태교) 탓에 기형이 유발된다는 관념은 일찍이 서양의 산부인과 세계를 지배했다. 그러다 보니 다음과 같은 몇 가지 재미있는 사건은 항상 역사학자들이 들춰내어 토론하는 주제가 되기도 했다.

첫 번째 사건은 13세기에 로마에서 일어났다. 한 고위 관리의 부인이 몸에 털이 돋고 손발이 변형된 기형아를 낳았다. 회진을 한 의사는 임산부가 거실에 너무 많은 곰 그림 벽화를 걸어놓거나 곰과 관련된 장식품으로 장식을 했기 때문에 이런 비통한 결과를 가져온 것이라고 추론했다. 당시의 교황 마르티노 4세Martinus IV는 사람들이 이와 똑같이 생긴 기형아를 낳을까 염려되어 로마 시내에 곰과 관련된 조각이나 유화를 모두 없애거나 부숴버리라는 명령을 내렸다.

두 번째 재미있는 사건은 17세기에 덴마크에서 일어났다. 사람의 림프관 계통을 발견한 명의 토마스 바르톨린Thomas Bartholin은 고양이 머리 모양을 한 기형아를 낳은 임산부를 관찰하면서 병력은 어떠한지, 어떤 일이 있었는지 자세히 물었다. 임산부는 언젠가 야옹이 한 마리가 침대 밑에서 튀어나와 크게 놀란 적이 있었다는 사실을 기억해냈다. 이쯤 되면 그녀가 기형아를 낳은 이유를 말하지 않아도 알 수 있지 않겠는가?

바르톨린이 발견한 이 중요한 사실은 당시 덴마크 국왕 프레데릭 4세Frederick Ⅳ의 마음속에 공포감을 불러일으켰다. 그는 전국의 지체장애인을 수용해 치료하는 요양원을 세웠는데, 그 목적은 장애인들을 치료하자는 것이 아니었고, 임신한 여성들이 이들을 보지 못하도록 해 그런 장애인들과 같은 아이를 낳지 않도록 하자는 것이었다.

이런 관념의 영향을 받아 18세기 독일에서는 간통과 관련된 법률 소송 사건이 아주 재미있는 방향으로 흘러간 일이 있었다. 흑인 남자와 결혼한 백인 여성이 피부가 흰 아이를 낳아 남편에게 고소를 당해 법정에 서게 되었다. 이 흑인 남자는 자기의 아내가 다른 남자와 부정한 짓을 했다고 고소한 것이다. 피고가 된 부인은 자신의 무죄를 극력 주장하면서, 집에 걸어놓은 백인 남자의 초상화 탓에 빚어진 결과라고 항변했다. 그녀는 자신이 그림 속 남자의 용모를 얼마나 흠모했는지에 대해 말하면서 매일 적지 않은 시간을 할애해 그림 속의 미남을 뚫어지게 바라보았다고 진술했다. 물론 법관은 그녀의 허튼소리를 받아들이지 않고 간통죄로 판결했다. '임신부가 받은 인상'이라는 관념에 대한 불신이라고 할 수 있는 이 판결은 당시 사회에서는 특수 사례일 뿐이다. 당시에 이런 관념은 마치 사악한 귀신처럼 사람들과 의학계에 깊이 파고들었으니까 말이다.

19세기 말에서 20세기 초에 이르기까지 의학 학술지와 의학 교과서에는 모두 이런 안건의 분석으로 가득했다. 예를 들면 1880년대 유럽의 의학 학술지에 여러 사건이 게재되었는데, 그중에 이런 이야기도 있다. 우유를 짜다가 소에게 머리를 걷어 차인 임신부가 소머리를 가진 기형아를 낳았다. 농부가 산토끼 한 마리를 잡았는데, 아무 생각없이 토끼를 건초 더미에 집어던졌다. 아이를 배어 배가 남산만 한 그의 아내가 마침 그 옆에 있었는데, 아내가 해산한 후 농부는 더 이상웃을 수 없었다. 아이의 얼굴에 미트볼 같은 혹이 붙어 있었고, 그 위에는 온통 토끼털 같은 것이 덮여 있었기 때문이었다.

유명한 학술지가 이런 불가사의한 병례 보고서로 가득 차 있고, 교과서의 논술에 오류가 있는 것도 그다지 이상한 일이 아니었다. 1903년에 나온 《미국 산부인과 교과서 American Textbook of Obstetrics》에서도 '임신부가 받은 인상'이란 관념을 그대로 따르는 것을 볼 수 있다. 영국의 엘리펀트 맨(영화 〈엘리펀트 맨〉의 주인공)과 미국의 터틀 맨(등에 멜라닌 신경류가 자라 마치 거북이 등 껍데기처럼 생김)이 나오게 된 이유가 바로 모두가 알고 있는 기형의 원인 때문이라는 것이다. 임신부가 코끼리를 보았다거나 거북이를 보았다는 말을 하지는 않지만, 결국 빙빙 돌려 조심하지 않은 엄마에게 그 책임을 떠넘긴 것이다.

흥미로운 여러 이야기를 보았는데, 이 이야기가 임신을 준비하고 있거나 심신을 가다듬고 태교를 하고 있는 여성들을 놀라게 하지 않았으면 좋겠다. 나는 '임신부가 받은 인상'을 신봉하는 사람은 아니지만, '지성이면 감천'이란 말을 믿는 사람이다. 아이를 잘 키우려는 마음만 있다면, 《대학大學》에 나오는 "목표에 도달하지는 못해도 차이가 많이 나지는 않는다雖不中亦不遠矣"라는 말이 적용될 수 있으리라고 생각한다.

월경과 동서양의 금기

월경 중인 여성이 건드리면 술이 시어지고 쇠 그릇에 녹이 슨다고?

설날 사당에 가서 향을 피우고 참배하는 것이 타이완 사람들의 중요한 신년 연례행사다. 나 역시 관습에 따라 식구들을 데리고 영험하다고 널리 알려진 사당을 찾아가 신불神佛의 가호로 내 일도 잘되고, 식구들도 건강하며, 아들이 원하는 대학에 순조롭게 합격할 수 있기를 기원한다. 성지순례라고 할 수 있는 이런 참배 과정을 거치다 보면 나처럼 평소에 타이완 민속신앙에 거의 관심이 없는 문외한도 견문을 넓힐 수 있게 된다. 사당에서는 곳곳을 가득 채운, 향 몇 개를 피워 들고 작은 소리로 경문을 낭독하거나 주문을 외우는 선남선녀들을 볼 수 있고, 담장 가 기둥 위에 가득 걸어놓은 셀 수 없이 많은 광명등光明燈(신도들이 공양하는 등-옮긴이주)과 기복등祈福燈(새해의 복을 기원하는 등-

옮긴이주)을 볼 수 있다. 그리고 태세신太歲神(한 해를 주재하는 신선. 매년 태세신을 범하는 띠가 있는데, 이 띠에 속한 사람은 태세신에게 제사를 지내야 화를 면할 수 있다-옮긴이주)을 범한 사람들을 위해 거행하는 의식을 볼 수 있다. 이런 장면들은 전국의 모든 사당에서 볼 수 있는 기본적인 정경이다. 이런 정도이니 특정한 신불의 승천, 탄신, 제사를 올리면서 가장행렬 행사를 하는 경축 의식 등을 위해 게시판에 붙이는 공고가 얼마나 많은지에 대해서는 굳이 설명할 필요도 없지 않을까?

그 많은 공고문을 보다 보면 그중에 장황하게 써놓은 '참배 수칙'이 있는데, 거기에는 '월경 중인 여성'은 사당 안에 들어가 참배하지 말라는 상당히 흥미로운 조항이 있다. 나는 손가락으로 그 수칙을 가리키며 아내에게 보여주었다. 아내는 이런 '원죄'를 규정하는 듯한 수칙에 대해 아무렇지도 않게 생각하는 것 같았다. 하지만 남성이자 의사인 내가 볼 때, 조금도 숨김없이 '솔직하게' 드러낸 이런 수칙에서 당돌함과 차별을 느끼지 않을 수 없었다.

월경이란 가임 연령의 여성의 입장에서 말하자면 그림자처럼 따라다니는 좋은 친구라고 할 수 있다. 거의 매월 정기적으로 찾아오니까 말이다. 그런데 이를 단순히 의학적 시각에서 본다면 이렇다. 자궁이 난소에서 배출되는 난자를 받아들이기 위해 에스트로겐의 영향을 받아 두껍게 변하는데, 이는 임신을 위한 준비라고 볼 수 있다. 그런데 난자가 수정되지 않으면 에스트로겐의 농도가 낮아져 자궁내막이 떨어져 나오고, 떨어져 나온 자궁내막 조직과 혈액이 함께 질을 통해 배출되는데, 이것이 바로 월경이다. 이런 생식 주기는 영장류(인류 포함)에 대해서만 월경이라고 하며, 기타 포유류 동물들에 대해서는 '발정 주기'라고 한다.

옛날에는 월경 현상에 대해 의학적으로 설명할 수가 없었다. 그러다 보니 별의별 괴상망측한 일들이 생겼다. 나는 유명 사당의 참배 수칙을 본 후 역사 자료를 찾다가 월경에 대한 해괴한 오해가 어제오늘의 일이 아니라 아주 오래전부터 있었으며, 게다가 현재도 일부 지역에서는 월경에 대한 관념이 무슨 풍속처럼 깊이 뿌리박혀 있다는 것을 알게 되었다. 나는 이런 자료들을 탐독해 완전히 이해한 후에 정리해보았다. 아마 독자 여러분들도 읽고 나면 각자 나름대로 견문을 넓힐 수 있을 것이다.

나단 벨로프스키Nathan Belofsky의 저서 《기이한 의학Strange Medicine》을 보면 상식적으로는 도저히 생각할 수 없는 다음과 같은 황당무계한 예들이 나온다. 고대 그리스인들은 월경하는 여인들에게는 어떤 물건도 건드리지 못하게 했다. 술이 시어지고, 나무가 열매를 맺지 않으며, 쇠 그릇에 녹이 슨다고 믿었기 때문이다. 서양의학의 아버지 히포크라테스는 혹시라도 월경 중인 여자가 발광을 하게 되는 것은 심한 염증이 생겼기 때문이라고 보았다. 그래서 만약 통제할 수 없게 된다면 여자를 계속해서 뛰게 하든지, 더 나아가 우물에 뛰어들게 해 익사시켜도 된다는 견해를 제기했다. 유명한 학술지인 《영국 의학 저널》 1878년 호에는 '월경 중인 여성이 간수로 돼지 족발을 절이는' 중요

한 일에 종사해도 되는지에 대해
의사들이 벌이는 논쟁이 게재되
어 있다.

미국 뉴저지 주의 페어레이 디
킨슨 대학Fairleigh Dickinson University에
재직하고 있는 구터만Guterman은
수많은 종족이 월경 시에 금기시

아프리카 도곤 족 부락의 '월경 오두막'

하는 것들을 정리했는데, 나는 이를 보면서 남자의 몸으로 태어난 것
이 얼마나 다행인지를 잠시나마 느낄 수 있었다.

그가 정리한 내용에 따르면, 지금도 아프리카 말리Mali의 도곤Dogon
족 부락과 인도네시아의 후아우루Huaulu 족 부락에서는 월경 중인 여
성들은, 자기 몸의 불결함이 남자의 일상 업무에 영향을 미쳐 나쁜 운
수를 가져다주지 않도록 반드시 집에서 나가 '월경 오두막menstrual hut'
에 거주해야 한다. 그런데 웃기는 것은 월경 중인 여성이라도 일상 노
동은 면제되지 않는다는 점이다.

구터만은 또한 몇몇 종교에서 하는 월경에 관련된 금기도 정리했는
데, 그 가운데 유대교의 규정이 가장 가혹하다. 유대교의 법전《할라
카Halakha》에는 다음과 같은 규정이 있다. 월경 중인 여성은 남성과 같
은 소파에 앉거나 음식물을 건넬 수 없고, 다른 사람 앞에서 노래를
부를 수 없다. 월경이 끝난 후에는 침례용 수조에 몸을 담근 후에야
다른 사람과 접촉할 수 있다. 불교와 힌두교에서도 월경 중인 여성이

불결하다고 인식하고 있지만 다른 일상적인 생활에서의 제약은 없고, 종교 제전에 참여하거나 사원에 들어가 참배해서는 안 된다는 제약만 있다. 이슬람교는 우리가 상상하는 것처럼 그렇게 엄격하지는 않다. 불교나 힌두교와 비슷한 금기 사항 외에, 월경 중에는 남자와 성적인 접촉을 하지 말아야 한다는 규정이 있다.

구터만이 특별히 지적한 천주교와 유대교의 관념은 거의 비슷하다. 그래서 조기의 미사 집행자나 신부 직책은 여성이 맡을 수가 없었다. 특히 러시아정교회의 규범에는 위에서 언급한 월경 오두막도 있는데, 이곳은 여성들이 매월 왕림해야 하는 곳으로 되어 있다.

이 문헌을 보면 동서양의 미신에는 정말 우열을 가릴 수 없이 마찬가지라는 것을 역사가 증명하고 있다. 어찌 보면 '월경 중인 여성'은 사당 안에 들어가 참배하지 말라는 우리네 규정은 그야말로 새 발의 피라고 할 수 있지 않을까?

분만하는 남편

남편이 분만을 흉내 내거나 산후조리를 하는 풍속이 있었다

아내는 떡두꺼비 같은 아들 둘을 낳았다. 두 차례의 산후조리를 견디기 어려운 칠팔월 염천에 했으니 그야말로 크게 고생했다. 더군다나 타이완에는 산후조리를 할 때 머리를 감으면 안 되고 바람을 쐬어도 안 되며, 찬물을 마시거나 찬 음식을 먹어도 안 되는 등 적지 않은 금기가 있어 산후조리 기간 내내 아내는 엄청난 불편을 참아야 했다. 결국 더 이상 참기가 어려워 머리를 감았는데, 그마저도 시어머니에게 안 들키게 해야 했다.

대부분의 사람들이 가지고 있는 관념은 대체로 선인들에게 전해 내려온 것들이다. 더구나 "산후조리를 하지 않으면 당장은 별 일이 없는 것 같지만 뒷날 문제가 생기게 된다"는 말은 임산부들이 따르지 않을 수 없게 만든다. 산욕열에 걸리면 나이 먹어서 후회해도 이미 늦는다고 하니 어찌 겁먹지 않을 수 있겠는가?

그런데 산후조리를 하지 않으면 정말로 나중에 문제가 생길까?

중의사인 천차오쭝陳潮宗 선생의 고증에 따르면, '산후조리' 개념이 처음 보이는 기록은 《예기禮記》의 〈내칙內則〉편이다. 이 책에서는 산후조리를 '월내月內'라고 하는데, 이를 보면 문자 상으로 나타난 산후조리라는 개념은 이미 2,000여 년의 역사가 있음을 알 수 있다. 하지만 이 개념이 널리 퍼진 시기는 그보다 훨씬 더 오래되었을 것이라고 나는 믿는다. 사회학의 관점에 비춰보면 산후조리는 반드시 해야 하는 의식으로, 산모가 순조롭게 인생의 전환점을 지날 수 있도록 도와주는 것이다. 아이를 출산하는 일은 한 여자의 생활이 아내에서 엄마로 전환되는 것이고, 외부 사람에서 식구로 전환되는 것이기 때문이다. 산후조리라는 의식으로 인해 산모는 지위가 높아지고, 주변 사람들은 산모를 위해주며, 산모 자신 역시 이런 기회를 통해 그동안 쌓인 감정을 발산하고, 오랜 시간 누적된 피로를 해소하게 된다.

그런데 어떻게 해서 산후조리에 그렇게 많은 금기가 생기게 되었을까? 의사의 시각으로 보면, 옛날의 의료 수준으로는 산모나 영아를 충분히 보살피기가 어려웠기 때문에 영아나 산모의 사망률이 상당히 높았고, 이로 인해 일부 그럴듯한 관념이 생기게 된 것이다.

예를 하나 들어보자. 임산부가 산후에 소독이 잘되지 않아 세균이 골반강骨盤腔에 침입해 염증을 일으키면 열이 나는 증상이 나타난다.

하지만 옛날에는 '세균 감염'이라는 개념이 없어서 산모가 감기에 걸리거나 몸살이 났다고 여겼다. 그래서 이런 상황이 일어나지 않도록 밖에 나가지 못하게 하고 머리를 감지 못하게 하며, 물도 만지지 못하게 하고 찬 음식을 먹지 못하게 한 것이다.

산후조리를 할 때의 여러 금기 사항은 오늘날 의료 기술이 발전했다고 해서 없어지거나 수정되지 않고, 여전히 중시되고 있다. 심지어는 약간의 미신까지 더해졌다. 상대적으로 서양 사회에서는 산모가 출산한 후 출산 과정에서 쌓인 피로를 풀어주고 수분을 보충해주려고 간호사가 산모에게 청량음료를 주기도 한다. 그뿐만이 아니다. 출산 당일 산모가 목욕하는 것을 허락하기도 하고, 침대에서 내려와 운동할 것을 강요하기도 한다. 중국과 비교하면 참으로 현저한 차이다.

서양에서 산모에 대해 이렇게 하는 것은, 막 출산을 한 산모는 체내의 혈액이 쉽게 응고될 수 있는 상태이며, 오랜 시간 움직이지 않고 누워 있었던 데다 탈수되어 혹시라도 하지 정맥혈전증이 생길 수 있기 때문이다. 만약 불행하게도 혈전이 혈액을 타고 허파로 들어가면 '폐색전'으로 돌연사할 수도 있다. 나는 이런 증상의 환자 두 사람에게 에크모ECMO(체외막형 산소화 장치)를 장착해 생명을 구한 적이 있는데, 목숨을 살리긴 했지만 그 과정은 정말 보통 힘든 게 아니었다.

"세 살 버릇 여든까지 간다"라는 속담이 있다. 오늘날 타이완 사회에서 서양의 '산후 보살핌'이란 관념을 전면적으로 받아들이기에는 여러 가지 어려움이 있다. 하지만 날이 갈수록 떨어지는 출산율 문제를 해결하려면 정부는 임산부에게 산후휴가를 주는 것 외에, 남편들에게도 '의만擬娩 휴가'를 주어야 한다.

남자산욕男子産褥이라고도 하는 '의만'은 원시 풍속이다. 인류학이나 민속학 연구에 따르면 어떤 부족은 부인이 출산하는 기간에 남편이 분만하는 흉내를 내거나, 혹은 부인이 출산한 후에는 남편이 산모가 아이를 안고 있는 모습으로 가장해 부인을 대신해서 산후조리를 한다. 그런데 진짜 산모는 밖에 나가 일을 하고, 침대에 누워 산후조리를 하고 있는 남편을 위해 음식을 준비하기도 하는데, 이런 남편을 '의만 남편'이라고 한다. 중앙연구원의 리이위안李亦園 교수는 그의 글 〈의식을 말하다說儀式〉에서 '생명의 예절과 의식'을 언급하며 브라질 원주민 남자들을 예로 들면서 이렇게 해설했다.

그 목적(의만 풍습을 가리킴)은 원주민 남자들이 아빠가 되는 단계를 쉽게 통과해 이들이 사회에서 책임과 의무를 가진 건전한 중견이 될 수 있도록 돕는 데 있다. 그들은 실제로 산후조리라는 형식을 빌려 다른 사람과 접촉하지 못하고 한동안 많은 금기 사항을 지킨다. 이는 이런 특수한 공백 시간이 있기 때문에, 대를 이을 자식이 아직 없었던 단계와 그 이후의 대를 이을 자식이 생겨 책임이 생긴 단계가 분리되는 것을 상징하는 것으로, 일종의 새로운 단계의 시작으로 비유할 수 있다.

의만 풍습은 브라질의 원주민에게만 있는 것이 아니다. 동족僮族과 태족傣族 같은 중국의 소수민족 그리고 프랑스와 스페인 인접 지역에 살고 있는 바스크Basque인 등에게도 이와 유사한 전통이 있다. 어떤 사람은 이를 모계사회의 잔재로 보는데, 이런 현상은 중국 여성들의 산후조리 풍습에 대해서 그 정도로 될까 하는 물음표를 던져준다.

나는 남편이 부인과 함께 산후조리를 하는 것을 찬성한다. 그렇게 하면 최소한 부부간, 부자간, 모자간의 정이 더 깊어질 수 있으며, 혹시라도 출산율이 높아져 타이완 사회에서 날로 심각해지는 고령화 문제를 해결할 수 있지 않을까?

죽음의 악수

국왕이 안수하면 병이 치유될 수 있다?

타이완의 총통 마잉주馬英九는 오지랖 넓은 몇몇 시골 마을 사람들이 그에 대한 뉴스와 사건을 정리한 자료를 보게 되었다. 자신과 악수한 사람들이 모두 불행하게 되었다는 내용이었다. 2010년 9월, 마 총통은 야후Yahoo 사를 초청해 타이완에 본부를 설치할 수 있도록 했다. 그런데 그 총책임자인 캐롤 바츠Carol Bartz 역시 그와 악수한 지 얼마 되지 않아 교체되었다. 2011년 12월 25일, 마 총통은 고승 싱윈星雲 법사와 악수하면서 상투적인 인사말을 나누었는데, 다음 날 법사는 돌연 중풍에 걸리고 말았다.

더 재미있는 사실도 있다. 2013년 7월, 마 총통이 윔블던 복식 우승자인 셰수웨이謝淑薇를 접견하고 악수했다. 그런데 셰수웨이는 그 후에 참가한 몇 차례의 테니스 시합에서 모두 참패하고 말았다. 그러자 어떤 이가 마 총통을 패러디하면서 마 총통의 악수야말로 '죽음의 악수'라고 뼈 있는 우스갯소리를 했다. 그리고 포털 사이트 '마싸이馬賽 전기傳奇'를 만들어 마 총통과 악수한 후에 운수가 나빠진 사례를 빠짐없이 정리했다('馬賽'를 풀이하면 '말 경주'라는 뜻이다. 이는 마잉주 총통이 '마'씨이기 때문에 그의 행보를 '말 경주'로 풍자 것이다-옮긴이주).

이렇게 총통을 야유하는 것은 타이완 구세대 사람들의 전통적인 경험에 비춰보면 그들과는 완전히 상반되는 일이고 도저히 상상도 할 수 없는 일이다. 이전의 사람들은 돈과 권세가 있는 사람, 특히 고관들은 몸에 귀한 기운을 지니고 있어 그 사람들과 함께 서 있거나, 심지어 몸이 닿기만 해도 그들의 복을 나누어 가질 수 있다고 여겼다. 그래서 억세게 운 좋게도 나라에서 가장 존귀한 몸인 총통과 악수하게 되면 좋은 운이 따라 들어와 자신의 앞길이 밝아질 것이라고 생각했다.

그러다 보니 '죽음의 악수'라는 말로 세상이 떠들썩한데도 해마다 설날에 마 총통이 마씨 집성촌에 가서 훙바오紅包(세뱃돈 또는 금일봉-옮긴이주)를 줄 때는 엄청나게 많은 사람이 앞다투어 장사진을 이룬다. 권세를 가진 사람의 몸에서 나오는 고귀한 기운을 나누어 받으려고 말이다.

사실상 동서양을 막론하고 모두 이런 동일한 관념이 있다. 심지어 중세에는 최고 통치자와의 신체적 접촉을 통해 특정 질병을 치료할 수 있다고 믿었다. 가장 유명한 예가 바로 '국왕의 괴질 king's evil'이다.

'국왕의 괴질'은 연주창連珠瘡이라고도 하는데, 자세히 설명하자면 환자가 폐결핵에 걸려서 목에 임파선 종양이 생기는 것을 말한다. 서양의 역사를 보면 11세기의 프랑스 국왕 로베르 2세 Robert II가 처음으로 왕의 안수 royal touch로 병을 치료하기 시작했다. 하지만 상당한 규모를 갖추고 치료한 것은 영국의 국왕 에드워드 1세 Edward I와 프랑스 국왕 필리프 2세 Philip II였다.

국왕이 안수하면 병이 치유될 수 있다는 생각은 사실 왕의 권한은 신이 준 것이라는 왕권신수설王權神授說에서 나왔다. 국왕은 보통 사람으로 보여서는 안 되며, 인민을 통치할 수 있는 권한을 신에게 부여받았으므로 당연히 신분이 고귀하고, 신과 같은 초능력을 가지고 있는 것으로 보여야 한다고 생각했다. 그러므로 국왕이 병을 치료할 수 있다는 이미지를 만들어낸 것은 조금도 이상한 일이 아니었다.

그런데 역사 기록에 따르면, 한 환자는 국왕의 안수를 받은 후 정말로 건강이 회복되었다. 커렐리 Currelly라는 학자는 역사 자료를 찾아보다가 이 사람들이 정말로 치유된 것은 다 그만한 이유가 있다는 것을 발견했다. 영국의 왕 에드워드 1세가 막 안수 치료를 시작했을 때 안수 받았던 환자들을 예로 들어보자. 그들은 먹을 것과 입을 것을 걱정하지 않아도 되는 환경을 제공받고 그 속에서 요양했다. 원래 가난과 질병에 허덕이던 이 환자들은 생활 조건이 형편없어 폐결핵에 걸렸던 것이다. 그런데 이런 열악한 환경을 벗어난 데다 영양을 충분히 보충

하자 원래의 건강한 모습을 회복했던 것이다. 그러므로 정확히 말하자면, 생활환경을 개선하고 충분히 음식을 섭취해서 '국왕의 괴질'이 치유된 것이지, 그저 국왕이 한 번 쓰다듬었다고 해서 병이 치유된 것은 아니었다.

그런데 최고 통치자의 권위란 몇 사람을 쓰다듬었다고 세워지는 것이 아니라 특별한 의식과 집회가 수반되어야 세워지는 법이다. 그러다 보니 '국왕의 안수'는 나중에 많은 사람을 동원한 성대한 의식으로 발전했다. 역사 기록에 따르면 영국의 국왕 헨리 7세Henry VII는 한 번에 1,500명에게 안수를 했고, 찰스 2세는 1660년부터 1682년까지 안수를 해준 사람이 9만 명을 넘었을 정도였다. 이런 '쓰다듬기 신공'은 비단 남성 군주만의 전유물이 아니었다. 영국의 황후 안네Anne 역시 1712년에 이런 방법으로 200여 명의 환자를 치유했다.

그런데 국왕에게 축원과 안수 받기를 원하는 사람들이 너무 많았다. 그래서 영국의 국왕 헨리 4세는 '엔절Angel'(표면에 천사의 그림이 있음)이라는 이름의 주화를 만들었다. 국왕이 이 주화를 만진 뒤 환자가 몸에 지니면, 국왕이 직접 안수한 것과 동일한 효과가 있으며, 몸을 지켜주는 부적 구실도 한다고 믿었다.

'국왕의 안수' 의식은 프랑스의 국왕 샤를 10세 때인 1825년에 이르러 마침표를 찍었다. 하지만 중국 사람이나 서양 사람들의 생활 가운데 이와 유사한 관념은 여전히 남아 있다. 예를 들어보자. 교황이 다른 나라를 방문할 때마다 어떤 사람이 교황의 안수와 축원을 받아 오

영국 국왕 찰스 2세가 '국왕의 안수'를 하는 장면

래된 고질병이 치유되었다는 소문이 전해지기도 한다. 그리고 타이완에서는 바다의 여신 마조媽祖에게 향을 피우고 제사를 올리면서 가장 행렬 행사를 할 때, 경건한 신도들은 마조의 가마가 그들의 곁을 지나가며 재앙을 없애주고 액막이를 해주기를 바라고 믿는 마음에서 땅바닥에 드러누워 있는데, 그중에는 오랜 기간 병고로 고생하는 환자들이 적지 않다.

나는 신앙의 옳고 그름을 따질 생각은 없다. 다만 이런 행위들과 중세의 '국왕의 안수'가 어느 정도 비슷하는 점을 말하고 싶다.

죽을 4와 13일의 금요일

'13일의 금요일'에는 중독, 자해, 교통사고가 급증할까?

의사 생활 20년이 넘었다. 그런데 솔직히 말하자면, 아직도 설날, 청명, 단오, 추석 같은 큰 명절에 당직을 서는 것이 두렵다. 이런 기간에 치료하기 까다로운 환자를 만나면 당직 의료진들은 당황하여 바쁘게 이리저리 뛰어다니다가 쉬이 지치게 된다. 이런 경험을 어르신들에게 들려주면 대부분 이구동성으로 하는 말씀이 있다. 이런 명절들은 한 해의 큰 길목에 해당하기 때문에 건강이 좋지 않거나 기가 쇠약한 환자들은 이 길목을 못 건너 세상을 떠나기 쉬우니, 큰 명절에는 수술환자를 받지 않는 것이 좋다는 것이다.

내가 이런 미신적인 생각을 전파하려는 것은 아니다. 하지만 자세히 생각해보면 이런 큰 길목에 해당하는 시기에는 병원도 휴가 때문에 사람 손이 달리는 때다. 만약 약간이라도 처치하기 어려운 환자가 오면 대부분의 당직 인원들이 투입되기 때문에 환자 한 사람이 거의 모든 의료진을 독차지하게 된다. 물론 당일에 출근한 사람들도 난감한 생각이 드는 건 당연한 일이다. 그러다가 결국은 '큰 명절'이나 '큰 길목'을 들먹이면서, 구세대들의 전통적인 생각에 부화뇌동하는 쪽으로 흘러가게 된다. 이것이 내가 생각해낼 수 있는 논리에 가장 부합된다고 여겨지는 핑계다. 하지만 내 손에 타이완의 통계자료를 가지고 있지 않기 때문에 이 추론이 정확한지 확인할 방법은 없다.

이와 같은 미신적인 생각은 과연 검증이 가능할까? 나는 의학 학술지에서 내가 알고 싶어 하는 답을 알려줄 수 있는 여러 편의 통계자료를 찾아냈다.

미국 캘리포니아 대학 산티아고 분교의 사회학자 데이비드 필립스 David Philips는 2001년 《영국 의학 저널》에 미신과 사망 사이의 정확한 관계를 설명하는 아주 흥미로운 글 한 편을 발표했다. 데이비드 필립스의 연구 팀은 1973년 1월부터 1998년 12월까지의 미국 내 4,700만 명의 사망 기록을 분석했다. 그의 연구의 중점은 중국계 미국인과 일본계 미국인들이 4일이라는 날짜에 높은 사망률을 보였는지 여부를 찾아내는 것이었다. 중국어와 일본어에서 숫자 4와 글자 죽을 사死 자의 발음이 비슷하기 때문이었다.

그의 통계자료에 따르면 중국계 미국인과 일본계 미국인 가운데 매월 4일에 심장병으로 사망한 인구는 다른 날짜에 비해 7퍼센트 높았으며, 초점을 만성 심장병에 맞출 경우 이 수치는 13퍼센트로 상승했다. 하지만 다른 민족 출신의 미국인들에게는 이런 현상이 나타나지 않았다. 데이비드 필립스는 이런 특이한 현상을 '바스커빌 가문의 개The Hound of the Baskervilles'라고 불렀다. 이는 탐정소설《셜록 홈즈》에 나오는 바스커빌이라는 인물이, 사냥개 유령이 복수한다는 사실을 맹신해 극도의 심적 스트레스를 받다가 심장병이 발작해 사망한다는 이야기에서 유래했다.

위에 이야기한 현상은 미신을 맹신하는 사람은 자신도 모르는 사이에 스스로를 해친다는 것을 설명해주고 있다. 그런데 집단적인 미신역시 다른 사람을 해칠까? 윤리철학과 정치철학을 연구한 학자인 토머스 스캔론Thomas Scanlon의 연구는 그럴 가능성이 있다는 사실을 밝혀준다.

서양에서는 보편적으로 '13일의 금요일'이 불길한 날이라고들 생각한다. 토머스 스캔론과 그의 동료들이 2년에 걸쳐 관찰한 결과, 13일의 금요일에는 런던의 M25 도시 순환 고속도로의 차량 통행량이 평시보다 아주 적다는 사실을 발견했는데, 이는 많은 운전자들이 이 고속도로를 타지 않았다는 것을 의미한다. 학자들은 이어 13일의 금요일에 병원에 와서 의사에게 진찰 받은 유형을 관찰했다. 그 유형에는 중독, 자해, 우발적 교통사고 등이 포함되었는데, 이날 우발적 교통사고가 정말 많았다. 이 불길한 날에 무려 52퍼센트나 급증한 것이다.

그리고 핀란드의 공중보건 학자인 시모 나위하Simo Näyhä도 유사한 연구를 했는데, 연구 규모가 훨씬 컸다. 그는 1971년에서 1997년까지의 핀란드 전국의 모든 기록을 검사했는데, 324개의 13일의 금요일과 1,339개의 다른 날짜의 금요일이 포함되어 있었다. 그는 이 연구를 하면서, 남성의 교통사고 사망 기록 가운데 단지 5퍼센트만이 이 불길한 날과 관련이 있었다는 사실을 발견했다. 하지만 여성의 비율은 무려 38퍼센트에 달했다. 그는 이런 우발적 사건의 비율이 증가한 이유는 운전자가 이날 심적 스트레스를 심하게 받아서 사고가 난 것이라고 보았다. 그래서 그는 '미신은 정말로 사람을 해친다'고 명백한 결론을 내렸다.

그런데 정말로 그럴까? 어떤 이는 사망률이 의외로 증가하는 이유를 불길한 날의 탓으로 돌리는 것은 억지 논리라서 모든 사람들을 납득시키기 어렵다는 의견을 제기했다. 학자 페니사Panesar가 홍콩을 연구한 자료에 따르면, 1995년에서 2000년까지 매월 4일, 14일, 24일의 사망률이 눈에 띄게 증가하지는 않았다. 그의 이런 연구는 데이비드 필립스의 연구 결과를 뒤집고, 그에게 야유를 퍼부은 것이라고 할 수 있다. 홍콩에 사는 중국인의 비율이 미국에 사는 미국계 중국인들보다 높으므로, 이치로 보자면 홍콩이 훨씬 더 미신적이어야 하니까 말이다.

어쨌든 간에 이런 논쟁은 설령 과학적 데이터로 증명된다고 해도 쌍방이 서로 못마땅하게 여길 것이 분명하다. '믿는 사람들은 서로 믿고, 믿지 못하는 사람들은 서로 믿지 못하는' 데에서 미신이 싹트기 때문이다. 내가 근무하는 병원을 예로 들자면, 건물에 4층이라는 표시가 없고 4라는 번호가 들어가는 병실이나 병상이 없는데, 이는 환자나 환자 가족 들이 재수 없어 하는 것을 건드리고 싶지 않아서일 것이다.

영국 판《두아의 원한寶娥寃》

억울하게 사형선고를 받은 두 여인은 서로 다르게 누명을 벗었다

원나라 때의 잡극 작가 관한경關漢卿은 원래 태의원太醫院의 관리였다고 한다. 그런데 의술에는 별로 흥미가 없었던 것 같고, 그보다는 자신이 처한 시대의 민중들이 겪는 비참한 처지를 극본에 그려넣는 데 더 큰 관심을 가졌다. 그의 걸출한 대표작에《두아의 원한》이 있다.

두아는 초주楚州에 사는 가난한 여자였다. 그녀의 아버지가 과거를 보기 위해 길을 나서야 하는데 노잣돈이 부족하자 두아를 채파파蔡婆婆에게 민며느리로 팔아넘겼다. 그런데 2년이 채 못 되어 채씨 집안의 남자들이 모두 병으로 죽고, 두아와 시어머니만 둘이 남아 서로 의지하며 살게 되었다.

채파파의 이웃인 장노아張老兒는 자기 아들 장려아張驢兒와 한패가 되어 채파파와 두아를 괴롭혔다. 그가 두아를 장려아에게 시집보내라고 채파파를 협박했지만, 두아는 시집가기를 단호하게 거절했다. 장려아는 중병에 걸린 채파파에게 두아가 양위탕¥胃湯(허약한 체질을 보양해주는 음식-옮긴이주)을 끓여 먹이려는 틈을 타 탕 속에 독을 탔다. 채파파가 죽으면 두아를 차지하기 쉽겠다는 생각에서였다. 하지만 채파파는 구토를 했고, 장노아는 양위탕을 빼앗아 마시고는 그만 절명하고 말았다. 장려아는 자신이 한 짓이 탄로 날까 두려운 나머지 초주의 태수를 매수하고, 두아에게 죄를 뒤집어씌웠다. 두아는 온갖 고문을 당했지만 범행을 인정하지 않았다. 그러자 태수는 아예 작심하고 두아 앞에서 채파파를 사정없이 매질해댔다. 두아는 결국 어쩔 수 없이 허위 자백을 하고 말았다.

두아는 사형을 선고받았다. 두아는 사형을 당하기 전에 하늘을 보며 '하늘이 큰 눈을 내려 내 시체를 덮어주고, 초주에 3년 동안 가뭄이 들게 해달라'고 빌었다. 그런데 정말로 두아의 억울한 사정이 하늘과 땅을 움직였다. 두아가 사형될 때는 6월의 삼복더위가 한창이었다. 그런데 삽시간에 천지가 어두컴컴해지더니 큰 눈이 펄펄 내렸다. 그뿐만이 아니었다. 이어 초주 땅에는 3년 동안 큰 가뭄이 들었다.

이 이야기의 결말은 이렇다. 두아의 아버지는 과거에 합격해 관리가 되어 딸의 억울한 누명을 벗겨주고, 흉악한 살인범인 장려아를 사형에 처했다. 뇌물을 받았던 초주의 태수 역시 응분의 징벌을 받은 것은 물론이다. 그 후로 '오뉴월의 눈'은 억울한 누명을 상징하는 말이 되었다.

《두아의 원한》 이야기를 꺼낸 이유는 서양에도 이와 비슷한 일이 있었기 때문이다. 의료 역사의 발전 과정에서 앤 그린Anne Greene이란 여성이 사형당한 일은 많은 사람의 관심을 끌었다. 다만 중국과 서양의 문화가 달라서 이야기의 발전과 결말이 서로 다른 풍격과 면모를 보인다.

앤 그린은 17세기에 영국의 스티플 바톤Steeple Barton에 살던 여성이었는데, 부모가 그녀를 기사 작위를 받은 토머스 리드Tomas Reade의 집에 하녀로 보냈다. 그녀는 기사의 손자의 꼬임에 넘어가 임신을 하게 되었는데, 난산으로 인해 태아가 사망하고 말았다. 아기의 시체가 발견되자 법관은 앤 그린을 살인죄로 판결했고, 그녀는 해명할 방법이 없어 아무 소리 못하고 수긍하는 수밖에 없었다.

당시 영국 국왕이 반포한 법률에 따르면 사형수를 교수형에 처한 후 그 시체를 외과 의사에게 보내 해부하도록 했다. 이는 사형수에 대한 일종의 모욕과 징계였다. 앤 그린의 사형에도 두아와 마찬가지로 극적인 반전이 있다. 두아와는 달리 앤 그린은 사형을 당하기 전에, 자신이 공정하게 심판을 받을 수 있게 해달라고 하느님께 간절하게 기도했다. 사형이 집행되자 앤 그린이 조금이라도 더 빨리 죽을 수 있도록 친구들이 교수대 아래에서 그녀의 발을 잡아당겼다. 빨리 숨이 끊어져 고통을 덜게 하려는 것이었다. 교수대에서 30분을 기다린 후, 앤 그린의 시신은 해부하기 위해 관 속에 안장되어 외과 의사 윌리엄

앤 그린 판화

패티William Patty의 집으로 보내졌다. 당시 그 자리에는 해부를 돕기 위해 토머스 윌리스Thomas Willis와 랄프 배서스트Ralph Bathurst 등 두 의사가 동참했다.

관을 열고 시신을 꺼낼 때, 세 의사는 앤 그린의 목구멍에서 무슨 소리가 나는 것 같아 해부할 생각을 접고 그녀가 살아 있는지 살펴보았다. 앤 그린의 맥박이 뛰고 있었다. 의사들은 응급조치를 한 다음 마사지를 해주고 피를 낸 후, 따뜻한 음료를 먹여 그녀를 살려냈다.

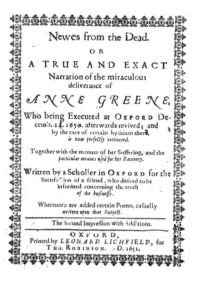

앤 그린 시가

지옥문 앞에서 되돌아온 앤 그린은 다행히도 억울한 누명을 벗을수 있었다. 법관은 영아가 난산으로 사망한 것이지, 그녀가 모살한 것이 아니라는 사실을 받아들였다. 그 후 앤 그린은 다른 사람과 결혼했는데, 기록에 따르면 그녀는 세 아이를 낳고 행복하게 15년을 살았다.

앤 그린이 죽었다가 다시 살아났다는 이야기가 《두아의 원한》과 다른 점은, 앤 그린은 하느님의 손에 의해 살아난 것으로 그려졌다는 것이다. 그래서 1651년에 나온 판화에는 그녀가 교수형을 당하는 장면을 재현하면서, 'Behold God's Providence'(보라. 하느님께서 돌보아주신다)라는 표제를 달아 그녀가 생명을 구할 수 있었던 것은 주의 전능함 덕분이었음을 강조했다. 앤 그린의 이야기는 선교하는 사람들에게 선교에 대한 영감을 주기도 했는데, 어떤 사람은 이를 시가詩歌의 형식으로 나타내기도 했다.

　문화가 서로 다르기 때문에 사형수가 당하는 억울함에 대한 표현도 각기 다르다. 정치가 그다지 투명하지 않았던 고대 중국에서는 '악행을 저지르면 나쁜 대가를 받게 된다'는 것이 이야기의 중심이다. 하지만 종교가 정치를 이끌던 영국에서는 억울한 판결을 시정하는 것은 반드시 하느님의 전능함을 통해야 한다. 그래야만 그 이야기가 지닌 중요한 의미가 두드러지기 때문이다. 이야기를 보는 사람이 어떻게 생각하든지 간에, 의학 대중화를 위한 이 글이 그러는 것처럼 각자가 필요한 부분을 받아들이면 되지 않을까 싶다.

능지처참과 시신 해부

동서양의 사형 후 처리 방식은 어느 쪽이 더 잔인했을까?

대륙의 저명한 청나라 역사학 연구 학자인 옌충녠閻崇年 선생의 저서 《명망청흥明亡清興 60년》을 보다가, 청나라에 대항했던 명나라의 명장 원숭환袁崇煥의 말로에 대한 기록을 접하고는 실로 탄식을 금할 수가 없었다. 원숭환은 숭정崇禎 3년(1630년) 8월 16일에 참혹한 책형磔刑을 당하고 원한을 품은 채 세상을 떠났다. 청말清末의 역사가 장대張岱의 《석궤서후집石匱書後集》에 묘사된 원숭환의 처형 장면을 보자.

진무사鎭撫司의 형장에서 원숭환의 살을 한 점씩 각을 떴다. 살을 한 점씩 저밀 때마다 베이징의 백성들은 사형을 집행하는 망나니의 손 에서 살점을 빼앗아 생으로 씹어 먹었다. 망나니가 사람들에게 난폭

하게 달려들자 백성들은 돈을 주고 살점을 샀는데, 얼마 되지 않아 모두 동났다. 배를 갈라 창자와 위를 끄집어내자 백성들이 떼 지어 달려들어 이를 탈취했다. 그리고 생으로 씹어 소주와 함께 먹었다. 사람들은 피가 뚝뚝 떨어지는 입으로 무지막지한 욕을 해댔다. 뼈를 손에 넣은 사람은 도끼로 뼈를 박살냈다. 뼈와 살점이 다 동나고 머리만 남았는데, 이를 전국의 9개 군사 요충지에 조리돌렸다.

이 글에서는 원숭환이 당한 사형의 참상을 묘사하고 있다. 망나니의 손을 빌려 사형을 집행했는데, 망나니는 원숭환의 살점을 한 점 한 점 베어냈다. 에워싸고 구경하던 백성들은 망나니의 손에서 살점을 빼앗아 입으로 씹었고, 돈으로 살점을 사는 이들도 있었다. 어떤 이들은 배를 막 갈라 끄집어낸 창자와 위를 낚아채 소주와 함께 먹었다. 그들의 입에서는 선혈이 뚝뚝 떨어졌는데, 그 입으로 그치지 않고 욕을 해댔다. 살점을 빼앗지 못하거나 사지 못한 사람들은 원숭환의 뼈를 주워 도끼로 박살냈다. 원숭환의 뼈와 살은 모두 훼손되고 말았다. 가련하게도 원숭환의 육신 중에 머리만 남아 전국의 9개 군사 요충지에 조리돌려졌다.

원숭환이 당한 '책磔'이란 형벌은 원래 사람에게 가하는 것이 아니었다. 옛날에 제사를 지낼 때 제물의 각을 뜨는 의식이었는데, 뒷날 사람에게 가하는 참혹한 형벌로 변했다. 이는 바로 '분시分屍'라는 형벌로, '촌책寸磔'(사지를 갈기갈기 찢는다는 뜻-옮긴이주)이라고도 한다. 이에 대해 《육부성어六部成語》라는 책에서 "책형은 갈기갈기 찢어 죽이는 형벌로, 속칭 과죄剮罪(토막을 내는 벌-옮긴이주)이다"라고 기록하고 있다. 이 형벌은 속칭 '천도만과千刀萬剮'(갈기갈기 찢거나 갈래갈래 토막을 내는 것-옮긴이주)라고도 한다. 형을 집행하는 방법은 시대마다 달랐는데, 구체적인 방법은 대체로 형장에 나무 기둥을 세워놓고, 거기에 죄수를 묶은 다음 살점이 다 없어질 때까지 죄수의 몸에서 한 점 한 점 각을 뜨는 것이다. 어떤 사람은 살점을 다 떠냈는데도 숨이 끊어지지 않고 심장이 여전히 뛰기도 하며, 시각과 청각이 살아 있기도 했다고 한다. 고통스럽게 서서히 죽게 하려고 칼로 살을 저며내는데, 그 방법에는 8차례 칼질, 16차례 칼질, 32차례 칼질, 64차례 칼질, 128차례 칼질 등이 있다. 심지어 3,600차례 칼질을 하는 잔혹한 방법도 있다고 한다.

이 처형 장면을 같은 시기의 영국으로 바꿔보자. 영국에서도 사형수를 도마 위의 생선처럼 능지처참을 하긴 했는데, 중국과는 다른 방법을 썼다. 그 안에 설명할 수 없는 미신이 있었음은 물론이다.

17세기 영국에는 악명 높은 '뉴게이트 감옥Newgate Prison'이 있었다. 이곳에서는 왕실의 의중에 따라 일벌백계로 범죄율을 낮추기 위한 목적으로 중죄를 저지른 사형수를 교수형에 처한 다음, 법관이 그 시신을 외과 의사에게 넘겨 공개적으로 해부하도록 했다. 이런 조치는 다른 사람들을 겁주어 죄를 범하지 못하도록 하는 효과는 있었지만, 이 때문에 세 곳이 힘겨루기를 하게 되었다.

그 하나는 사형수의 가족들이다. 사랑하는 식구가 죽은 후에 시신이 갈기갈기 찢기는 모욕을 당하지 않게 하려고 사형수의 가족은 다른 사람을 시켜 시신을 빼앗아오도록 했다. 또 하나는 외과 의사다. 외과 의사는 해부해야 할 시신을 손쉽게 얻지 못하고 빼앗길까 봐 암암리에 망나니와 호송원을 매수해서 사형수의 시신을 안전하게 해부실까지 가져다주도록 부탁했다. 그리고 마지막 하나는 현장에서 구경하던 민중들이다. 이들은 재미있는 구경을 하겠다는 생각을 가진 것은 기본이고, 벌 떼처럼 달려들어 사형수의 몸에서 물건을 탈취해갔다. 작은 옷 조각 하나라도 좋았다. 이런 것들이 귀신을 물리쳐준다고 믿었기 때문이다.

사형수의 시신은 해부를 마친 다음에는 대체로 다음과 같은 운명이 되었다. 먼저 머리와 얼굴 부분은 석고로 떠서 범죄학자에게 보내져 골상학 연구에 쓰였다. 그 골상이 학자들이 말하는 '타고난 범죄형'이라는 가설에 부합되는지를 관찰한 것이다. 만약 사형수를 해부한 외과 의사가 대학에 재직하고 있다면, 그 사형수의 뼈는 뼈에 붙은 조직이 제거된 후 인체 골격으로 조립되어 대학에서 공개적으로 전시하는 교학 도구로 만들어졌다. 그리고 마지막으로, 사형수의 피부는 무두질을 거쳐 피혁으로 가공되어 판결문의 겉표지로 만들어졌다. 악덕 외과 의사는 남은 피혁으로 가방을 만들기도 했는데, 이런 가방은 돈 많은 사람들이 앞다투어 비싼 값에 사들여 소장했다.

더 흥미로운 미신은 같은 시기의 독일과 네덜란드에 있었다. 이 지역의 사형수는 단두대에서 처형되었는데, 어떤 의사들은 이 사형수들의 목에서 나오는 피가 간질병을 치료하는 가장 좋은 약이라고 믿었다. 그러다 보니 단두대 아래에 환자들의 가족들이 피를 받으려고 모여들어 쟁탈전을 벌였는데, 이런 일은 조금도 이상한 일이 아니었다.

이런 이야기를 하다 보니 나도 구역질이 나고 속이 거북해진다. 하지만 내가 이런 이야기를 쓰는 것은 일부러 여러분을 겁주려고 그러는 것이 아니다. 다만 동양과 서양이라는 다른 두 세계에서 동일한 시기에, 이런 '치를 떨게 하고' '악행이 하늘을 찌른' 죄인을 사형에 처한 후, 그 시신을 처리하는 방식이 서로 달랐다는 사실을 이야기하고 싶어서다. 두 세계에서 유일하게 같은 점은 '눈에는 눈, 이에는 이'라는 보복성 공개 처형이라는 것이다. 그리고 또 다른 점은, 중국의 '책형'은 죄인의 유골조차 남기지 않음으로써 징계의 뜻을 확실히 했고, 서양은 시신의 '잉여가치'를 활용했다는 것이다. 서양에서는 심하게는 죄수의 몸 일부로 소장가치가 있는 진귀한 물건을 만들어 죽은 후에도 악명이 대대로 전해져 영원히 남의 손가락질을 받게 만들기도 했다. 일리가 있어 보인다.

동양과 서양의 사형 방법 중 어느 쪽이 더 잔인할까? 내가 보기에는 오십보백보 같은데, 여러분도 그렇게 생각하는지 모르겠다.

독약인가, 특효약인가

오래전부터 독살 사건에서 의사는 가장 좋은 공범이자 앞잡이였다

선거철만 되면 머리가 지끈지끈 아프다. 타이완에서는 일단 선거 분위기에 휩쓸리면 누구를 막론하고 그 영향을 받지 않을 수가 없게 된다. 길거리에서 어떤 사람이 손을 흔들어대며 인사를 하면 도대체 거기에 반응을 해야 할지 말아야 할지 판단할 수가 없다. 무모한 사람들이 도처에 선거 전단을 뿌리고 다니면서 쓸데없는 일을 벌이지 않나, 대중매체들은 자기들이 원하는 방향으로 몰아가며 선거와 관련된 정보들로 지면과 화면을 꽉 채우지 않나, 이 시기에는 마치 선거만이 최대의 관심사인 것처럼 보인다. 더 심한 것은 많은 후보들이 자신의 정치적 이념이나 포부를 널리 알리려는 노력은 하지 않고 이전투구泥田鬪狗의 수렁으로 빠져든다는 것이다. 교양 없는 사람은 스스로 품격을 떨어뜨리며 꿍꿍이짓을 하고, 자기 얼굴에 먹칠하는 짓을 하기도 한다. 그리고 자기가 무슨 가십 전문 기자라도 되는 양 상대방의 추문을 폭로하고, 선정적인 방법으로 일거에 정적을 때려잡으려 든다. 조금이나마 교양이 있는 사람은 신고하는 방식으로 법정까지 끌고 가기도 한다. 하지만 이들이 원고의 입장인지 피고의 입장인지 주의해서 지켜보는 유권자들은 별로 없는 것 같다.

그런데 의료 역사 자료를 뒤적이다 보면 잠시나마 골치 아프다는 생각이 줄어든다. 그뿐만이 아니라, 내 스스로가 현대의 문명사회에 살고 있다는 것이 얼마나 다행인가 하는 생각이 들기도 한다. 시간을 과거로 2,000년 정도 거슬러 올라가보자. 고대인들이 정적政敵에 대응하는 방법은 단순히 빈말로 끝나는 것이 아니었다. 심한 경우에는 조금도 거리낌 없이 사람을 사서 정적을 암살했고, 덜 심한 경우에는 상대방의 음식물에 독을 탔는데, 이런 경우 의사가 가장 좋은 공범이나 앞잡이 혹은 보호자가 되었다. 이런 정도였으니 현대에 살고 있다는 것이 얼마나 다행스러운가!

앞에서 한 이야기가 일부러 과장해 말하는 것으로 보일 수도 있다. 하지만 역사 이야기를 하나 들려주면 여러분의 선입관이 바뀌게 될 것이다. 예를 하나 들어보자. 서양의학의 아버지 히포크라테스가 한 유명한 선서에는 모호한 말이 있다.

내 능력과 판단에 따라 나는 환자에게 도움이 된다고 생각한 처방을 따를 뿐, 환자에게 해를 끼칠 수 있는 처방은 절대로 따르지 않겠다.

나는 어떤 요청을 받더라도 치명적인 의약품을 아무에게도 투여하

지 않을 뿐만 아니라 그렇게 하도록 권고하지도 않겠다.

이 선서를 보면 고대 그리스 로마 시대에는 독약으로 사람을 죽이는 것이 아주 보편적인 수법이었음을 추측할 수 있다. 사람의 목숨을 구할 책무가 있는 의사는, 정말로 그런 일에 연루되었는지의 여부에 관계없이, 최소한 '해독' 기술을 당연히 배워야 했다. 하지만 어쩌면 나쁜 의사들은 '독을 잘 다룬다'는 이유로 손님을 잘 낚을 수 있었을지도 모른다. 다만 의사라는 신분에 구애되어 독을 쓰는 일로 이름을 날려 천고에 악명을 떨칠 수 없었을 뿐이다.

어쨌든 많은 사람의 정적들이 급사했는데, 의사들이 그 막후의 검은손이었음은 물론이다. 앞의 이야기는 아무렇게나 해댄 터무니없는 말이 아니다. 미국 아이오와 대학의 깁슨Gibson 교수는 그의 논문 〈고대 그리스 로마 의사의 수사학 교육Doctors in Ancient Greek and Roman Rhetorical Education〉에서 당시 의사들이 말하기 훈련을 한 이유를 조금도 숨김없이 들춰냈다. 그에 따르면 당시 의사들이 말하기 훈련을 받은 이유는 환자와의 대화를 잘 이끌어, 만약의 경우 자기 자신이 밀어붙이거나 물러설 수 있는 근거를 만들기 위해서가 아니라, 자신이 환자를 해쳤다는 법률적인 문제가 생겼을 때, 법정에서 자신을 변호해 순조롭게 빠져나오기 위함이었다. 그랬으니 고대 그리스 로마 시대에

웅변가 키케로가 연설할 때, 독을 써 사람을 죽인 모살 사건을 통박한 경우가 특별히 많았던 것도 이상한 일이 아니다.

역사적으로 의사가 독살에 연루된 가장 유명한 사건은 로마 황제 클라우디우스Claudius의 돌연사다. 타키투스Tacitus의 《편년사編年史》 기록에 따르면, 클라우디우스는 황후 아그리피나Agrippina가 준비한 저녁 식사를 하고 나서 세상을 떠났다. 그날 저녁 아그리피나가 준비한 음식은 그가 가장 좋아한 버섯 요리였다. 그런데 사실은 그에게 마지막 치명적인 일격을 가한 것은 어의 크세노폰Xenophon이 황제의 목에 집어넣은 독을 적신 깃털 대롱이었다.

사람의 생명을 구하는 의사로서 '독으로 사람을 죽인' 이야기를 많이 다루고 싶지는 않지만, 이처럼 흥미로운 이야기를 꺼낸 것은 여러분과 재미를 나누고 싶기 때문이다. 하지만 역사 자료들을 뒤져보면 원래 악명이 높은 몇 가지 독극물이 지금도 처방에 사용되는 것을 알 수 있다. 그 대표적인 예가 바로 벨라도나belladonna다. 벨라도나는 독이 있는 식물로, 그 열매 한 알이면 사람의 목숨을 앗을 수 있다. 로마 제국의 황제 아우구스투스Augustus의 부인 리비아Livia는 교활하게도 황제의 개인 화원에 있는 무화과 분재에 벨라도나의 독즙을 발라 황제를 쥐도 새도 모르게 독살하려고 했다. 벨라도나의 주요 성분인 히오시아민hyoscyamine으로 만든 약인 부스코판buscopan은 위경련이나 요도결석으로 인한 통증의 치료에 사용되며, 설사 등에도 가장 먼저 사용되는 약이다. 초기의 유럽 북부를 통치한 에부로네스Eburones 부락의 지도

자 카추볼쿠스Catuvolcus는 마지막에 자살하는 데 필요한 독약을 주목朱木에서 추출해냈다. 지금도 이 식물의 껍질, 뿌리, 가지, 잎에서 추출한 파클리탁셀 paclitaxel은 암 치료에 가장 많이 쓰이며, 백혈병과 당뇨병 치료 연구에도 사용되고 있다.

'독약'이 '특효약'으로 변신하게 된 것은 아마도 역사의 필연성이 만들어낸 우연일지도 모른다. 의사가 독약을 사용해 사람을 죽인 돌이키기 싫은 역사의 한 장은 그저 웃어넘길 수밖에 없다고 생각한다. 그런데 독약이 치료약으로 발전된 것에 대해 큰 기대를 하게 되면서도 걱정이 생기는 것은 왜일까?

인체 실험

의학상의 '필요악'에 합리적인 범위를 정하다

지난 세기 중국의 저명한 문학가 량스추梁實秋 선생은 "시험은 필요악이다"라고 말했다. 이 말은 사람들이 지탄해 마지않는 대학 진학 연합고사 제도를 어쩔 수 없이 받아들이게 한 근거가 되었다. 이 때문에 모두들 '필요악'이란 말이 시험과 관련되어 나왔다고 생각할지도 모르겠다. 하지만 이 '필요악'이란 말의 유래를 찾아보면, 최초의 용례는 현재 우리가 생각하고 있는 것과는 많이 다르다.

영국의 문학박사 미카엘 맥크론Michael Macrone의 고증에 따르면, 필요악이란 말을 가장 먼저 사용한 사람은 서기전 5세기경 그리스의 비극 시인 에우리피데스Euripides다. 그는 자신의 비극 《오레스테스Orestes》에서 이렇게 썼다.

침상은 병자들에게 환영받는 곳으로, 상서롭지는 않지만 필요하다.

병자들이 침상에 눕는 것은 당연한데 왜 침상을 상서롭지 않은 곳이라고 했는지 이상하다고 생각할 것이다. 원래 그리스인들은 나태한 것을 혐오했다. 그래서 병이 들어도 비실대며 침상에 누워 있는 것을 싫어했다.

후에 또 한 사람의 고대 그리스 희극 작가 메난드로스Menandros는 훼손되어 온전하지 못한 제목 미상의 작품에서 다음과 같은 명언을 남겼다.

결혼은, 진실을 말하자면…… 악이다. 하지만 필요악이다.

메난드로스가 구사한 어휘는 그 후 1,000여 년 동안 문학을 이끌었고, 현대에 와서는 결혼에 구속받고 싶지 않은 사람들이 '결혼은 사랑의 무덤'이라고 생각하게 만들기도 했다. 그래서 1547년 영국에서는 '아내와 빈말은 필요악'이란 말이 유행하기도 했다.

하지만 1776년, 영국 출신의 철학자 토머스 페인Thomas Paine은 저서 《상식Common Sense》에서 필요악과 결혼의 연관성을 분리하고 다른 것과 연결시켰다.

정부政府란 최상의 상태에서도 필요악일 뿐이며, 최악의 상태에서는 견딜 수 없는 악이다.

18세기 이후 토머스 페인에 의해 결혼과 필요악이 분리되고 국가와 필요악이 연결되었지만, 이 말이 오랜 세월 사용되면서 점차 어느 곳에서나 어떤 업종에서나 모두 자신들만의 필요악이 존재하게 되었다.

의사들에게 어떤 일이 의료 상의 필요악이냐고 물어본다면, 사람마다 그 답이 달라질 것이다. 가족과 의사가 환자를 속이는 '하얀 거짓말'이라고 말하는 사람도 있을 테고, 의사를 양성하는 과정에서 환자로 인해 조성된 문제를 끊임없이 처리하는 것이라고 말하는 사람도 있을 터이다. 만약 내게 물어본다면 조금도 망설이지 않고 '인체 실험'이라고 대답할 것이다. 인체 실험이란 인체 상에서 진행되는 모든 의학 실험을 가리키는 것으로, 의학 연구의 중요한 부분이다. 신약이든지 새로운 치료법이든지를 막론하고 연구 개발 단계에서 통상적으로 먼저 동물실험을 거친 다음, 마지막 단계에서 인체에 시험해 효과와 부작용을 관찰한다.

현재 모든 문명국가에서는 인체 실험에 대해 규범과 방법을 정해놓고 있는데, 사실 이런 실험은 대단히 긴 시간과 노력을 거쳐야 한다. 인체 실험이 처음 시작된 곳은 제2차 세계대전 때 독일 나치스의 수용소 안이었다. 나치스는 당시 극도로 잔인무도하고 치를 떨게 만드는 비인도적인 실험을 거리낌 없이 자행했다. 그래서 전후의 뉘른베르크 재판에서 판결을 담당한 법관은, 의사였던 레오 알렉산더Leo

Alexander가 1947년에 '전쟁범죄 행위에 관한 회의'에 제출한 여섯 방안을 의사 신분의 전범들에 대한 판정에 포함시키고, 거기에 또 다른 네 가지 원칙을 더했다. 이것이 바로 뒷날 합법적인 의학 연구에 정당성을 부여한 이른바 '뉘른베르크 강령Nuremberg Code'이다.

'뉘른베르크 강령'은 국제법과 동일한 효력을 가진 것으로 간주되고 확정되었지만, 적지 않은 도덕적인 논쟁이 따르는 의학 실험이다. 1950년대 영국의 포턴 다운Porton Down(영국 정부 산하 군사 연구기관. 이 기관은 두 차례 세계대전 당시 생화학무기 연구를 위해 사람을 대상으로 대규모 신경가스 실험을 해 윤리적 논란에 휩싸였다-옮긴이주)의 독가스 실험에서 사병 한 사람이 무고하게 희생되었다. 그리고 밀그램 실험Milgram experiment(1961년 미국 예일 대학교 심리학과 스탠리 밀그램Stanley Milgram 교수가 권위적인 불법 지시에 다수가 항거하지 못한다는 사실을 증명하기 위해 시행한 실험-옮긴이주)에서는 권위에 대한 복종과 관련된 연구를 하면서 참여자들에게 극도로 강한 압박을 가했다. 이런 인체 실험들이 있었기 때문에 국제사회에서는 인체 실험 업무에 종사하는 의료진들에게 더욱 엄격한 규범을 요구하게 되었다.

1964년, 세계의학협회The World Medical Association는 헬싱키에서 사람을 대상으로 한 의학 연구에 대한 윤리적 원칙을 포함한 '헬싱키 선언Declaration of Helsinki'을 채택했고, 그 후 세계의 조류에 순응하기 위해 2013년 10월까지 여덟 번을 수정했다. 조문이 번잡하기는 하지만 그 골자는 '고지 후 동의' 및 실험 대상은 '아니다'라고 말할 수 있는 권리가 있으며, 실험 실패 후의 보상 조치를 사전에 제시해야만 합법적인 기관의 감독 하에, 자격을 갖춘 사람에 대해 실험을 진행할 수 있게 한다는 것이다.

현재는 모든 의학 센터에 '인체 실험 위원회'가 설치되어 있는데, 이 위원회는 의학 연구에 대해서만 아니라 의사들이 환자에게 하는 의료 행위 외의 모든 행동거지에 대해서도 명확히 규정하고 심사한다. 그래서 질이 좋지 않은 의료진이 자신의 의료 권한을 아무런 제한 없이 환자에게 휘두르지 못하도록 방지하고 있다.

이런 여러 규범들 때문에 제한이 많아졌지만, 그래야 '인체 실험'이라는 의학 상의 '필요악'에 합리적인 범위를 정해 더 이상 앞사람들의 전철을 밟지 않을 것이다.

살인 의사와 다이아몬드 거두

전대미문의 참혹한 역사의 현장에 한 의사가 있었다

2015년 1월 27일은 폴란드의 아우슈비츠-비르케나우Auschwitz-Birkenau 강제수용소
해방 70주년 기념일이다. 삼가 이 글로써 이 지역의 조난자들을 추모하는 바이다.

제2차 세계대전의 역사를 조금이라도 아는 사람이라면 악명 높은 '아
우슈비츠-비르케나우 강제수용소'라는 말을 들어보았을 것이다. 이곳
은 1940년 4월 27일 폴란드에 세워진 강제수용소로, 당시 독일의 친
위 대장 하인리히 힘러Heinrich Himmler의 명령으로 세워졌다. 이 수용소는
건설되기 3개월 전 반제Wannsee 회의에서 통과된 '유대인 문제 최종 해
결 방안'을 기초로 해 건설되었는데, 그 방안이란 바로 '강제수용소'
에서 유대인들을 학살하자는 것이었다. 그리고 아우슈비츠-비르케나
우 강제수용소에서만 거의 100만 명의 유대인이 살해되었다.

이 전대미문의 참혹한 역사의 중심에 한 의사가 있었는데, 그는 바
로 '죽음의 천사'라고 불린 요제프 멩겔레Josef Mengele였다. 멩겔레는 뮌

헨 대학에서 철학과 인류학을 공부하면서 파시즘이란 단순한 정치 개념을 신봉하게 되었다. 그리고 의학 지식과 정치 신앙을 융합해 자신이 향후 해야 할 연구의 주제와 선택해야 할 직업으로 삼기로 결정했다. 그가 발탁되어 아우슈비츠-비르케나우 강제수용소로 파견된 것은 나치 조직이 그의 박사 논문을 보았기 때문이었다. 그는 자신의 박사 논문 〈네 개 종족의 하악골 형태학 연구〉에서 '한 사람의 턱 모양을 보면 그가 어떤 종족인지 추정할 수 있다'는 이론을 제기했었다.

멩겔레는 강제수용소에서 생살여탈권을 쥐고 있었으므로, 수용소에 들어온 유대인들을 노동 수용소로 보내 노동을 시킬 것인지, 아니면 독가스실로 보내 독살할 것인지 자기 마음대로 결정할 수 있었다. 그는 노동 능력이 없는 사람들은 철저히 말살시키고, 살아 있는 사람들은 잔인무도한 '인종 개량' 실험에 이용했다. 희생자들에게 강제로 약물을 주사해 그들의 눈 색깔을 바꾸려고 시도했을 뿐만 아니라, 살아 있는 사람의 몸에 바이러스와 세균을 접종하고 사망 전의 반응을 관찰했다. 특히 잔인하게도 마취도 하지 않은 상태에서 팔다리를 절제하거나 기관을 적출하는 수술을 감행했다.

어림잡아 40만 명의 사람들이 멩겔레의 손에 참혹하게 죽었으니, 그가 '죽음의 천사'라는 별명을 가지게 된 것도 의아한 일은 아니었다. 나는 그와 마찬가지로 사람의 생명을 구하는 것을 천직으로 삼은 의사로서 그의 변태 행위에 대해 매우 수치스럽게 생각하며, 그를 경멸한다.

아우슈비츠-비르케나우 강제수용소 생존자와 그 가족

   그런데 멩겔레의 심리 상태는 왜 그렇게 편향적이었을까? 나는 그
가 그렇게 된 것은 그의 스승이었던 데오도르 모리슨Theodore Morrison, 오
이겐 피셔Eugen Fischer와 관계있다고 생각한다. 이들은 모두 일찍이 독일
이 아프리카의 나미비아에서 첫 번째로 계획한 강제수용소에서 살아
있는 사람을 대상으로 실험한 이들이었다.

   이야기는 1904년으로 거슬러 올라간다. 독일군 장교 하인리히 괴
링Heinrich Ernst Göring은 나미비아의 헤레로Herero 족을 토벌하라는 트로타
Lothar von Trotha 장군의 명령을 받는다. 독일은 1884년에 서남아프리카의

연해 지역을 점령하고, 1890년에는 서남아프리카 전역을 점령했는데, 목축을 업으로 삼아 생계를 유지하는 헤레로 족이 끊임없이 봉기를 일으켜 독일에 항거했기 때문이었다.

독일의 식민 통치 당국은 이들을 모두 내쫓았다. 그리고 나미비아에서 헤레로 족이 눈에 띄기만 하면 남녀노소를 막론하고, 무기를 소지했건 안 했건 간에 무조건 사살하겠다고 경고했다. 그 결과 헤레로 족의 4분의 3이 죽었는데, 이들은 폭탄에 의해 폭사한 것이 아니라 황량한 사막으로 쫓겨나 뜨겁게 내리쬐는 태양 아래 탈수증으로 죽은 것이었다.

대학살에서 요행히 살아남은 사람들은 괴링이 만든 강제수용소에 수용되었다. 독일 제국의 총리 뷜로Bernhard von Bülow가 여기에 이름을 붙였는데, 여기에서 '강제수용소'라는 명칭이 처음으로 나왔다. 그런데 이런 강제수용소를 만들겠다는 독일인들의 발상은 그들만의 독창적인 견해가 아니라, 영국이 남아프리카에서 흑인 노예를 통제하던 방식을 그대로 따른 것이었다. 이런 죄수에 대한 집중적인 관리 방법은 강제 노동과 과학 실험을 하나로 합친 것이었다. 그래서 그 안에 수용된 흑인 노예들은 광석을 채굴하면서 기력을 소진해야 했고, 흑인이라는 열등 종족을 연구하기 위한 생체 연구 대상이 되어야 했다.

그렇다면 독일인들이 모범으로 삼았던 영국인은 누구였을까? 그는 바로 19세기에 아프리카 사람들을 착취해 세계적으로 유명해진 광업계의 거두이자, 현재 세계적으로 명성이 자자한 다이아몬드 회사 드비어스De Beers의 설립자인 세실 로즈Cecil John Rhodes였다.

　사람 죽이는 것을 즐거움으로 삼았던 의사 '죽음의 천사' 요제프 멩겔레를 기억하자. 하인리히 괴링, 데오도르 모리슨, 오이겐 피셔의 악행을 잊지 말자. 그리고 그들의 조사祖師 격인 세실 로즈와 그가 설립한 회사를 절대로 잊지 말자. 그 회사는 현재 세계 다이아몬드 채굴과 무역의 40퍼센트를 점유하고 있는 드비어스 그룹이다.

아스피린과 외교 음모

아스피린의 필수 원료가 세계대전의 성패를 좌우했다

오랫동안 낫지 않는 기침으로 고생한 중국인이라면 약국에서 파는 '경도념자암천패비파고京都念慈菴川貝枇杷膏'라는 중국 전통 조제약을 먹어보았을 것이다. 이 약의 위조 방지 마크는 '부모에게 효도'하는 도안인데, 이는 어버이를 잘 봉양한 이야기를 그림으로 옮긴 것으로, 이 약이 세상에 나오게 된 유래를 보여준다.

청나라 때의 현령 양근楊謹은 어머니에게 지극정성으로 효도하는 사람이었다. 그의 어머니는 지병이 있었는데 명의를 두루 찾아 치료를 받아도 나아지는 기미가 보이지 않았다. 어느 날 양근은 섭천사葉天士라는 명의가 사경을 헤매는 환자도 살려낼 정도로 신통한 의술을 가지고 있다는 소문을 듣게 되었다. 그는 천리 길을 멀다 않고 찾아가서 섭천사를 집으로 모셔와 어머니를 진료하게 했다. 섭천사는 대대로 전해 내려온 비방으로 노부인의 지병을 고쳤다. 양근의 어머니는 84세의 고령으로 세상을 떠났는데, 임종 전에 아들에게 이 비방으로 약을 만들어 세상 사람들을 행복하게 해주라고 신신당부했다. 이렇게 해서 오늘날 천패비파고川貝枇杷膏가 세상에 널리 퍼지게 된 것이다.

이 이야기를 하는 이유는 지금부터 소개할 '아스피린'이 세상에 나온 전말에 대해 상세히 말하기 위해서다. 아스피린이 합성되어 세상에 나오게 된 것도, 양근이 명의를 초빙한 이야기와 마찬가지로 '효도' 때문이었다는 사실을 아는 사람은 많지 않다.

아스피린의 주요 성분은 살리실산salicyl酸이다. 3,500년 전 고대 이집트의 파피루스에 기록된 바에 따르면 당시 사람들은 버드나무와 도금양桃金孃의 나무껍질을 달여 이 성분이 다량으로 함유된 분말을 만들어 관절통을 치료하고 열을 내리는 약으로 썼다. 서기전 5세기경, 히포크라테스 역시 이 처방으로 해산 시의 고통을 완화하고 발열 환자를 치료했다. 로마인들이 이 처방을 널리 보급한 후에는 줄곧 통증을 줄이고 열을 내리는 효험이 좋은 약으로 간주되었다.

이 약을 체계적으로 연구한 사람은 18세기의 영국인 에드워드 스톤Edward Stone이다. 그는 런던 왕실협회에 획기적인 사실을 발표했는데, 그 내용은 버드나무 껍질을 갈아 물이나 맥주에 타 발열 환자 50명에게 먹였더니 효과가 아주 좋았다는 것이었다. 하지만 당시에는 그렇다는 사실만 알았지 왜 그런지는 알지 못했기 때문에 관찰한 사실을 보고하는 데 그쳤다. 그러다가 19세기에 이르러 화학적 추출 기술이 발달하면서 많은 과학자들이 잇따라 연구에 뛰어든 후에야 비로소 버드나무 껍질에 들어 있는 주요 성분을 정제할 수 있게 되었다. 1828년, 뮌헨 대학의 약리학 교수 요한 안드레아스 부흐너Johann Andreas Buchner가 최초로 노란색의 물질을 정제해, 살리신salicin이라고 이름을 붙였다. 1838년, 이탈리아의 화학자 라파엘레 피리아Raffaele Piria는 세상을 깜짝 놀라게 할 만한 성과를 얻었는데, 그건 다름이 아니라 살리신에서 살리실산을 추출해낸 것이었다. 그 후로 여러 사람이 이 페놀phenol류의 히드록시메틸hydroxymethyl의 산화물로 병을 치료하기 시작했고, 이 물질은 관절염 치료와 열을 내리는 약의 총아가 되었다.

하지만 살리실산은 결코 만병통치약이 아니었다. 환자들이 이 약을 복용한 후 위장 장애나 설사 증상이 나타났다. 다량을 복용해야 통증이 멈추는 환자들은 이런 증상이 더욱 심했다. 어떤 사람들은 위출혈이 일어나기도 하고, 심지어 사망하기도 했다. 그래서 이 약의 사용은 제한을 받게 되었다. 1894년, 독일 바이엘 회사에 입사한 화학자 펠릭스 호프만Felix Hoffmann이 류머티즘성 관절염으로 고생하는 아버지의 치료 약을 연구하기 시작했다. 그의 아버지는 여러 차례 위장 장애 현상이 나타나 살리실산으로 치료를 받을 수 없는 상태였다. 펠릭스 호프만은 그의 상사인 아르투어 아이헨그륀Arthur Eichengrün의 지도를 받아 1897년 아세틸살리실산acetylsalicylic酸을 합성하는 데 성공했다. 그것이 바로 오늘날의 아스피린이다.

'부모에게 효도'하기 위해 펠릭스 호프만이 발분해 연구한 이 약은 부작용이 적어 출시된 후 세계 시장을 석권했고, 바이엘 회사의 황금 알을 낳는 거위가 되었다. 바이엘 회사는 심지어 아스피린을 매약賣藥에서 분리해 처방용 약에 넣으려고도 했다. 이 약은 값어치가 매우 높아서 제1차 세계대전에서 독일이 패전하고 베르사유조약Treaty of Versailles을 체결할 때, 바이엘 회사는 아스피린의 특허권을 포기하고 세계 여러 나라와 이익을 분할하라는 강압적인 요구를 받기도 했다. 안타까운 일은, 뒷날 아스피린을 합성한 사람이 누군가 하는 논쟁에서 펠릭스 호프만은 독일 나치스가 유대인을 학살한 어두운 그림자의 덕을 보았다는 것이다.

원래 1934년에 펠릭스 호프만은 자기가 아스피린을 발명한 유일한 사람이라고 주장했다. 당시 독일은 나치 통치 시기여서 유대인에 대한 핍박이 갈수록 심해지는 상황이었다. 그러다 보니 그가 유대인 상사인 아르투어 아이헨그륀의 지도를 받아 아스피린을 합성했다는 사실은 밝혀지지 않은 채 어물어물 넘어가고 말았다. 그뿐만이 아니라 나치스트들은 잘못된 줄 뻔히 알면서도 모든 공을 펠릭스 호프만에게 돌렸고, 심지어는 아이헨그륀의 입을 막으려고 그를 강제수용소에 가두었다. 이 모든 것이 '대 게르만 민족'의 우월성을 선양하는 데 유리하게 하기 위함이었다.

1949년, 죽음의 재난에서 벗어난 아르투어 아이헨그륀은 누가 아스피린의 진짜 발명자인지 이의를 제기했다. 그리고 〈아스피린 50년Fifty

Years of Aspirin〉이란 글을 써, 펠릭스 호프만은 무엇을 합성해야 하는지 아예 알지 못했으며, 자신의 지시에 따라 아스피린을 합성했다고 주장했다. 하지만 안타깝게도 이 글은 그다지 주목받지 못했고, 그나마 아르투어 아이헨그린이 죽은 후에는 수면 아래로 가라앉고 말았다.

지난 세기말, 영국의 의학자 겸 사학자인 월터 스니더Walter Sneader는 여러 차례의 우여곡절을 겪은 끝에 독일 바이엘 회사의 특별 허가를 받아 실험실의 모든 보존 서류를 열람했다. 그리고 마침내 아르투어 아이헨그린의 공로에 대한 역사적 증거를 찾아냈다. 펠릭스 호프만이 처음으로 합성한 아스피린은 완전히 아르투어 아이헨그린이 제시한 방법을 썼기 때문에 성공적으로 합성할 수 있었던 것이다.

역사의 진상이 밝혀졌지만, 아르투어 아이헨그린의 입장에서 보면 너무 늦은 일이었다. 아무도 그를 위해 목소리를 내주지 않았을뿐더러, 펠릭스 호프만의 '효도'에 대한 평판도 절하되지 않았다. 그저 후대 사람들은 탄식만 할 뿐이었다.

이를 보면 양근의 '효도 도안' 위조 방지 마크가 아스피린 이야기보다 훨씬 더 인정미 있는 것 같지 않은가?

***

역사학자 탕더강唐德剛의 저서 《돤치루이段祺瑞 정권》을 보면 쑨원孫文과 관련된 상당히 흥미로운 이야기가 나온다. 제1차 세계대전 말기에 쑨원은 독일의 자금을 지원받을 수 있었기 때문에 해군과 국회의원들을 대동하고 남하해 호법운동護法運動을 전개할 수 있었으며, '쑨 대원수'로 탄생하게 된 것이었다(1917년 9월, 쑨원과 그를 지지하는 국회의원들은 돤치루이가 헌법을 파괴하고 전횡을 일삼는 것에 대항해 광저우에서 새로운 정부를 구성하고 호법군을 결성했다. 하지만 쑨원의 정부 구성은 당시 중화민국 임시정부의 헌법을 기반으로 한 것이 아닌, 서남 지역 군벌 세력들과 손을 잡은 것이었다. 즉 일종의 군사조직이었고, 쑨원의 직위 역시 군통치자를 뜻하는 대원수였다-옮긴이주).

이야기의 장면은 1917년이다. 그때까지 3년간 계속된 제1차 세계대전에서 독일은 미국에 대해 잠수함을 이용한 무제한 공격을 가했다. 미국은 2월 3일 독일과의 단교를 선포하고, 다른 중립국에도 독일에 선전포고할 것을 요구했다. 그러자 당시 독일 주중 공사 힌체Paul von Hintze는 중국 내의 여러 세력들 사이를 분주히 뛰어다니기 시작했다. 물론 가장 중요한 목표는 당시의 국무총리 돤치루이였다. 하지만 안타깝게도 독일에 대해 선전포고를 하겠다는 돤치루이의 의지는 결연하여 매수가 불가능했다. 돤치루이는 3월 14일에 독일과의 단교를 선포했다.

국교가 단절되자 힌체는 귀국하지 않을 수 없었지만 그래도 포기하지 않고, 귀국 길에 독일 주상하이 총영사였던 크니핑Hubert Knipping에게 중국의 각 세력에 대한 활동을 더욱 강화하라고 지시했다. 크니핑은 국민당의 간부 차오야보曹亞伯를 통해 쑨원과의 접선에 성공했다. 그리고 국민당의 '돤치루이 정권 전복' 운동을 지원하는 명목으로 200만 마르크(오늘날의 화폐가치로 약 660만 달러)를 원조하기로 승낙했다.

제2차 세계대전 후에 독일의 국가 보존 문서가 모두 공개되자 이 기밀도 드러났다. 독일어에 정통한 중국계 베테랑 역사학자인 리궈치李國祈 박사가 핵심 문건을 자세히 열람한 후 이를 폭로한 것이었다. 그런데 국민당의 당사 기록에 따르면 당시 쑨원이 받은 돈은 100만 마르크밖에 되지 않았다. 나머지 100만 마르크는, 탕더강의 말에 따르면 교량 역할을 했던 차오야보가 중간에서 착복한 것 같다. 이런 사실은 일찍이 리궈치가 탕더강에게 이야기했다고 하는데, 도대체 이 일의 진상은 무엇일까? 당사자들이 모두 세상을 떠났기 때문에 아쉽게도 이 일은 역사의 영원한 수수께끼가 되고 말았다.

이런 지난 이야기를 꺼낸 이유는 여러분에게 두 가지 사실을 말해주고 싶어서다. 그 하나는 독일은 제1차 세계대전 때에 다른 나라들이 독일과 적대 관계가 되는 것을 막기 위해 금전 외교를 활발히 펼쳤다는 것이다. 쑨원은 그중 한 예일 뿐이다. 독일은 러시아에서는 레닌의 볼셰비키를 후원해 '10월혁명'을 일으킬 수 있도록 했다. 과연 독일의 계획대로 이로 인해 러시아 군대의 역량이 약화되었고, 러시아는 세계대전에서 빠지게 되었다. 또 하나의 사실은, 이런 금전 외교는 상대방을 도와주기 위한 것만이 아니었다. 독일은 어떤 경우에는 원조하는 방식을 동원해 독일과 적대적인 세력을 약화시키기도 했다. 내가 이어서 하려는 이야기의 주인공은 이런 전쟁에 개입되었던 '아스피린'이다. 아스피린의 제조 과정에 필수적으로 사용되는 원료가 세계대전의 성패를 좌우할 수도 있었기 때문이었다.

석탄산石炭酸(페놀)은 아스피린의 제조 과정에서 빠져서는 안 되는 원료이자, 화약을 제조하는 데 필요한 피크르산picric酸(트리니트로페놀)을 만드는 중요한 원료 중 하나다. 그래서 제1차 세계대전이 발발한 후, 영국에서 수입하는 석탄산에 의존하던 미국은 국내의 석탄산 가격이 오르자 어쩔 수 없이 미국 바이엘 회사가 아스피린의 생산을 줄이는 방법으로 이에 대응했다. 당시 아스피린은 인기 있는 약품이었던 것이다.

그런데 석탄산을 필요로 하는 것은 폭약과 아스피린만이 아니었다. 미국의 발명가 토머스 에디슨Thomas Edison도 석탄산의 부족으로 피해를 입고 있었다. 그가 발명한 축음기에 사용되는 음반 제조에도 석탄산이 없어서는 안 되었다. 제조 원가가 오를까 봐 걱정이 된 에디슨은 아예 자신이 석탄산 제조 공장을 세웠다.

당시는 미국과 영국의 관계가 좋을 때였다. 독일은, 영국이 폭약을 만들 수 있도록 돕기 위해 에디슨이 제조해낸 석탄산을 미국이 영국에 팔까 봐 걱정했다. 독일 주미 공사 요한 하인리히Johann Heinrich는 대사관 직원인 하인리히 알베르트Heinrich Albert를 시켜 바이엘 회사의 전임 직원이었던 위고 슈바이처Hugo Schweitzer에게 자금을 지원해, 독일인이 운영하고 있는 회사 하나를 찾아 에디슨의 공장과 계약하게 했다. 계약 내용은 회사에서 매일 3톤의 석탄산을 사서 위고 슈바이처에게 공급한다는 것이었다.

이처럼 대량의 석탄산을 확보
하게 되자 미국 바이엘 회사는
아스피린의 원래 생산 능력을 회
복할 수 있게 되었을 뿐만 아니
라, 여유분은 '무기와 탄약'과 무
관한 공장에 팔아 많은 이윤을
남겼다. 일부 석탄산을 독일로
가져간 것은 물론이다.

이런 일석이조의 계획을 역사
에서는 '거대 석탄산 음모Great

《뉴욕 월드》에 실린 거대 석탄산 음모 기사

Phenol Plot'라고 부른다. 이 계획은 아무런 흔적도 드러내지 않고 몇 개
월 동안 순조롭게 진행되었다. 하지만 미국 대중매체의 추적으로 백
일하에 드러나고 말았다. 하인리히 알베르트가 실수로 서류 가방을
기차에 놓고 내리는 바람에 문서들이 유출되어버린 것이었다. 하지만
그의 행위가 위법이 아니었으므로 미국 정부도 그에 대해 구속력을
발동할 수가 없었다. 그러자 누군가가 이 문서들을 당시 미국의 반독
일 신문인 《뉴욕 월드New York World》에 넘겼다. 1915년 8월 15일, 독일의
계획은 대중들의 눈앞에 낱낱이 펼쳐지고 말았다.

결국 여론의 압력을 이기지 못한 에디슨은 하인리히 알베르트와의
계약을 종지하고, 남은 석탄산은 미국 군부에 팔았다. 이렇게 해서 이

사건은 막을 내렸다. 하지만 독일은 하인리히 알베르트 덕분에 450만 파운드의 폭약을 더 만들었다. 미국 바이엘 회사 역시 아스피린의 새로운 생산 능력이라는 보답을 받았으며, 엄청난 액수의 광고비를 감당할 수 있을 정도로 큰돈을 벌어들였다. 그래서 바이엘 회사의 상업상의 신용과 명예에는 적지 않은 타격을 받았지만, 판매에 대한 영향은 그다지 크지 않았던 것이다.

'병불염사兵不厭詐'라는 말이 있다. 전쟁에서는 적을 속이는 것도 꺼리지 않는다는 뜻이다. 자신에게 이로울 것 같은 대상에 자금을 지원하는 외교를 펼치는 방법은 국제 관계에서 줄곧 있어왔다. 하지만 약품 회사에 자금을 지원해 간접적으로 적의 전투력을 약화시킨 예는 역사상 아마도 아스피린밖에 없을 것이다. 아스피린이 건강에만 유익하게 작용하는 데 그치지 않고, 이처럼 특이한 기능까지 가질 수 있었다는 사실을 아마도 바이엘 회사도 전혀 예상하지 못했을 것이다.

***

아스피린은 진통과 해열의 두 가지 중요한 치료 효과를 가지고 있다고 앞에서 언급한 바 있다. 이 약이 처음 출시되었을 때, 바이엘 회사가 엄청나게 많은 광고를 한 덕분에 이 약은 19세기와 20세기 유럽과 미국의 가정상비약이 되었다. 그러기에 미국의 한 의사는 "아스피린 두 알이면 아침까지 푹 잘 수 있다"는 말까지 했다.

1950년경에 부작용이 더 적은 해열진통제가 발명되어 아스피린의 판매가 영향을 받게 되었다. 그런데 마침 이 시기에 미국 켈리포니아 주의 개업의인 로런스 크레이븐Lawrence Craven이 아스피린이 심장병과 뇌졸중의 예방 효과가 있다는 사실을 처음으로 발견했다. 그 후 여러 학자들의 연구를 거쳐 이 신기한 알약은 다시 한 번 독보적인 위치에 올랐다. 그리고 현재에 이르기까지 심장과와 신경내과 의사들의 처방전에 상용되는 약품이 되었다. 큰 나무가 더 많은 바람을 불러온다고 했던가. 조류독감에 대한 연구가 갈수록 활발해짐에 따라 일부 학자들이 다시금 아스피린을 분석하게 되었으며, 그 결과 1918년 세계적으로 무수한 사상자를 내었던 '퍼펙트 스톰perfect storm'인 조류독감을 잡는 데 없어서는 안 되는 킬러 중 하나로 인정받게 되었다.

'스페인 아가씨'라는 애칭으로 불리는 조류독감은 1918년부터 전 세계를 휩쓸었다. 당시 미국 주요 8개 도시를 연구한 학자들에 따르면, 이 유행성감기에 감염된 주요 집단은 25세에서 29세까지의 젊은 이들로, 전체 감염 환자 수의 30퍼센트를 차지했다. 또 다른 학자가 정리한 자료에 따르면, 당시 사망자 수의 대략 10~15퍼센트는 병에 감염된 지 얼마 되지 않아 중증 급성 호흡기 증후군으로 세상을 떠난 사람들이며, 나머지 사람들은 폐부의 세균성 감염으로 인한 폐렴으로 저승사자의 마수를 벗어나지 못했다.

최근의 연구에 따르면 조류독감에 감염되면 바이러스로 인해 비정상적으로 면역 기능이 떨어져 사망에 이르게 된다. 그래서 앞에서 언급한 것처럼 당시의 많은 환자들이 바이러스에 감염된 후, 세균으로 인한 폐렴 때문에 사망한 것이었다. 그런데 이 점에 대해서는 학계에서도 줄곧 합리적인 기제를 찾아내지 못하고, 이런 현상을 완전하게 밝혀내지 못했다. 그러다가 1960년 이후에 소아과 환자들에게 발생한 '레이 증후군Reye's syndrome'으로 과학자들은 어떤 가능 요인이 조류독감 환자의 사망을 가속화한다는 사실을 생각해냈다.

레이 증후군은 오스트레일리아의 의사 더글러스 레이Douglas Reye가 발견해, 그 연구 결과를《랜싯》1963년호에 발표했다. 그의 보고서에 따르면, 첫 번째 B형 유행성감기가 유행하던 기간에 신경 손상을 입은 어린이 16명이 발견되었다. 그중 4명은 의식불명, 간기능 장애, 뇌부종 등의 합병증이 수반되었고, 심지어 사망한 아이도 있었다. 더글러스 레이의 보고서는 전 세계 의사들의 흥미를 끌었고, 여러 나라에서 깊이 연구한 결과, 레이 증후군이 유행성감기에 감염된 아이들에게 사용된 다량의 아스피린과 관계있다는 사실을 발견했다. 1980년대 이후, 유럽과 미국의 위생 부서는 의사들에게 유행성감기에 걸린 어린아이들의 발열 증상을 치료할 때 아스피린의 사용을 최대로 자제하거나, 아예 사용하지 말아달라고 요청했다. 그 결과, 레이 증후군은 점차 자취를 감췄다.

그 후 학자들이 레이 증후군으로 사망한 아이들을 부검하면서, 폐부 조직의 투과성이 증가해 부종을 유발시켰으며, 심지어 출혈 현상까지 유발시켰다는 것을 발견했다. 그리고 이런 조사 결과에서 영감을 받은 일부 학자들은 1918년에 조류독감으로 사망한 젊은 환자들의 사인이 고용량의 아스피린과 관계있을 것이라고 추측하고, 역사 자료를 재해석해 결정적인 원인을 찾아내려고 했다.

카렌Karen이란 학자가 미국의 환자들을 예로 들어, 2009년 《임상 전염병 Clinical Infectious Disease》지에 글을 발표해, 고용량의 아스피린이 1918년 조류독감 환자들을 사망으로 몬 주요 원인이라는 사실을 밝혔다.

바이엘 회사의 아스피린은 19세기 말에 출시된 이래로 특출한 판매 성적과 광고 수법에 힘입어 전 세계를 석권했다고 할 수 있다. 미국을 예로 들어보자. 1917년 아스피린의 특허가 만기된 후, 많은 제약 회사들이 자체적으로 아스피린을 합성해 미국 내의 바이엘 회사 지사와 엄청난 쟁탈전을 벌인 결과, 아스피린은 값싸고 먹기 편한 해열제로 발전하게 되었다. 하지만 처음 아스피린이 출시되었을 때는 오늘날처럼 약물의 독성을 검사하는 구조도 없었고, 아무도 어느 정도의 양이 인체에 해가 된다고 주의를 주지 않았다. 그러다 보니 열이 떨어지지 않는 환자에게 의사들이 약을 처방할 때 자유 판단에 따랐다. 카렌이 정리한 자료에 따르면 미국 해군 군의관과 내과학회가 권장하는 일인당 하루 복용량은 8~31.2그램이었다(현재 뇌혈전을 예방하기 위해 사용하는 사용량은 0.1그램이다). 상급 지도 기관이 없는 개업의의 경우 환자에게 사용하는 양은 아마도 이보다 많았을 것이다.

카렌은 자료들을 조사하면서, 당시의 의사들이 한 처방이 오늘날의 아스피린 하루 권장량인 일인당 4그램보다 많았다는 사실을 발견했다. 매우 많은 사람들이 유행성감기 치료를 받으면서 너무 많은 아스피린을 복용해 레이 증후군에 걸린 아이들과 같은 증상인 폐부종, 폐출혈, 심지어 뇌부종이 나타난 것이었다. 그는 이런 현상들이 바로 퍼펙트 스톰이 형성되는 것과 같은 이치라고 생각했다.

물론 카렌의 연구 결과는 추론일 뿐이다. 조사할 수 있는 사망 환자에 대한 충분한 부검 자료도 없고, 환자들의 혈액 중에 포함된 아스피린의 농도에 대한 보고서도 결여되어 있어 그의 추론을 증명하기는 어렵다. 다만 상대적으로, 그의 견해를 효과적으로 반박할 사람이 없는 것뿐이라고 생각한다.

이야기를 마치면서, 오늘날의 환자들은 이전의 환자들보다 훨씬 행복하다고 말하고 싶다. 어떤 신약이라도 출시하기 전에 반드시 엄격한 인체 실험을 거쳐야 하는 것은 물론이고, 출시된 후에는 환자들이 복용한 후의 효과를 조사해야 한다. 또 아주 경미한 사고라도 발생하면 소비자들이 소송을 제기할 수 있고, 그렇게 되면 제약 회사는 지체 없이 즉각 회수해야 하니, 확실히 이전보다 엄청 좋아지지 않았는가?

외할머니의 라디오

병자들의 특별한 치료 경험 나누기

우리 외할머니는 10여 년 전에 85세의 연세로 돌아가셨다. 어떤 사람의 눈에는 장수한 것으로 보일 수도 있겠지만 내게는 더 오래 사실 수 있었고, 더 오래 사셨어야 했다. 외할머니는 혈액투석으로 마지막 2년을 보냈는데, 만약 일찍이 그 원인을 찾아냈더라면 의료적으로 손쓸 기회가 있었을 것이다. 외할머니가 언제부터 고혈압을 앓았는지는 알 수 없다. 외할머니는 병원에서 의사에게 진단 받아 혈압을 조절하지 않고, 스스로의 판단으로 약국에서 약을 사 복용했던 것이다. 그러다가 몸에 이상을 느끼고 병원에 실려갔을 때에는 외할머니의 신장은 이미 그 기능이 극도로 쇠약해진 상태였다.

여러분은 어떻게 외할머니가 그토록 오랜 기간 아무렇게나 약국에서 약을 살 수 있었는지 궁금할 것이다. 사실 그 답은 아주 간단하다. 답은 바로 외할머니가 항상 몸에 지니고 다니던 라디오에 있었다.

과거 타이완의 상당수 노인들은 우리 외할머니처럼 하루 종일 라디오를 벗삼아 지냈다. 모든 프로그램 진행자들의 말에는 마력이 있다. 그들이 하는 이런저런 한담과 터무니없이 공허한 이야기들은, 자녀들이 바쁘게 일하는 통에 평소 집에서 홀로 고독하게 지내는 노인들에게 적잖이 위안이 되었다.

과거에는 라디오 프로그램의 많은 부분이 약품의 '광고'와 '판매'로 채워졌다. 이런 일은 아슬아슬하게 법률의 경계선을 노니는 일이지만 법에 저촉되는 일은 아니었다. 이런 광고를 곧이듣는 청취자들은 직접 전화를 걸어 주문을 했다. 하지만 외할머니처럼 시시콜콜 따지기 좋아하는 사람들은 광고 속에 나오는 약국에 직접 찾아갔다. 그러다가 약국 판매원의 세 치 혀에서 나오는 뛰어난 말재주에 넘어가 목숨을 바쳐 충성을 다하는 고객이 되어 평생 그 약국을 단골 가정의처럼 여기며 살게 된 것이다.

외할머니가 고혈압을 앓았다는 사실도, 언제인지는 모르겠지만, 아마 약국 판매원의 지극정성을 다한 봉사와 알뜰한 보살핌 덕에 발견했을 것이다. 그리고 의약분업이 명확하지 않고, 직원의 역할도 모호했던 그 약국에서 '고혈압 약'은 너무나도 간단하게 외할머니에게 판매되었을 것이다. 그 후로 외할머니는 결코 짧지 않은 기간 내내 그 약을 먹었을 것이다.

이런 일들은 과거 항간에 떠도는 소문과 입과 귀로 전해지는 선전에 의해 이루어진 의료 행위로, 현재의 눈으로 보면 위험하고도 무책임한 것이다. 아마 모두들 이해할 수 없는 일이라고 여길 것이다. 하지만 라디오를 켜고 채널을 이리저리 돌려 맞춰보시라. 오늘날의 상황도 외할머니가 처했던 당시의 환경에 비해 개선되었다고 할 수는 없다. 문화 수준이 높아지고 법이 투명해져서 옛날의 '약 판매' 광고가 '건강식품' 판매로 바뀌었을 뿐, 이를 직접 먹어봤다는 사람이 나와서 경험을 나누자며 여전히 사람들을 피곤하게 만드니 말이다.

아마 여러분은 그렇지 않다고 고개를 가로저을 것이다. 하지만 꼭 해주고 싶은 말이 있다. 인류의 역사 이래로 이런 '경험 나누기' 식의 의료 행위는 일찍부터 있었다. 고대 그리스의 철학자 헤로도토스 Herodotus의 저서 《역사Historiae》에 다음과 같은 흥미로운 서술이 있다.

그들에게는 의사가 없었다. 하지만 누구든지 병에 걸리면 사람들은 이 병자를 데리고 저잣거리로 나갔다. 일찍이 이 환자와 같은 병에 걸린 적이 있거나, 혹은 같은 병에 걸린 사람을 본 적이 있는 행인들은 이 병자 앞으로 와서 병자를 위로하고, 치료 방법을 이야기해주었다. 일찍이 자신의 병을 치유했든지, 혹은 다른 사람이 병을 치료한 방법을 알고 있으면 이 병자에게 소개했다. 누구든지 말 한마디 하지 않고 병자를 지나쳐서도 안 되고, 병자에게 다가가 무슨 병에 걸렸냐고 묻지 않는 것도 있을 수 없는 일이었다.

라디오를 이용해 자신의 '병 치료 경험'을 나누고, 심지어 이런 방법으로 약이나 건강식품을 판매하는 것은 현대인이 처음으로 만들어낸 것은 아니었다. 이런 일들은 고대 바빌로니아 시대(서기전 4,000년경)부터 있어왔다. 다만 우리와 고대 바빌로니아 시대 사람들이 다른 점은, 바빌로니아 시대에는 자문을 해줄 만한 자격을 갖춘 의사가 없었다. 그리고 과학이 발달한 시대에 살고 있는 우리는 전문의가 있는데도 자문을 구하지 않고 입과 귀로 전해지는 정보를 이용하거나, 혹은 병자들의 특별한 경험 나누기 이야기를 듣고 질병 치료의 방법을 찾는다는 것이다.

옛날부터 있었던 이런 병을 치료한 경험 나누기는 앞으로 과학기술과 문명이 더 발전한다고 해도 사라지는 일은 없을 것이다.

예뻐지는 요술 방망이

여성들을 유혹하는 미용 기구

예뻐지고 싶은 것은 여성들의 본능이다. 여성들은 더 아름답게 보이기 위해, 혹은 젊음을 유지하거나 노화를 늦추기 위해서는 조금도 망설이지 않고 돈을 쓴다. 그래서 미용 관련 회사나 정형외과에서는 온갖 방법을 동원해 새로운 아이템을 내놓으며, 여성들의 눈길을 끌기 위해 끊임없이 각종 신기술이나 신상품을 개발해낸다.

전자파 주름살 제거 수술, 히알루론산hyaluronic酸(성형용 필러의 주성분-옮긴이주), 보톡스 같은 상품은 이전에는 없던 개념들이다. 그런데 어떤 상품들은 겉으로는 참신해 보여도 자세히 보면 이전에 있던 유사한 발명품에서 영감을 받아 이를 변형한 것임을 알 수 있다. 이런 상황은 마치 명품 세계의 복고풍과 흡사하다. 다만 미용 용품의 경우에

턱 축소 미용 기구 광고

는 제품의 좋지 않은 점을 노출하거나, 상품들이 이전의 기술을 개량해 만든 것이라고 세상에 알리지 않을 뿐이다. 다음에 소개하는 자료를 보면 '최신 발명'이라는 것이 사실은 과거에 있던 개념을 바탕으로 변화시킨 것임을 알 수 있다.

일부 여성들이 좋아한 '요술 방망이'는 사실 19세기 말에 한 교수가 발명한 미용 기구다. 한때 엄청난 인기를 끌었던 요술 방망이는 원래 일본 도쿄에서 유행했다. 이 기구는 T 자형의 황금색 봉으로 앞부분이 회전하는데, 이 제품의 광고에 따르면 사용한 지 3분 안에 얼굴이 팽팽해지고, 피부 늘어짐을 개선할 수 있다. 3일 동안 계속 사용하면 기미가 옅어지며, 피부가 밝아지고 윤기를 띠게 된다. 또한 30일 이상을 사용하면 피부가 건강해지고 희어지며, 반들반들해져 열 살 정도 어리게 보인다.

이 광고를 처음 보았을 때 내 머릿속에는 1890년대 미국 뉴욕의 유진 맥Eugene Mack 교수가 발명한, 얼굴 살을 빼서 예쁘게 보이게 하는 기구인 '턱 축소 미용 기구Chin Reducer and Beautifier'가 떠올랐다.

광고 전단에 따르면, 이 제품은 턱과 양쪽 볼을 채우고 이마 위를 고정시키는 쇠테인데, 쇠테의 양쪽에 끈이 달려 당길 수 있다. 발명자의 말에 따르면, 이 쇠테를 머리에 쓰고 끈을 당기면 이중 턱이 되는 것을 예방하고, 이중 턱을 없애며, 얼굴 주변의 분비샘을 축소할 수 있다. 더 대단한 것은 장기적으로 사용하면 얼굴에 윤기가 생기고 탄력이 회복된다는 주장이다. 이 제품은 가격이 만만치 않아, 당시의 판매가가 10달러였는데, 오늘날의 화폐가치로 따지면 250달러 정도 되니, 그야말로 엄청 비싼 미용 기구였다. 그런데도 이 제품은 당시 여성들 사이에서 날개 돋친 듯이 팔린 최고의 미용 기구였다.

하지만 얼굴 크기를 작게 하는 기능에 한계가 있어 한 시대를 풍미했던 이 기구는 시장에서 사라지고, 다른 흥미로운 제품들이 그 자리를 대신했다. 그 대표적인 제품이 바로 1920년대에 유행했던 '코 교정기nose corrector'다. 잠잘 때 이 집게로 코를 집고 자면 코가 예뻐진다고 하는데, 오늘날에도 인터넷에서 선전하고 판매하는 사람들이 있다.

코 교정기의 뒤를 이어 '보조개 기계spring-loaded dimple machine'가 나왔다. 이 제품은 볼을 누를 수 있는 스프링 장치가 있는 머리 테로, 당시 뉴욕에 거주하던 이자벨라 길버트Isabella Gilbert라는 사람이 발명했다. 이 제품을 장기간 사용하면 다른 사람의 마음을 설레게 하는 아름다운 보조개가 만들어진다고 한다. 이 제품은 물론 일찌감치 시장에서 도태되었다.

내친김에 몇 가지 흥미로운 미용 용품들에 대해 파헤쳐보았다. 오래전에 나온 것들이지만 그 개념에 있어서는 오늘날의 일부 미용 상

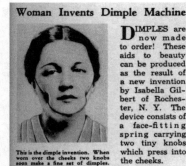

보조개 기계

품에 여전히 큰 영향을 주고 있다고 생각되지 않는가? 그런데 사실 내가 관심이 있는 것은 '요술 방망이'다. 타이완의 유행은 일본과 한국의 뒤를 따라가고 있으며, 일본과 한국은 미국을 따라가는 것 같다. 구글에서 'chin reducer'라는 단어를 쳐보면, 앞에서 언급한 턱을 축소시키는 기구들이 모두 '얼굴 살 빠지는 크림'으로 대체된 것을 알 수 있다. 그런데 이 제품들이 강조하는 기능을 보면 당초 유진 맥 교수가 썼던 광고문과 별 차이가 없다.

인터넷에 들어가 '요술 방망이'를 쳐보면, 원래 T 자형 마사지 봉인 요술 방망이를 판매하던 타이완의 일부 상점들이 여전히 '요술 방망이'를 광고하고 있다. 하지만 주력 상품은 얼굴에 바르는 '얼굴 살 빠지는 크림'으로 이미 바뀌었다는 것을 발견할 수 있다.

이를 보면 새로운 제품을 개발하는 것은 당연히 주된 수단이고, '복고'와 '서로 모방하고 베껴대는' 것도 미용 상품 개발에 없어서는 안 되는 수단임을 알 수 있다.

체임벌린 집안의 비방

산과용 겸자鉗子의 비밀을 지켜라!

중의학은 의료사의 발전 과정에서 줄곧 사람들에게 지탄을 받아왔다. 근대 서양의학에서 해왔던 실증적인 연구 같은 것도 없이 그저 꼭꼭 감추어둔 '조상 대대로 전해오는 비방'만을 내세웠기 때문이다. 옛날의 중의사들은 자신에게만 있는 독보적인 의술이나 약방문을 다른 사람이 알게 되면 자신의 우월성이 사라지게 될까 봐 이를 다른 사람과 나누는 것을 원치 않았다.

하지만 만약 대를 이을 아들이 없으면 그가 죽은 후 조상 대대로 전해오던 비방은 사라지고 만다. 어떤 사람은 제자에게 비방을 전수하긴 했는데, 고의로 전부를 전수해주지 않고 핵심 비법을 히든카드로 남겨두기도 했다. 그렇게 해서 치료 방법이 변하거나 와전되어, 의술이 발전하지 못하고 도리어 후대 사람들을 잘못된 길로 빠지게 했다.

여러분은 내가 편파적이라고 생각할지도 모르겠다. 자신이 서양의학을 공부했다고 해서 한쪽 편만 드는 것처럼 보이니까 말이다. 하지만 서양의학 역시 최근 100년에야 비로소 진정한 발전을 하게 된 것이라는 사실을 말하고 싶다. 서양의학은 과학기술의 발전에 힘입은데다, 과시하기 좋아하고 의술을 공유하기 원하는 의사들이 많아지면서 점차 현재의 수준에 이르렀다. 이전에는 서양의학도 중의학과 비슷한 수준이었다. 다음에 이야기할 산과용 겸자(집게)도 그런 예 가운데 하나다. 이 겸자를 둘러싼 체임벌린 집안Chamberlens의 이야기를 보면 서양의학이나 중의학이나 비방을 공개하지 않으려는 것은 비슷했다는 생각이 들 것이다.

체임벌린 가족은 5대에 걸친 의사들이었다. 첫대는 윌리엄 체임벌린William Chamberlen으로, 그는 16세기 후반 종교 박해 때문에 영국으로 온 외과 의사였다(사실은 이발사라고 해도 된다. 당시에는 외과 의사가 이발사를 겸했다). 그에게는 두 아들이 있었는데 두 사람 모두 이름이 피터Peter였다. 두 형제는 가업을 이어받아 외과 의사가 되었는데, 산부인과 의사까지 겸했다. 형 피터는 일찍이 영국의 왕인 제임스 1세James I의 왕비 앤Anne의 개인 산부인과 의사였다. 당시에는 산모가 분만할 때 주로 산파가 아기를 받았다. 산부인과 의사들은 손에 피를 묻이기 싫어했고, 산모는 남자인 산부인과 의사에게 다 보여주는 것을 꺼렸기 때문에 조산사를 겸한 외과 의사는 극히 드물었다.

누가 가장 먼저 산과용 겸자를 발명했는지에 대해서는 역사적으로 고증할 수 없다. 고대 로마제국 시대의 벽화에 의사가 겸자와 유사한 기구를 손에 들고 있는 모습이 보이긴 하지만, 이를 추적할 수 있는 믿을 만한 기록은 없다. 하지만 피터 형제가 설계한 산과용 겸자는 확실히 17세기 최고의 발명품이었다.

이 두 형제가 유명해진 것은 당시 유행하던 비타민D 결핍으로 생기는 구루병 때문이었다. 이 병에 걸리면 골격이 변형되는데, 여성의 경우 골반이 변형되면 분만 시에 난산하게 되어 산모와 태아의 생명이 위험해진다. 이런 경우 의사가 겸자를 쓰면 위험한 고비를 넘기고 산모와 태아의 목숨을 지켜낼 수 있게 된다.

동생 피터는 이들 가운데 가장 유명한 의사였다. 후세 사람들의 묘사에 따르면, 그가 난산 중인 임산부의 아이를 받을 때는 문과 창문을 꼭꼭 닫고, 조수 두 사람에게 정교하고 아름다운 나무 대야를 들고 있게 해 이 까다로운 일을 처리했다. 임산부의 두 눈을 가리게 하고, 방 안에 특정한 소리가 나게 했는데, 마치 신비로운 기구로 기괴한 환경을 만들어 다른 사람들이 몰래 살펴보지 못하도록 하는 것 같았다.

동생 피터는 당시 그가 가진 기술로 볼 때 더 큰 명성을 얻을 수도 있었다. 하지만 안타깝게도 이 젊은이는 자신의 재능을 믿고 다른 사람들을 우습게 보았던 것 같다. 그는 외과 의사의 정기 모임에 거의 참석하지 않았으며, '여성조산사협회'를 창립하자고 제안하고는 자신이 회장을 맡으려 했다. 그 결과 양쪽 모두에게 호감을 사지 못하고 말았다. 외과 의사 단체에서는 그를 배척했고, 여성 조산사들 역시 성명을 발표해 그의 제안을 거절했다. 그는 양측 모두에게 욕을 먹고, 마지막에는 겸자의 비밀을 지켜가면서 의사 노릇을 하는 지경에 이르고 말았다.

제3대와 제4대 체임벌린은 선대의 바통을 이어받아 모두 산부인과 의사가 되었으나, 안타깝게도 특별히 뛰어난 인물은 없었다. 이 집안의 제4대 상속자는 휴Hugh라는 인물이었는데, 1670년에 파리를 방문했다가 재물에 현혹되었는지, 집안의 비밀을 프랑스 정부에 팔아넘기려고 했다. 당시 교섭을 담당한 관리는 그에게 어려운 문제를 하나 냈는데, 그것은 다름이 아니라 38세 된 난쟁이 임산부의 아이를 받으라는 것이었다. 그는 보기 좋게 실패하고 말았다.

1686년, 휴는 외과 의사들에게 배척을 당한 데다, 영국의 왕 제임스 2세에게도 추방되고 말았다. 그는 네덜란드로 가 떠도는 수밖에 없었다. 사료에 따르면 그는 마지막에는 산과용 겸자의 비밀을 현지의 산부인과 의사에게 팔아넘겼는데, 통째로 유출하지 않으려고 핵심 비밀은 남겨두고 부분 설계만 넘겼다.

그 후 체임벌린 집안은 영국으로 돌아오긴 했지만, 안타깝게도 제5대 자손 가운데 아들을 낳은 사람이 없어 이 산과용 겸자의 비밀은 끊기고 말았다. 오늘날에는 산과용 겸자의 진정한 발명자가 윌리엄 스멜리William Smellie라고들 말하는데, 역사학자들은 그가 체임벌린 집안의 독창적인 구상을 도용한 것이 아닌지 의심하고 있다. 아마도 가세가 기울자 체임벌린의 자손 중에 누군가가 그 비밀을 다른 사람에게 누설한 것이 아닌가 짐작된다. 1813년에 어떤 사람이 체임벌린 집안의 저택을 정리하면서 거의 130년이나 방치되어 먼지투성이가 된 산과용 겸자 세트를 발견했는데, 그 안에는 정교하고 아름답게 만들어진 각종 형태의 겸자가 들어 있었다. 눈이 예리한 의사들은 윌리엄 스멜리의 겸자가 약간의 차이만 있을 뿐 체임벌린 집안의 저택에서 발견된 겸자와 모양이 같다는 것을 알아냈다.

지금까지의 이야기를 보면, 새로 발명된 물건에서 챙길 이득이 있으면 탐욕으로 가득한 인간 본성이 발동한다는 사실을 알게 되었을 것이다. '조상 대대로 내려온 비방'을 꽉 움켜쥐고 놓지 않거나 나누기를 바라지 않는 의사들을 만나면, 그게 뭐가 잘못된 거냐고 생각하지 말자. 입장을 바꾸어 그게 여러분이나 나라고 해도 크게 다를 바가 없을 것이다. 문명의 진화와 발전에 감사하자. 법률과 특허권의 보호 아래 많은 사람이 자신이 발명한 것을 대중들과 나누기를 원하고 있으니 말이다. 이것이 의학뿐만이 아니라 다른 분야의 학문이 발전할 수 있었던 중요한 원인이었다.

병사와 철모 놀이

전두엽 손상으로 성격이 크게 변하다

내가 군의관으로 복무할 때, 가장 싫었던 일은 꾀병을 부리는 병사와 진료실에서 마주하는 것이었다. 이런 사람들을 일단 '적응 불량 증후군' 환자라고 부르자. 그들이 꾀병을 부리는 것은 부대의 엄격한 훈련 속에서 한숨 돌릴 공간을 얻어내기 위함이었으므로, 군의관은 반드시 그들과 머리싸움을 벌여야 했다. 하지만 어떤 경우에는 병사들에게 정말로 상식적으로는 생각해낼 수 없는 기이한 증상이 나타나기도 하는데, 상세히 구명究明해보면 꾀병이 아니어서 만약 신중하지 않으면 정말로 오진할 수도 있다. 다음 이야기는 내가 겪었던 바로 그런 흥미로운 병례다.

어느 날 오후 부대 의무실에서 늘어지게 하품을 하고 있는데 걱정스러운 얼굴을 한 내무반장이 병사 한 사람을 데리고 들어와 진찰을 요청했다. 병사의 증상은 감기 몸살이나, 구보 후에 생기는 가슴이 답답한 증상과 같은 자주 볼 수 있는 문제가 아니었다. 내무반장의 말에 따르면 최근 그의 행동이 이상했다.

"군의관님, 이 내무반원은 이전에는 아주 활달했었는데, 왜 그런지 이번 주부터 성격이 완전히 변했습니다. 다른 사람들과 소통도 거의 하지 않고, 말도 없어졌고요. 이전과는 완전히 다른 모습으로 변했습니다."

내부반장의 말을 듣고 보니 정말 이상하다는 생각이 들었다. 그 병사에게 일반적인 검사를 실시했는데, 반응이 좀 느린 것 외에는 특별한 이상을 발견할 수 없었다.

나는 내무반장에게 그 병사의 부대 생활에 대해 물었지만, 내무반장의 대답을 듣고도 특이한 문제점을 찾아낼 수 없었다. 이 부대는 당시 전시 대비 강화 훈련을 하는 것도 아니었고, 그저 위병을 서고 장비를 정비하는 일밖에 없었다. 그 병사도 제대할 날이 반년도 남지 않아 당시의 관례로 보면 그를 괴롭히거나 귀찮게 할 사람도 없었다.

원래는 내무반장에게 그 병사를 데리고 부대로 돌아가서 며칠 잘 관찰해보라고 하고 싶었으나, 눈앞에 있는 병사의 모습을 보니 걱정이 앞섰다. 결국 마음이 놓이지 않아 전진轉診 증명(병원을 옮겨 진료할 수 있는 증명-옮긴이주)을 끊어주고, 부근에 있는 군 병원에 가서 진료를 받도록 했다.

마음속에 여전히 의문이 남아 있었던 나는 그 병사의 상황이 어떤지 계속 추적하여 결국 수수께끼를 풀 수 있었다. 군 병원에서 컴퓨터 시티CT 촬영을 했는데, 그 병사의 전두엽에서 혈병血餠이 발견되었던 것이다. 이 때문에 그 병사의 감정이 자신도 모르는 사이에 급변했던 것으로 짐작되었다.

그렇다면 그의 전두엽에는 어떻게 해서 혈병이 생겼을까? 추적 조사를 한 결과, 진찰을 받기 며칠 전에 그 병사를 포함해 병사들 몇 명이 몹시 따분해서 내기를 했는데 이 병사가 지고 말았다. 그가 받은 벌칙은 머리에 쓴 철모 앞부분을 이긴 병사들이 또 다른 철모로 강하게 내리치는 것이었다. 철모 두 개가 부딪치며 내는 소리가 지루한 군대 생활을 하는 그들에게 생각지도 못한 재미를 가져다준 것이다.

이들은 이런 장난으로 머리를 다칠 수도 있다는 사실을 아예 생각지도 못했다. 철모가 머리를 보호해준다고는 하지만, 흥이 나자 이들은 분별력을 잃고 여러 차례 철모로 내리치는 내기를 하다가 그만 전두엽에 출혈이 생기면서 감정에 심한 변화를 겪게 된 것이다.

병사가 어리바리하게 변해버린 이 이야기는 새 발의 피에 지나지 않는다. 전두엽은 사람의 성격을 주관하는데, 손상되면 개성과 감정이 영향을 받게 된다. 이런 사실은 당연한 의학적 진단으로 보이지만, 사실은 한 병사가 부상을 입은 덕분에 얻어진 지식이다.

1848년 9월 3일, 당시 미국의 철도 작업반장이었던 25세의 게이지Gage는 큰 암석을 폭파하려고 준비하고 있었다. 그런데 폭약이 정해진 시간보다 앞당겨 폭발하고 말았다. 폭발력에 날아간 작업용 쇠막대가 게이지의 왼쪽 뺨을 뚫고 들어가 왼쪽 눈 뒤쪽을 지나 이마 위쪽의 정수리를 뚫고 나가더니 몇십 미터를 더 날아가 땅바닥에 떨어졌다.

게이지의 머리통에는 큰 구멍이 하나 뚫렸고, 그는 그 자리에서 혼절하고 말았다. 모두들 그가 죽은 것으로 생각했다. 그런데 몇 분 후에 그는 천천히 몸을 일으켰으며, 의식도 또렷한 편이었다. 사람들은 그를 근처의 병원으로 데려가 의사인 존 할로우John Martyn Harlow에게 치료받게 했다.

할로우의 보살핌으로 게이지는 목숨을 건졌다. 게이지는 원래 신중하고 겸손하며, 일할 때는 근면했다. 그러나 치료 후에는 게으르고 행동에 절제가 없고, 심지어 무절제하게 술을 마시고 주정을 부리는 등 딴 사람으로 변했다. 보통의 의사 같았으면 게이지가 이미 치료를 끝낸 환자이므로 무관심했거나, 게이지가 죽을 뻔한 큰 재난을 당해서 사람이 급변한 것이라고 여겼을 것이다. 하지만 할로우는 게이지에 대한 치료와 관찰을 중단하지 않고 게이지가 부상당한 이후의 경과를 기록했다.

할로우는 게이지를 장장 10년 동안 보살피면서 그의 병세를 상세하게 기록했는데, 의학계에서는 뒷날 게이지가 손상을 입은 부분이 전두엽이라는 사실을 알게 되었다. 그 후로 전두엽이 사람의 성격을 관장하는 중요한 부위라는 사실 알게 되면서 뇌 연구는 크게 발전했다.

할로우는 게이지의 두개골과 의료 역사를 바꾼 그 쇠막대기를 기증

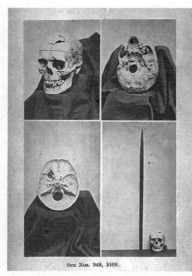

Sce Nos. 949, 3106.

게이지의 두개골과 쇠막대기

했고, 이는 현재 미국의 워런 해부 박물관Warren Anatomical Museum에 보관되어 있다.

병사와 게이지의 이야기를 읽은 여러분의 소감은 어떤지 모르겠다. 어떤 경우에는 의학 역시 인생과 마찬가지로 생각하지도 못했던 새로운 상황이 나타나기도 한다. 막다른 골목처럼 보이지만 그것이 답안을 제시해주기도 하고, 심지어는 그것이 해결 방법이 되기도 한다. 게이지의 경우도 그런 예 중의 하나고, 페니실린의 발견 역시 그런 예 중의 하나다.

의학의 역사에서 이와 비슷한 이야기는 수두룩하다. 청사靑史에 이름을 남길 수 있는지 여부는 문제에 직면한 사람이 그것을 일찌감치 포기하느냐, 아니면 끝까지 철저하게 파헤치느냐에 달려 있다.

최신 유행 파티의 집단 초상화

렘브란트의 〈니콜라스 튈프 박사의 해부학 강의〉는
진짜 해부 교실의 장면일까?

2015년 타이완의 연예 뉴스 가운데 가장 어처구니없었던 것은 리(李)씨 성을 가진 한 연예인의 행태였다. 평소 눈치도 없고 상황 파악도 잘 못하는 그녀는 특권을 이용해 군부대의 아파치 헬기를 참관하면서 헬기를 배경으로 사진을 찍은 것이다. 더 한심한 일은 이 사진을 페이스북에 올린 점이다. 이 탓에 그녀는 자신의 명성에 먹칠을 했을 뿐만 아니라, 당초 호의를 베풀어 참관을 시켜준 군대의 지인들과 부대장이 모두 징계를 받았고 심지어 감옥에 가기까지 했다.

이 연예인의 심리 상태를 파헤쳐보면 과시욕으로 가득하다는 것을 알 수 있다. 이런 행태는 자신이 최신 유행을 선도한다고 자랑하고 다니는 부호, 연예인 들에게 자주 볼 수 있다. 신문, 잡지나 인터넷에서 이런 사람들이 각종 명품 발표회나 최신 유행 파티에 모습을 드러내는 것을 볼 수 있는데, 이들의 차림새나 허세 역시 과시욕에서 나온 것이다. 그런데 이보다 더 과시욕이 지나쳤던 것이 바로 이 극비의 군사 장비 사진을 개인의 페이스북에 올린 일이었다.

이런 과시욕이 가득한 심리는 특별난 것이 아니다. 옛날부터 수두룩하게 있어왔다. 만약 장면을 17세기의 네덜란드로 옮겨 놓는다면 렘브란트Rembrandt의 그림에서도 이런 장면을 발견할 수 있다. 그의 명작 〈니콜라스 튈프 박사의 해부학 강의De anatomische les van Dr. Nicolaes Tulp〉가 바로 그것이다. 이 그림은 당시 저명 인사들이 최신 유행에 따른 모임을 하고 있는 집단 초상화다.

이 작품은 렘브란트가 26세 때인 1632년에 완성한 야심작으로, 미술 평론가들은 이 그림을 당시 네덜란드의 군상화群像畫를 대표하는 획기적인 작품으로 인정한다. 그림 속 주인공인 니콜라스 튈프는 의사로서, 1628년 외과 의사 조합의 강의 교수로 초빙되었다. 그는 정부로부터 매년 사형수의 시신 한 구를 공개적으로 해부할 수 있는 특권을 얻은 사람이었다.

그림 속의 사형수는 아리스 킨트Aris Kindt로, 흉기를 들고 강도 짓을 하다가 잡혀 교수형에 처해진 후, 니콜라스 튈프의 두 번째 공개 해부 대상이 되었다. 이 그림의 수법과 예술적 가치에 대해서는 잠시 논하지 않겠다. 그런데 이 그림은 내 눈에는 진짜로 사형수를 공개적으로 해부하는 상황으로 보이지는 않는다.

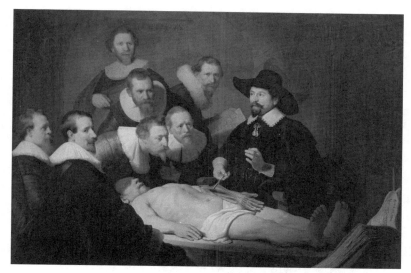

렘브란트, 〈니콜라스 튈프 박사의 해부학 강의〉(1632)

14세기 이탈리아에서 교황이 인체 해부에 대한 금지령을 해제했고, 100년 후에는 사형수의 시신을 공개적으로 해부하는 것을 참관하는 것이 당시에 가장 유행하는 오락이었다. 이런 기회가 많지 않았기 때문에 사형수의 시신을 해부하는 특권을 가진 의사는 공개적으로 이 '공연'의 입장권을 판매했다. 당시의 이런 장면은 안드레아스 베살리우스Andreas Vesalius가 1543년에 출판한 해부 교과서의 표지에서 찾아볼 수 있다. 해부를 주관하는 의사가 강단의 중앙에 자리 잡고, 의사 바로 곁에 있는 사람들은 고관대작이나 사회적으로 명망 있는 사람들이

안드레아스 베살리우스의 해부 교과서 표지

며, 그다음이 의과대학의 학생들이다. 그리고 가장 바깥쪽에 둘러서 있는 사람들은 입장권을 사서 들어온 서민들이다. 상당히 떠들썩하고 북적대는 장면이다.

육신은 죽으면 보존하기가 쉽지 않았으므로 이런 종류의 인체 해부 쇼는 대개 겨울에 진행되었다. 역사 기록에 따르면 인체 해부 쇼는 통상적으로 3일에 걸쳐 진행되었는데, 이는 더 많은 돈을 벌기 위해서였다. 첫째 날은 배를 갈라 부패하기 쉬운 창자와 위 등의 장기를 먼저 꺼내 전시했다. 이렇게 해야 시신이 빨리 부패하는 것을 막을 수 있었다. 둘째 날은 근육과 뇌 조직 해부가 공연의 핵심이었다. 마지막 날은 나머지 골격 체계를 해부하고 설명해주었다. 이때쯤 되면 육신은 아무것도 남지 않고 아무런 이용 가치도 없게 된다.

위의 설명을 되새기면서 렘브란트의 그림을 다시 살펴보자. 왜 내가 이 그림이 과시하기 좋아하는 사람들이 화가에게 제작을 부탁한 그림이며, 진짜 해부 교실의 장면이 아니라고 말했는지 이해하게 될 것이다.

첫째, 해부 교실의 설비가 보이지 않는다. 통상적으로 육신을 해부하려면 많은 도구와 피 보기를 두려워하지 않는 조수의 도움이 필요하다. 역사에 보이는 니콜라스 튈프는 공들여 꾸미기를 좋아하는 연기자였다. 그래서 렘브란트는 그를 산뜻하고 우아하게 그린 것이고, 화면의 미관을 고려해 선혈이 뚝뚝 떨어지는 섬세한 묘사를 생략한 것이다.

둘째, 해부 순서가 잘못되었다. 앞에서 설명한 바와 같이 해부가 시작되면 먼저 복부를 절개해야 하는데, 렘브란트의 그림에는 왼손의 일부 근육과 혈관을 절개한 장면이 그려져 있다. 이는 관례와 원칙에 맞지 않는다.

마지막으로, 그림에 여덟 사람밖에 나오지 않는다는 것이다. 앞에서 말한 것과 같이 이 그림은 사람들이 꽉 차 북적대는 장면이 아니다. 어쩌면 여러분은 이 그림이 사실감을 살리기 위해 화면의 일부만 표현한 것일 수도 있다고 반박할지도 모르겠다. 그렇다면 왜 당시 이런 공연을 하면서 표를 팔고, 사람들이 북적거린 상황에 부합되도록 여덟 사람의 뒤쪽에 많은 사람들의 음영을 그려넣지 않았을까? 렘브란트가 빛을 표현하는 능력이 뛰어났다고 하니, 조명 효과만으로도 이 여덟 사람의 특성을 충분히 강조할 수 있었을 텐데 어째서 달랑 이 여덟 사람만 그렸을까?

이상의 이야기를 종합해보면, 렘브란트의 그림 〈니콜라스 튈프 박사의 해부학 강의〉는 특정인의 주문에 의해 그려진 작품으로, 실제 있었던 일이 아니라고 주장하는 일부 미술 평론가들의 관점에 동의하지 않을 수 없다. 물론 이 그림을 그린 목적은 여덟 사람의 의뢰인이 최신 유행을 선도하고, 재물이 많은 신분임을 부각하려는 것이었다.

그런데 이 여덟 사람은 어떤 사람들이었을까? 한 미술 평론가는 이에 대한 답이 화면 중앙에서 튈프의 동작을 응시하고 있는 사람의 손에 들린 종이에 있다고 밝혔다. 종이 위에 흐릿하게 쓰여 있는 글자가 이들 여덟 사람의 이름인데, 이들은 모두 당시 네덜란드 외과의학회의 회원들이라고 한다. 그들의 심리 상태도 아마 맨 앞에서 언급한 여자 연예인과 별반 다르지 않았을 것 같다.

여러분들과 함께 의사의 관점에서 대가의 그림을 감상하고, 의심스러운 부분을 지적해볼 기회가 있어서 행운이라 생각한다. 미술 평론가와는 비교할 수 없겠지만, 그래도 이 그림의 알려지지 않은 면모를 들춰냈으니, 이 역시 심도 있는 해설이라고 할 수 있지 않을까?

반려동물의 힘

반려동물이 고혈압과 심혈관 질환의 위험성을 낮춰준다

2014년 말, 미국 내과의학회는 제8차 전국연합회의에서 제정한 성인의 고혈압 치료 수칙(속칭 JNC8)을 발표했다. 이 수칙에서는 각종 상황에서의 고혈압에 대한 정의와 치료 수칙을 상세하게 규정하고 있는데, 일반 고혈압 환자의 혈압 조절 목표를 140/90밀리미터 에이치지 mmHg 이하로 권장하고 있다. 그런데 나이가 많은 환자에 대해서는 좀 더 완화해서 60세 이상인 사람에 대해서는 150/90밀리미터 에이치지 이하로 조절할 것을 권장한다.

타이완의 심장의학회도 미국의 권장 기준을 근거로 연초에 '2015년 타이완 고혈압 치료 지침'을 발표했다. 편찬위원회 의장이자 타이베이 룽쫑榮總 병원 신약임상실험센터 주임인 장천언江晨恩 교수는 아시

아인이 혈압 변화에 대한 민감도가 상대적으로 높고, 뇌졸중 발생률이 백인종에 비해 훨씬 높다는 점을 고려하면 국내의 혈압 조절 목표는 더욱 엄격해져야 한다는 의견을 냈다. 그의 의견에 따르면 일반인들의 이상적인 혈압 수치는 140/90밀리리터 에이치지 이하로 하고, 위험 인자를 가진 환자(당뇨병, 관상동맥 질환, 단백뇨가 있는 만성 신장병 환자 등)는 심혈관 질환의 고위험군이므로 130/80밀리미터 에이치지 이하로 조절해야 한다는 것이다.

나는 위의 발표를 보면서, 사람들은 나이가 들어갈수록 자신이 점점 더 위험한 상황에 처하게 된다는 압박을 느낀다고 생각했다. 하지만 관련 규정을 이야기하면서 그런 무서운 수치로 사람들에게 겁을 주지 않고(사람들은 이런 수치가 약을 먹어야 한다는 것을 표시해준다고 생각한다), 인간적인 충고를 하는 센스 있는 기자들도 있다. 이들은 외국학자들이 권장한 혈압을 낮추는 묘책을 인용하는데, 예를 들면 집에 일찍 들어가기, 많이 걷기, 체중 감량하기, 음주량을 절제하기 등등이다. 그런데 그중에 내 관심을 가장 많이 끄는 것은 반려동물을 기르는 것으로 혈압 약을 삼는다는 처방이다.

혈압을 낮추려면 반려동물을 기르라는 권고는 독자 여러분들은 물론이고, 나와 같은 심장 전문의의 눈으로 보아도 상식적으로는 생각해낼 수 없는 기이한 발상이다. 그래서 기자들이 혹시 거짓 보도를 하는 것이 아닐까 하는 의심을 품고 자료들을 찾아보았다. 그런데 이런 보도는 거짓이 아니었다. 정말로 그런 일이 있었다.

반려동물이 사람의 혈압에 영향을 준다는 사실을 최초로 연구한 학자는 프리드먼Friedmann이다. 그는 1938년 《신경과 정신 질환 저널The Journal of Nervous and Mental disease》에 발표한 글에서 반려동물을 기르고 있는 사람이 기르지 않는 사람보다 혈압이 안정적이라는 의견을 제기했다.

하지만 이런 관찰에 의한 통계 방식으로는 과학적 논증에 근거한 수치가 없기 때문에 사람들을 설득할 수가 없었다. 그런데 1992년 오스트레일리아의 학자 앤더슨Anderson이 내과학회에서 발표한 논문은 많은 사람을 흥분의 도가니에 빠뜨리기에 충분했다.

앤더슨의 연구에는 5,741명이 참여했다. 반려동물을 기르는 사람과 기르지 않는 사람 모두 체질량지수BMI가 비슷하고, 사회적 계층도 비슷한 사람들을 선발했다. 그런데 반려동물을 기르는 사람의 수축기 혈압이 낮았다. 하지만 안타깝게도 그의 연구에는 여전히 예측성과 개연성이 부족해 사람들의 폭넓은 인정을 받지 못했다. 그러다가 뉴욕 주립 대학의 앨런Allen이 중요하고도 예측성 있는 연구를 한 후로 사람들의 생각이 변하기 시작했다. 앨런은 고혈압을 앓고 있는 증권 중개인들을 찾아 임의로 두 집단으로 나눈 다음, 한 집단에는 전원에게 개 한 마리씩을 키우게 했다. 그리고 반년에 걸쳐 지속적으로 두 집단 인원들의 혈압을 측정했다. 그 결과 개를 키우는 사람들이 대조 집단의 사람들보다 심신이 훨씬 안정된 상태였으며, 휴식 시간에 잰 심장박동 수와 혈압도 상대적으로 낮았다.

그 후 더 많은 사람이 반려동물과 사람의 관계 연구에 뛰어들어, 반려동물이 혈압뿐만 아니라 심혈관 질환의 위험성까지도 낮추는 효과가 있다는 사실을 증명한 연구 결과가 나왔다. 그러자 미국 질병통제예방센터CDC는 미국 국립보건원National Institutes of Health의 지원을 받아 반려동물이 인류의 심혈관 질환에 미치는 영향에 관한 회의를 개최했다. 회의에서 반려동물이 정말로 심혈관 질환의 위험성을 낮추는지에 대한 명확한 보고는 없었지만 확실히 홍보 효과는 있었다.

2013년, 세계 심혈관 질환 예방과 치료에 최고 권위를 자랑하는 미국심장학회American Heart Association, AHA는 마침내 갖가지 심혈관 질환 치료 규범 제정 방식을 본받아 반려동물이 정말로 심혈관 질환의 위험성을 낮추는지를 알기 위해 여러 차례 전문가 회의를 열고 논문을 발표했다. 이는 반려동물을 이용해 심혈관 질환을 치료하는 방식에 대해 학술적인 심의를 한 것이라 할 수 있다. 미국심장학회는 수십 편의 학술논문을 수집해 분석한 결과, 반려동물을 기르는 사람이 기르지 않는 사람보다 확실히 혈압과 혈액 내 지질脂質이 더 잘 조절되었으며, 이미 심혈관 질환을 가지고 있는 환자의 경우 반려동물을 기르면 위험성이 낮아진다는 사실을 발견했다.

물론 이 조사에서는 이런 상황이 나타나게 된 원인이 특별히 규명되어 있지는 않다. 논문에서는 반려동물을 기르는 사람의 규칙적인 운동량이 미국심장학회가 성인에게 권장하는 운동량의 60퍼센트 정도라고 밝히고 있는데, 이는 반려동물을 좋아하는 사람들이 나태하거나 산만하지 않고 운동을 좋아한다는 사실을 설명해주는 것이라고 할 수 있다.

하지만 이 조사에서 인용한 논문들은 대부분 독립적인 연구물로 학술 등급은 'B'다. 이는 공신력에서는 여러 개의 의학 센터 위주로 이루어진 대규모 연구인 등급 'A'에 비해 수준이 떨어진다는 뜻이며, 그래서 그런지 이 글의 말미에는 특별히 다음과 같이 주를 달고 있다.

　　단순히 심혈관 질환의 위험을 낮추려고 반려동물을 기르는 것은 권
　　장하지 않음.

내 해설을 보면 도대체 반려동물을 기르는 것이 심혈관 질환의 위험을 낮추는 것인지 아닌지 아마도 여전히 갈피를 잡을 수 없을 것이다. 그에 대한 답은 사실은 아주 간단하다. 생활 습관을 개선하는 모든 일이 심혈관 질환에 유익하며, 그렇게 하면 긍정적인 효과를 볼 수 있다. 슈나우저를 10년간 길러본 견주로서 의견을 말하자면, 반려동물은 확실히 치료 효과가 있다.

마지막으로 중요한 사실 하나, 위에서 이야기한 반려동물은 '개'를 말한다. 고양이의 경우는 효과가 좀 떨어지는 것 같다.

히포크라테스의 걷기 처방

약 먹을 필요가 없는 치료 방법은 운동과 체중 관리다

잊을 만하면 '운동이 건강을 유지해준다'느니 '운동이 질병을 예방해준다'느니 하는 기사가 신문 지면을 차지한다. 이런 기사에는 물론 운동 시간과 운동 방법도 부수적으로 설명되어 있다. 세계보건기구WHO에서는 매주 5일, 매번 30분 정도 운동하라고 권장한다. 타이완의 국가위생연구원에서 발간한 '운동 지침'에서는 20세 이상의 성인이 매일 15분씩 걸으면 수명을 3년 늘일 수 있으며, 달리기를 할 경우에는 그 절반의 시간인 7~8분이면 된다고 밝히고 있다. 문제는 이런 열의를 유지하기가 어렵다는 점이다.

'운동이 건강에 유익하다'는 보도는 단순한 지식으로만 볼 게 아니다. 수십 년 동안 여러 의학 센터 등에서 진행한 무작위 연구에 따르면 운동의 좋은 점은 아주 많다. 운동을 하면 체중을 감량할 수 있고, 혈압, 중성지방, 콜레스테롤 수치, 심혈관 질환의 위험성을 낮출 수 있다. 또한 운동은 사고思考를 올바로 할 수 있게 해준다. 그래서 노인 치매와 우울증을 예방하고, 자신감을 키우는 데도 상당히 효과 있다. 운동을 하면 자신이 원하는 체형을 만들 수 있고, 근육과 뼈를 스트레칭하는 효과가 있어 골다공증을 예방할 수 있으며, 만성 통증의 위협에서 벗어날 수 있다. 그러므로 의사라면 당연히 환자에게 운동의 중요성을 알려주어야 한다. 처방하기 전에 약을 먹지 않고도 치료할 수 있는 방법을 권장해, 환자에게 약 사용을 줄일 수 있는 기회를 주어야 한다. 더 나아가 질병의 위협에서 벗어나게 해주어야 한다.

고대에는 든든한 방패가 되어줄 이런 치밀한 학술 연구가 없었지만, 그렇다고 운동이 가져다주는 이점을 의사들이 몰랐던 것은 아니었다. 의료 발전사를 깊이 살펴보면 과학이 발달하지 않았던 시대에도 많은 의사가 운동이 건강에 얼마나 중요한지 알고 있었다.

가장 먼저 운동을 해야 한다고 주장한 사람은 기원전 6세기경의 인도 사람 수슈르타Sushruta다. 그는 사람은 매일 운동을 해야 한다고 생각했다. 운동을 통해 신체의 역량을 기를 수 있고 기억력을 증진할 수 있으며 노화를 늦출 수 있다고 믿었다. 특히 위와 창자의 흡수 기능을 촉진해 신체 기능이 평형을 유지할 수 있어 천인합일天人合一의 경지에 이를 수 있다고 생각했다. 그래서 그는 운동을 치료 수단의 하나로 여겼는데, 특히 천식, 허약 체질, 비만, 위와 창자의 흡수 기능이 안 좋은 환자에게 운동은 아주 좋은 처방이라고 생각했다. 그는 산보, 조깅, 수영 등과 같은 중간 강도의 운동을 권했는데, 그 안에는 의외로 레슬링도 포함되어 있었다. 하지만 안타깝게도 그는 어떻게 운동을 해야 하는지, 얼마나 운동을 해야 하는지에 대해서는 환자에게 알려주지 않았다.

그렇다면 역사상 처음으로 운동 처방을 내린 의사는 누구일까? 답은 서양의학의 아버지 히포크라테스다. 후세의 사람들이 히포크라테스가 서술한 의학 관련 내용을 정리한 《히포크라테스 전집》을 보면 그가 여러 차례 운동의 중요성을 주장했다는 것을 알 수 있다.

히포크라테스는 '체액론humoral doctrine'의 옹호자로, 운동이 체액의 평형을 유지해주는 좋은 방법이며, 더 나아가 질병을 치료하는 방식 중 하나라고 주장했다. 그가 내린 운동 처방은 '걷기'였다. 그는 첫 달에는 매일 20스타드(stade, 그리스의 길이 단위로 1스타드는 대략 185미터다. 20스타드는 약 3.7킬로미터다-옮긴이주)를 걷다가, 다음 달부터는 100스타드가 될 때까지 매일 5스타드씩 늘려 걷되, 매일 꾸준히 1년 동안 지속하라고 권했다. 아마 오늘날의 의사들 가운데 이런 처방을 내리는 사람은 별로 없을 것이다.

중국인들은 일찍이 운동을 건강 유지와 양생養生의 수단으로 삼았다. 도가의 도인술導引術, 후한 말기의 명의 화타華陀가 창시한 오금희五禽戲, 현재 유행하고 있는 중국 고대의 기공 수련법인 팔단금八段錦과 외단공外丹功 등은 좋은 운동 방법이다. 다만 이런 운동들은 스승을 모시고 배워야 하기 때문에 은퇴자처럼 시간이 많은 사람들이나 하는 운동으로 변하고 말았다. 참으로 유감스러운 일이다.

내가 이처럼 운동에 관련된 여러 가지 이야기를 언급하는 것은 그만한 이유가 있어서다. 요즈음의 의학적 치료는 이미 제약 회사에 의해 농단이 되어버렸고, 의사들은 각종 약물의 치료 준칙을 지나치게 중시해 환자에게 '약 먹을 필요가 없는' 치료 방식을 알려주는 것을 잊어버리고 말았다. 그야말로 의사들이 제약 회사의 대변인으로 변하고 만 것이다.

나는 '삼고三高(고혈압, 고혈당, 고지혈-옮긴이주)' 치료 준칙을 적용할 수 있는 범위의 경계선 부근의 사람들이 내원하면 온갖 필설을 다해, 먼저 담배나 불필요한 밤샘과 나쁜 생활 습관을 바꿔야 한다고 말해준다. 그리고 매일 적당량의 운동을 하고, 적절한 체중을 유지해야 한다고 환기시킨다. 이렇게 하면 평생 약물에 구속되는 생활을 하지 않을 수 있다고 알려준다. 물론 여러 가지 약물의 부작용에 대해서도 친절하게 알려준다. 이미 오랜 시간 약을 복용한 사람들에 대해서도 크게 다르지 않다. 이들이 내가 권한 내용을 잘 지키기만 한다면 머지않아 약을 줄일 수 있을 것이다. 다행인 것은 비록 목표 도달률은 반도 되지 않지만, 대부분의 환자들이 내 말을 받아들여 의사의 지시에 따르는 비율이 거의 100퍼센트가 되었다는 것이다.

그렇다면 어떤 식으로 운동해야 할까? 길게 설명할 필요도 없이 인터넷에서 관련 자료들을 쉽게 찾아볼 수 있다. '매일 1만 보', '333법칙' 등 일일이 열거할 수 없을 정도로 많은데, 중요한 것은 운동의 방식에 있는 것이 아니라 지속적으로 하는 데 있다.

마지막으로, 나는 두 가지를 건의하고 싶다. 첫째는 순차적으로 해야 한다는 것이다. 이 글을 보자마자 즉시 운동화를 신고 빨리 달리기를 하는 일이 없었으면 좋겠다. 그렇게 하면 아마 재활과 치료를 받게 될지도 모르니까 말이다. 두 번째는 운동을 할 때는 함께할 수 있는 동반자를 찾으라는 것이다. 연구에 따르면 동반자의 격려가 있으면 운동 효과가 더욱 오래 유지된다.

신화에서 의학까지

오이디푸스콤플렉스, 아킬레스건, 사이렌이 고유명사가 되다

신화학mythology은 서양의 교육에서 빠질 수 없는 부분이다. 그래서 그런지 생활 어휘나 문학 창작 등 곳곳에서 신화의 영향을 찾아볼 수 있다. 이런 상황은 의학도 예외가 아니다. 여러분들의 귀에 익어 잘 알고 있는 오이디푸스콤플렉스Oedipus complex(마더 콤플렉스라고도 함)는 20세기 초 심리학의 대가 프로이트Sigmund Freud가 처음으로 쓴 용어인데, 이는 그리스신화 속의 비극적인 인물인 테베의 왕 라이오스의 아들 오이디푸스의 이야기를 이용해 만들어낸 말이다.

오이디푸스가 태어났을 때, 앞으로 그가 아버지를 죽이고 어머니와 결혼한다는 신탁이 있었기 때문에 그는 양치기의 손에 건네져 들판에 버려져 죽어야 할 운명이 되고 말았다. 하지만 왕의 명령을 집행하는

양치기가 아이를 불쌍히 여긴 나머지 이웃 나라 코린토스Corinth의 양치기에게 넘겨주었다. 아이는 우여곡절 끝에 코린토스의 왕인 폴리보스에게 넘겨져 왕의 양자가 되었다.

오이디푸스는 결국 아무것도 모르는 상황에서 실수로 자신의 진짜 아버지를 죽이고 어머니와 결혼해 아들 둘과 딸 둘을 낳게 된다. 이 이야기의 결말은 이렇다. 오이디푸스는 두 양치기가 제공해준 단서를 통해 자신이 신탁을 피할 수 없는 운명이었다는 것을 알게 되고, 결국 자신의 두 눈을 찔러 멀게 해 죽음보다 더 고통스러운 징벌을 스스로에게 내리게 된다.

프로이트는 이 신화를 이용해 오이디푸스의 심리 상태를 '오이디푸스콤플렉스'라는 말로 표현했다. 듣기에는 아주 생동감 있는 표현 같지만, 이와 관련된 신화를 알고 난 후에는 이 용어는 억지로 갖다 붙인 느낌을 주며, 마더 콤플렉스의 핵심을 적절하게 표현하지 못했다는 생각이 들었다. 그런데 이 용어는 이의를 제기하는 사람 없이 지금까지 계속 사용되어왔다. 하지만 유사한 유래를 가진 의료 명사와 비교하면 그다지 기발하거나 타당하다는 생각이 들지 않는다. 다음 이야기를 보면 왜 그런지 알 수 있을 것이다.

미국 프로 농구NBA의 슈퍼스타 코비 브라이언트Kobe Bryant는 오랜 기간 농구 경기에서 뛰었는데, 어느 날 불행하게도 발뒤꿈치 근육이 끊어져 수술을 받게 되어 경기 시즌을 놓치게 되었다. 그가 다친 부위는 아킬레스건이라고도 하는데, 이에는 유명한 신화가 관련되어 있다.

트로이전쟁 때, 그리스 군대의 영웅 아킬레우스는 바다의 여신 테티스의 아들이자 제우스의 증손자였다. 테티스는 아킬레우스를 칼이나 창에도 상하지 않는 불사신으로 만들기 위해 지옥을 흐르는 스틱스 강에 그의 몸을 담갔다 뺐다. 하지만 테티스가 잡고 있던 아킬레우스의 발 부분이 물 속에 담가지지 않아서 발뒤꿈치가 그의 치명적인 약점이 되고 말았다.

이야기의 결말은 이렇다. 아킬레우스는 트로이 왕자 파리스가 태양의 신 아폴로의 도움을 받아 쏜 화살에 발뒤꿈치를 맞고 사망한다. 이로써 아킬레우스는 그 후에 진행된 목마를 이용한 트로이 성 함락 작전에 참여해 공을 세울 수 없게 된다.

이 신화를 근거로 해부학에서는 발뒤꿈치 근육을 '아킬레스건'이라 부르게 되었는데, 앞에서 이야기한 마더 콤플렉스(오이디푸스콤플렉스)와 비교하면 용어 사용이 훨씬 더 적절하지 않은가? 그뿐만이 아니라 영어사전을 찾아보면 치명적인 결점을 'Achilles' heel(아킬레스의 발뒤꿈치)'이라고 하는 것을 알 수 있다.

또 하나의 흥미로운 명사 '사이렌siren'에 대해 이야기해보자. 이 단어는 물론 의학 전문용어는 아니지만 중요한 의학 설비의 명칭이다. 구급차에서 사람들에게 길을 양보해달라고 내는 경적 소리를 사이렌이라고 한다. 이의 유래는 호머Homer의 명작 《오딧세이Odyssey》에 나오는 해신海神의 딸 세이렌의 이야기로, 그녀가 부르는 노래에 홀린 선원들이 노랫소리를 따라가다가 결국 배가 암초에 부딪쳐 침몰해 전원이 사망하게 된다는 이야기다.

1819년, 프랑스 사람 C. C. 투르Charles Cagniard de la Tour가 물속에서 소리를 낼 수 있는 장치를 발명했다. 이 낭만적인 프랑스인은 이 장치의 특성을 고려해 '사이렌'이라는 이름을 붙였는데, 이것이 바로 오늘날 사용하는 경보기의 시조다. 그 후로 이 장치의 운용 범위가 확대되어 방공防空 경보, 소방 경보 등의 장치를 모두 사이렌이라 부르게 되었다. 물론 의료에 사용되는 구급차도 마찬가지로, 차에 장착된 경보기를 사이렌이라고 부른다.

'사이렌'과 '오이디푸스콤플렉스'는 같은 이야기에서 유래했는데 둘 다 이해하기 어렵다는 생각이 든다. 특히 사이렌이란 용어는 더욱 그렇다. 긴급 상황에서 시간을 다투어 병자를 돌보아야 하는 구급차는 환자를 최대로 빨리 병원으로 이송해 환자의 목숨을 구하는 것을 그 목적으로 한다. 그런데 사람을 해치는 바다 마녀의 발성기를 장착하고 있다니, 마치 소 대가리에 말 주둥이를 단 것처럼 전혀 동이 닿지 않는다고 생각하지 않는가?

하지만 이런 생각을 하는 사람은 그리 많지 않을 것이다. 그저 나같이 의료 역사를 연구하는 따분한 사람이나 고유명사 배후의 이야기들을 찾아내, 여러분들에게 차를 마시거나 식후의 휴식 시간에 나눌 수 있는 한담을 제공하는 것이다. 의료 분야의 고유명사는 대부분 난삽해서 친근해지기가 쉽지 않다. 하지만 역사 이야기나 옛일을 결부해 놓으면 상당히 흥미로운 이야기가 되기도 한다.

이미지 출처

http://en.wikipedia.org/wiki/Venus_of_Willendorf

228쪽 주교의 모자
http://www.deaconsil.com/catalog/product230.html

229쪽 로마제국의 맷돌
http://docmo.hubpages.com/hub/Every-Organ-Tells-a-Story-4-A-History-of-Anatomical-Terms

245쪽 아프리카 도곤 족 부락의 '월경 오두막'
http://home.isr.umich.edu/releases/study-shows-thatreligious-patriarchypromotes-confidence-about-paternity/

256쪽 영국 국왕 찰스 2세가 '국왕의 안수'를 하는 장면
http://the-history-girls.blogspot.tw/2014/11/the-kings-evil-by-y-s-lee.html

266쪽 앤 그린 판화
http://en.wikipedia.org/wiki/Anne_Greene

267쪽 앤 그린 시가
http://en.wikipedia.org/wiki/Anne_Greene

286쪽 아우슈비츠-비르케나우 강제수용소 생존자와 그 가족
http://www.nydailynews.com/news/auschwitz-survivors-visit-camp-70-years-liberation-gallery-1.2094377?pmSlide=1.2094362

297쪽 《뉴욕 월드》에 실린 거대 석탄산 음모 기사
http://commons.wikimedia.org/wiki/File:New_York_World_front_page,_August_15,_1915.jpg

308쪽 턱 축소 미용 기구 광고
http://www.health-science-degree.com/10-vintagemedicineads-selling-dubiously-beneficial-products/

310쪽 보조개 기계
http://blog.modernmechanix.com/woman-inventsdimplemachine/

320쪽 게이지의 두개골과 쇠막대기
http://nationalpostcom.files.wordpress.com/2014/05/phineas-gage-skull1.jpg

323쪽 렘브란트, 〈니콜라스 튈프 박사의 해부학 강의〉(1632)
http://en.wikipedia.org/wiki/The_Anatomy_Lesson_of_Dr._Nicolaes_Tulp/media/File:The_Anatomy_Lesson.jpg

324쪽 안드레아스 베살리우스의 해부 교과서 표지
http://codex99.com/anatomy/45.html

신화보다 재미있고 민담보다 놀라운 비과학적 의료史

새 부리 가면을 쓴 의사와 이발소 의사

초판 1쇄 2017년 4월 25일
초판 2쇄 2017년 11월 6일

지은이 쑤상하오
옮긴이 김성일
펴낸이 김성실
교정교열 고혜숙
책임편집 박성훈
표지 디자인 공중정원
본문 디자인 채은아
제작 한영문화사

펴낸곳 시대의창   **등록** 제10-1756호(1999. 5. 11)
주소 03985 서울시 마포구 연희로 19-1
전화 02) 335-6121   **팩스** 02) 325-5607
전자우편 sidaebooks@daum.net
페이스북 www.facebook.com/sidaebooks
트위터 @sidaebooks

ISBN 978-89-5940-635-7 (03900)

잘못된 책은 구입하신 곳에서 바꾸어 드립니다.

이 도서의 국립중앙도서관 출판시도서목록(CIP)은
서지정보유통지원시스템 홈페이지(http://seoji.nl.go.kr)와
국가자료공동목록시스템(http://www.nl.go.kr/kolisnet)에서 이용하실 수 있습니다.
(CIP제어번호: CIP2017008355)